「中国式现代化研究」丛书

颜晓峰 主编 田鹏颖 著

伟宏蓝图

中国式现代化的战略布局

浙江人民出版社

图书在版编目（CIP）数据

宏伟蓝图：中国式现代化的战略布局 / 田鹏颖著；
颜晓峰主编. — 杭州：浙江人民出版社，2024.5
ISBN 978-7-213-11405-2

Ⅰ．①宏… Ⅱ．①田… ②颜… Ⅲ．①现代化建设-
研究-中国 Ⅳ．①D616

中国国家版本馆 CIP 数据核字（2024）第 058825 号

宏伟蓝图

——中国式现代化的战略布局

田鹏颖 著　颜晓峰 主编

出版发行	浙江人民出版社（杭州市环城北路177号　邮编　310006）
	市场部电话：(0571)85061682　85176516
责任编辑	张苗群　何　婷
助理编辑	林欣妍
责任校对	姚建国　陈　春
责任印务	程　琳
封面设计	异一设计
电脑制版	杭州兴邦电子印务有限公司
印　　刷	浙江新华数码印务有限公司
开　　本	710毫米×1000毫米　1/16
印　　张	23.5
字　　数	284千字
版　　次	2024年5月第1版
印　　次	2024年5月第1次印刷
书　　号	ISBN 978-7-213-11405-2
定　　价	68.00元

如发现印装质量问题，影响阅读，请与市场部联系调换。

目　录

　　　　高质量发展是全面建设社会主义现代化国家的首要任务。解决发展不平衡不充分的问题、创造人民美好生活是新时代中国共产党人必须直面的重大现实课题，推动中国经济由高速发展走向高质量发展是其中的关键。

　　　　尚贤者，政之本也。人才聚，则事业兴，则国家强。推进中国式现代化建设，必须培养造就现代化建设需要的高素质人才，发挥人才引领驱动现代化建设的作用，广开纳贤之路，以人才事业、人才战略作为建设现代化国家的基础性、战略性支撑。

第三章 发展全过程人民民主 ……………………… 075

民之所望，政之所向。发展全过程人民民主是中国式现代化的本质要求。必须坚定不移走中国特色社会主义政治发展道路，坚持党的领导、人民当家作主、依法治国有机统一，坚持人民主体地位，充分体现人民意志、保障人民权益、激发人民创造活力。

第四章 全力推进法治中国建设 …………………… 103

法治是国家长治久安的巍巍基石，是亿万百姓民生的福祉所系。法治兴则国兴，法治强则国强。新时代法治中国建设必将在习近平法治思想的指引下阔步向前，不断开辟社会主义法治理论与实践新境界，继续谱写"中国之治"新篇章。

第五章 推进文化自信自强 ·········· 131

文化兴国运兴，文化强民族强。没有社会主义文化繁荣发展，就没有社会主义现代化。推进文化自信自强，铸就社会主义文化新辉煌，印证文化建设对于推进中华民族伟大复兴、实现人民对美好生活向往、提升综合国力的重大意义。

第六章 提高人民生活品质 ·········· 157

江山就是人民，人民就是江山。中国共产党领导人民打江山、守江山，守的是人民的心。守民心，守的就是人民对美好生活的那份向往。让老百姓过上好日子是我们一切工作的出发点和落脚点，要补齐民生保障短板、着力解决好人民群众急难愁盼问题。

第七章　促进人与自然和谐共生 …………………………… 185

促进人与自然和谐共生是中国式现代化的本质要求，也是我国现代化战略布局的重要内容。要以人与自然和谐共生谋划发展，为全面建设社会主义现代化国家奠定生态基础，为中华民族伟大复兴贡献生态力量。

第八章　维护国家安全和社会稳定 ………………………… 209

国家安全是民族复兴的根基，社会稳定是国家强盛的前提。走好中国式现代化道路的新征途，保证国家安全和社会稳定始终是"头等大事"。健全国家安全体系、增强国家安全能力、强化公共安全治理、完善社会治理体系是维护国家安全和社会稳定的重要抓手。

　　如期实现建军一百年奋斗目标，加快把人民军队建成世界一流军队，是全面建设社会主义现代化国家的战略要求。在实践中必须始终坚持党对人民军队的绝对领导，坚持新时代建军强军治军方略，推进人民军队治理能力现代化，巩固提高一体化国家战略体系和能力。

　　"一国两制"是中国特色社会主义的伟大创举，解决台湾问题、实现祖国统一是实现中华民族伟大复兴的必然要求。要在中国式现代化进程中坚持完善"一国两制"，推进祖国统一，让包括港澳台同胞在内的全体中华儿女同担民族复兴伟业，同享繁荣昌盛的强国荣光。

导　论
全面建设社会主义现代化国家的战略安排

"从现在起，中国共产党的中心任务就是团结带领全国各族人民全面建成社会主义现代化强国、实现第二个百年奋斗目标，以中国式现代化全面推进中华民族伟大复兴。"①在党的十九大作出的全面建设社会主义现代化国家分两步走的战略安排的基础上，党的二十大进一步对到2035年和21世纪中叶的发展目标作出顶层设计，在宏阔的时代场景中全面擘画了中国式现代化的美好蓝图，赋予社会主义现代化强国建设以鲜明的时代内涵，具有重大而深远的意义。深刻把握全面建设社会主义现代化国家的战略安排，在总的意义上，就是要高举伟大旗帜、捍卫"两个确立"、弘扬建党精神、把握重大原则、实现战略目标。

一、高举伟大旗帜

旗帜指引前进方向，凝聚奋斗力量。始终高举中国特色社会主义伟大旗帜，牢固树立中国特色社会主义道路自信、理论自信、制度自

---

① 习近平：《高举中国特色社会主义伟大旗帜　为全面建设社会主义现代化国家而团结奋斗——在中国共产党第二十次全国代表大会上的报告》，人民出版社2022年版，第21页。

信、文化自信，是新时代治国理政最具标识的政治自觉、理论自觉、实践自觉。在奋进新征程中，必须高举旗帜，自信昂扬地推进中华民族伟大复兴。

中国特色社会主义是实现中华民族伟大复兴的必由之路。"一百年来，中国共产党团结带领中国人民进行的一切奋斗、一切牺牲、一切创造，归结起来就是一个主题：实现中华民族伟大复兴。"①为了实现这一历史主题，中国共产党团结带领全国各族人民坚持走自己的路，不断探索回答"走什么样的道路能够实现民族复兴"的重大问题，取得了集成性的理论创新与实践创新成果。中国共产党领导创造的中国特色社会主义，就是深入回答这一问题的重大历史成果。

中国共产党为了实现中华民族伟大复兴，在总结汲取近代以来各种救国救民方案轮番登场却又相继失败的经验教训的基础上，从世界发展和中国发展的两个逻辑中，从资本主义和社会主义的两种选择中，主动把握历史大势、时代大势，历经千辛万苦找到并成功开辟了中国特色社会主义这条康庄大道。中国特色社会主义使社会主义深深扎根于中国、发展于中国、蓬勃于中国，既彰显了社会主义的底色，又内含着中国实际的特色，是社会主义的中国形态。中国特色社会主义的建构历程，生动彰显了中国共产党领导中国人民以高度的主体自觉选择符合中国国情的发展道路的历史主动精神，深刻诠释了中国共产党和中国人民复兴求索、追求美好的价值旨归。中国特色社会主义是党和人民在道路、理论、制度、文化探索中形成的"总体结晶"，其中，道路是实现途径，理论是行动指南，制度是根本保障，文化是内在动力，四者统一于中国特色社会主义伟大实践。中国特色社会主义来自40多年改革开放的伟大实践、来自70多年新中国的建设历程、

---

① 《习近平谈治国理政》（第四卷），外文出版社2022年版，第4页。

来自100多年中国共产党的奋斗创造，是中国共产党百年奋斗的历史成果，是党和人民的伟大历史创造，使中国人的志气、骨气、底气大大增强，使中华民族以更加昂扬的姿态屹立于世界民族之林。

踔厉奋发，继续谱写中国特色社会主义时代新篇章。历史雄辩地证明，中国特色社会主义"好"，其制度优势正在不断凸显与光大，是我们奋进未来的伟大旗帜。"高举中国特色社会主义伟大旗帜"是党的二十大的主题，"坚持中国特色社会主义"是中国式现代化的本质要求之一。这充分显示，中国特色社会主义是确保中国式现代化犹如巍巍巨轮乘风破浪、行稳致远的正确领航标，是当代中国大踏步赶上时代、引领时代发展的康庄大道，我们必须倍加珍惜，毫不动摇地坚持、与时俱进地发展。

站在历史新方位上，我们前所未有地接近民族复兴目标，但同时也面临着更为烦冗复杂、变乱交织的巨大风险和挑战。从世情来看，在百年未有之大变局背景下，国际形势正在大调整、大变革、大发展、大变动，继续发生着复杂的深刻变化；从国情来看，发展的不平衡不充分问题仍然突出，贫富悬殊现象依然存在，社会保障水平仍有待提高；从党情来看，中国共产党面临的执政考验、改革开放考验、市场经济考验、外部环境考验将长期存在，全面从严治党任重而道远。这些关系着党长期执政、国家长治久安、人民幸福安康的一揽子问题、风险和挑战，就是我们在落实全面建设社会主义现代化国家的战略安排中不得不面对、不得不思考、不得不应对、不得不解决的矛盾。这要求我们，必须继续坚持和发展中国特色社会主义，胸怀"国之大者"，坚持和加强党的全面领导，继续把改革开放推向纵深，准确把握新发展阶段的基本依据、科学内涵、战略选择等，准确把握新发展理念的动力、方式、目的、途径等，建设国内统一大市场，构建以国内大循环为主体、国内国际双循环相互促进的新发展格局，遵循社会主义市场经济规律，着力推动高质量发展，发展全过程人民民主，丰富人民精神世界，实现全体人民共同富裕，促进人与自然和谐共生，全方位建设社会主义现代化强国。①

二、捍卫"两个确立"

党的二十大通过的《中国共产党章程（修正案）》强调，"两个确立"是党在新时代取得的重大政治成果，是推动党和国家事业取得历史性成就、发生历史性变革的决定性因素。全面推进社会主义现代化强国建设，必须深刻领悟"两个确立"的决定性意义，增强"四个意识"、坚定"四个自信"、做到"两个维护"。

"两个确立"是有深厚马克思主义学理基础的政治命题。"两个确立"以马克思主义唯物史观与建党学说为基础。马克思主义唯物史观一方面充分肯定人民群众是历史的创造者，强调社会历史发展是无数个人合力作用的结果；另一方面，坚决承认"不论在哪一种场合，都要碰到一个显而易见的权威"②。在唯物史观视野中，领导核心既是人民的领导者，又是人民的公仆，既是革命家，又是理论家、政治家，从而成为社会革命的领路人。在马克思主义建党学说中，确立党的领导核心、维护领袖的政治权威具有历史必然性。马克思指出，"每一个社会时代都需要有自己的大人物，如果没有这样的人物，它就要把他们创造出来"③，因而从根本上揭示了革命活动只有在"集

---

① 参见田鹏颖、英明：《论必由之路视域下的中国特色社会主义》，载《北京联合大学学报（人文社会科学版）》2022年第4期。

②《马克思恩格斯选集》（第三卷），人民出版社2012年版，第276页。

③《马克思恩格斯文集》（第二卷），人民出版社2009年版，第137页。

中"的条件下才能发挥全部力量的客观真理。

"两个确立"以中国化时代化的马克思主义为基础。中国共产党把马克思主义唯物史观、建党学说同中国具体实际相结合、同中华优秀传统文化相结合,对党的政治权威、政治领袖的特殊重要地位有着清醒的认识。毛泽东同志指出,"全党同志必须团结在中央的周围,任何破坏团结的行为都是罪恶"①。邓小平同志说:"任何一个领导集体都要有一个核心,没有核心的领导是靠不住的。"②中国特色社会主义进入新时代,习近平总书记特别强调,"维护党中央权威和集中统一领导,是我国革命、建设、改革的重要经验,是一个成熟的马克思主义执政党的重大建党原则"③,并把切实增强"四个意识"、坚定"四个自信"、做到"两个维护"视为"国之大者"。

"两个确立"是新时代国家发展、社会进步、人民幸福的重大关切。统筹中华民族伟大复兴战略全局与世界百年未有之大变局,亟须捍卫"两个确立"。当前,世界处于新的动荡变革期,如何在"两个大局"的潮流大势中承接历史使命、把握时代主题、坚定复兴梦想,已经成为新时代中国共产党为人民谋幸福、为民族谋复兴、为世界谋大同所面对的重大课题。"两个确立"的时代出场,是对世界之变、时代之变、历史之变的正面回应,昭示了引领中国发展、时代进步的坚强定力。在新的历史起点上,党和人民的事业需要"定海神针",人类进步事业需要时代先锋。以习近平同志为核心的党中央持续强化自身建设、坚持发挥旗帜引领作用,在应对风险挑战、敢于担当作为、广泛凝聚共识中充分验证了坚强的领导核心和科学的理论指导是

---

① 《毛泽东文集》(第三卷),人民出版社1996年版,第22页。

② 《邓小平文选》(第三卷),人民出版社1993年版,第310页。

③ 《习近平谈治国理政》(第三卷),外文出版社2020年版,第84页。

能够回应时代呼唤的。

统揽伟大斗争、伟大工程、伟大事业、伟大梦想，亟须贯彻落实"两个确立"。理想因其远大而成为理想，民族复兴因其艰苦卓绝而伟大。我们党在"斗争""工程""事业""梦想"之前都庄重而严肃地加上"伟大"二字，既表明民族复兴理想的远大，更意味着复兴之路的艰苦卓绝。换言之，中华民族伟大复兴绝不是轻轻松松、敲锣打鼓就能实现的，必然要应对重大挑战、重大风险、重大阻力、重大矛盾，必须在不断增加的不确定性中始终保持强大的战略定力。正所谓"万山磅礴有主峰"，"两个确立"为统揽伟大斗争、伟大工程、伟大事业、伟大梦想保驾护航，进而激发出维护党中央权威和集中统一领导的时代伟力。

"两个确立"具有鲜明的实践导向。领悟"两个确立"的决定性意义，就要在实践上发力。

在政治上坚决维护。政治上维护是捍卫"两个确立"的重要标识。这就需要全面增强政治判断力、政治领悟力、政治执行力，使党的领导制度体系能够不断得到完善，使拥护和贯彻"两个确立"能够在制度、原则、程序层面得到真实且有效的践行。政治生态关系着能否更好地贯彻"两个确立"，全党必须增强政治定力，通过创新政治生活模式、发挥政治文化潜移默化作用，营造良好政治生态，真正把拥护"两个确立"、做到"两个维护"作为最高政治原则和根本政治规矩。

在思想上坚决认同。思想上的认同是拥护与贯彻"两个确立"的基础和前提。这就需要我们科学认识"两个确立"的本质内涵、准确把握"两个确立"的历史定位、正确理解"两个确立"的时代价值。从思想上认同习近平总书记作为坚强的领导核心，能够带领全党全军全国各族人民解决好新时代中国特色社会主义发展的根本问题，认同习近平新时代中国特色社会主义思想的科学性、人民性、时代性、实践性，做到在思想上坚决拥护"两个确立"。

在情感上坚决拥戴。情感上拥戴是"两个确立"从思想认识转化为忠诚信仰的催化剂。我们应当从大历史观视野出发，深刻感知"两个确立"是马克思主义政党加强党的政治建设的鲜明特征和显著优势，明晰其对于支撑以中国式现代化全面推进中华民族伟大复兴、不断开辟马克思主义中国化时代化新境界的重大意义。我们还应当从宏观壮阔的时代视野出发，深刻认识以习近平同志为核心的党中央在不断的理论创新与实践创新的过程中，以实际行动彰显"江山就是人民，人民就是江山"的赤子情怀、引领国家发展和社会进步的家国情怀，以及为世界谋大同的天下情怀。

在组织上坚决服从。组织上服从是不断增强"四个意识"、坚定"四个自信"、做到"两个维护"的重要表现。这要求在政治立场、政治方向、政治原则、政治道路上始终同以习近平同志为核心的党中央保持高度一致，能够自觉且主动地忠诚核心、拥戴核心、维护核心、捍卫核心，使"两个确立"的"磁石"作用得以发挥，为全党和全国人民奋进新时代、开启新征程汇聚起同心同德的磅礴伟力，进而将"两个确立"转化为对习近平新时代中国特色社会主义思想的忠诚信仰、对中国特色社会主义的坚定信念、对中华民族伟大复兴的坚强信心。

在行动上坚决紧跟。强化行动自觉，必须真正遵循"两个确立"的科学引领，坚持表里如一、知行合一，把"两个确立"转化到日常言行上，在身体力行中同党的理想信念同心同向、同党的具体工作对标对表，站在党和国家大局上想问题、办事情。这就需要全面贯彻习近平新时代中国特色社会主义思想，自觉用其科学世界观和方法论武装头脑、指导实践、推动工作，做科学理论的忠实践行者。

三、弘扬建党精神

伟业蓬勃向上，精神世代承传。党的二十大主题包含"弘扬伟大建党精神"，党的二十大通过的《中国共产党章程（修正案）》增加了伟大建党精神的相关内容。百余年前，中国共产党的先驱们创建了中国共产党，孕育形成了伟大建党精神，即"坚持真理、坚守理想，践行初心、担当使命，不怕牺牲、英勇斗争，对党忠诚、不负人民"。

马克思主义是伟大建党精神形成的理论来源。马克思主义是科学的真理，在20世纪初以十月革命的轰隆炮声彰显了自己的实践属性，开辟了社会主义大道。俄国的革命之光映照东方，向遍尝"道路不通"之苦、苦苦求索救国救民方案的中国人展现了一条从根本上有别于资本主义道路的社会主义文明前途。在反复的摸索与比较中，一批赞成俄国十月社会主义革命道路、具有初步共产主义思想的先进分子在中国出现。五四运动的爆发与马克思主义在中国的广泛传播，使中国的先进分子集结在马克思主义的思想旗帜之下，也促使马克思主义同中国工人运动结合起来，由此推动了伟大建党精神的萌发。

早期中国共产党人的建党实践是伟大建党精神形成的实践基础。十月革命为中国送来了马克思主义，给中国带来了真理、理想和希望。与此同时，中国共产党的先驱们在汲取以往革命失败的教训基础上，充分认识到只有将工人运动与马克思主义相结合，建立一个根本区别于其他政党的无产阶级政党，方可领导中国革命取得最终胜利。于是，有了"南陈北李，相约建党"的佳话。1920年，在共产国际帮助下，在陈独秀、李大钊等人的推动和联络下，中国先进分子组织马克思学说研究会、马克思主义研究会等组织，在全国各地相继成立了中国共产党早期组织。先进分子开始通过报纸、杂志和书籍在青年、工人、学生、农民等各群体中宣传马克思主义理论。1921年7月，中共一大召开，标志着中国共产党的成立。1922年7月，党的二大制定了党的民主革命纲领，通过了第一部党章，标志着中国共产党创建工作顺利完成。中国共产党的创建过程充满波折，但最终使中国有了先进组织，孕育形成了伟大建党精神。

中华优秀传统文化是伟大建党精神形成的文化土壤。中华优秀传统文化，是在5000多年中华文明发展中孕育的，是中华文明的智慧结晶和精华所在，是中华民族的根和魂。中国先进分子以国家兴亡为己任，激活了中华优秀传统文化的生命力。伟大建党精神继承了其优秀的文化基因，吸取了传统文化的精华，在继承中华优秀传统文化的基础上不断发展。坚持真理、坚守理想的伟大建党精神继承了志存高远、天下大同的思想，践行初心、担当使命的伟大建党精神继承了家国天下、实践担当的思想，不怕牺牲、英勇斗争的伟大建党精神继承了舍生取义、自强不息的思想，对党忠诚、不负人民的伟大建党精神继承了精忠报国、以民为本的思想。

伟大建党精神是中国共产党人在历史进程中代代相传的宝贵精神财富，不仅是中国共产党人整体精神风貌的体现，更是激励我们在困难面前勇敢前进的精神动力。在全党继续奋力全面建成社会主义现代化强国、实现第二个百年奋斗目标的新征程上，大力弘扬和传承伟大建党精神，是实现中华民族伟大复兴永恒的精神动力。

新时代弘扬伟大建党精神必须坚持真理、坚守理想。伟大建党精神中的坚持真理、坚守理想，既是科学内涵，也是实践要求，要求党在实践中坚持马克思主义真理。坚持真理、坚守理想，彰显了共产党人坚持理论的科学性，为党的事业指明前进方向。有了方向，才不会迷失，才能始终朝着正确的方向前进。因此，我们必须自觉学思践悟当代中国马克思主义、21世纪马克思主义的理论内涵、实践旨归，把坚持真理、坚守理想融入开辟马克思主义中国化时代化新境界的行动中，自觉做习近平新时代中国特色社会主义思想的坚定信仰者和忠实实践者，自觉用党的创新理论武装头脑、指导实践、推动工作。

弘扬伟大建党精神必须践行初心、担当使命。践行初心，就要把握党何以出发；担当使命，就要把握党向往何处。初心和使命，共同激发了中国共产党的百年奋斗伟力。中国共产党的初心使命，就是为中国人民谋幸福，为中华民族谋复兴。奋进新征程，中国共产党人把践行初心、担当使命落实到为中国人民谋幸福、为中华民族谋复兴的实际行动与表现，心怀"国之大者"，不负"民之所望"，锚定全面建设社会主义现代化国家的奋斗目标，聚焦让人民生活得更加美好的使命追求，牢记全心全意为人民服务的根本宗旨，牢记人民对美好生活的向往就是党的奋斗目标，牢记党肩负的实现中华民族伟大复兴的历史使命，勇于担当负责，积极主动作为。

弘扬伟大建党精神必须不怕牺牲、英勇斗争。不怕牺牲，就是为坚持真理和实现理想不惜付出生命；英勇斗争，就是不畏强敌，勇于拿起武器去战斗，敢于维护理想与正义。有斗争就有牺牲，二者是不可分的。伟大建党精神将牺牲和斗争结合起来，表现了共产党人不畏惧敌人、不畏惧为党献出生命的傲骨，和敢于同危害中华民族实现伟大复兴的各种风险挑战作斗争的顽强意志。弘扬伟大建党精神，需要焕发"把人生奉献给党和国家事业需要"的激情，昂扬勇于斗争的意志，不断提高斗争本领，有效应对重大挑战，善于抵御和化解重大风险，克服各种重大阻力，在危机中育先机、于变局中开新局，凝聚起团结奋斗、再立新功的磅礴力量。

弘扬伟大建党精神必须对党忠诚、不负人民。对党忠诚，忠诚于党，是对中国共产党党员最基本的要求。不负人民，就是不辜负人民的殷殷期望，不辜负人民对党的信任和选择，竭尽全力满足人民对美好生活的需要。对党忠诚、不负人民是伟大建党精神科学内涵中的情感体现，饱含对党、对人民的深深情感，是中国共产党人爱党、爱国、爱人民的深刻体现。弘扬伟大建党精神，必须坚持为党分忧、为民解难，坚持党性和人民性的高度一致，把对党忠诚、不负人民体现在尽责尽力的日常工作中。在不同的岗位上勇于担当、敢于作为，将个人奋斗与爱国爱党爱人民紧密相连，为全面建设社会主义现代化国家、全面推进中华民族伟大复兴作出自己的贡献。

继续弘扬以伟大建党精神为源头的中国共产党人精神谱系，发扬党的光荣传统、赓续红色血脉，我们党一定能始终保持风华正茂、洋溢向上的激情，带领中国人民共同创造新的辉煌业绩。

四、把握重大原则

全面建设社会主义现代化国家，是辉煌而壮阔的伟大事业，是我们党坚定不移的奋斗目标。党的二十大报告着眼全面建成社会主义现代化强国的宏伟目标和战略安排，鲜明提出了前进道路上必须牢牢把握的五条重大原则，为全面建设社会主义现代化国家提供了根本遵循。

坚持和加强党的全面领导。坚持和加强党的全面领导基于马克思主义政党理论，体现了对党领导中国革命、建设和改革的历史经验和重大意义，以及当前世情国情党情复杂变化的深邃洞见。历史和实践反复证明，中国人民和中华民族之所以能够扭转近代以后的历史命运、取得伟大成就，最根本的原因是有中国共产党的坚强领导。中国共产党的领导从根本上保证了我国社会主义现代化建设事业始终有核心政治力量，有效凝聚起了实现中国式现代化的磅礴力量。坚持和加强党的全面领导，关系着党和国家的前途命运，我们的全部事业都建立在这个基础上，都根植于这个最本质特征和最大优势。在坚持党的领导这个重大原则问题上，绝不能有丝毫含糊和动摇。在全面建设社会主义现代化国家的历史新征程上，必须坚持和加强党的全面领导，建立健全党的全面领导的体制机制，构建党的领导纵到底、横到边、全覆盖的全面领导格局，突出党的领导的统揽性、全局性、整体性，使党中央权威得到坚决维护，使党的领导体现在我国现代化建设事业的方方面面。要通过党的全面领导，使中国社会主义建设事业坚定不移地沿着既定轨道组织、实施，不脱轨、不失范、不改道，使中国式现代化在风雨袭来时始终拥有坚强的组织依靠，从而创造出更为辉煌的组织业绩。

坚持中国特色社会主义道路。党的二十大报告将坚持中国特色社会主义道路作为全面建设社会主义现代化国家的一条重大原则，充分体现了我们党道不变、志不改的坚定决心。我们要科学把握中国特色社会主义道路的历史必然性、逻辑应当性、实践可行性，坚定不移走好中国特色社会主义道路。在中国革命、建设、改革的历史实践中，我们党从中国国情出发，探索并成功开辟了一条符合中国实际的正确道路，这是党的事业不断谱就华章的密码所在。实践证明，只有中国特色社会主义道路而没有别的道路，能够引领党和国家事业发展兴旺、人民生活日益幸福、民族复兴步履坚定。这条道路我们看准了、认定了、走好了，必须坚定不移走下去。中国的社会主义现代化事业发展好不好，中国式现代化行不行，关键就看中国特色社会主义道路走得稳不稳、行不行。习近平总书记指出："中国特色社会主义道路是当代中国大踏步赶上时代、引领时代发展的康庄大道，必须毫不动摇走下去。"①这是我们把命运始终掌握在自己手中的关键。在中国这样一个有着5000多年文明史、14亿多人口的大国建设社会主义，不可能找到现成的教科书，只能不断坚持和拓展中国特色社会主义道路，任何时候都不能有丝毫动摇。新征程上，我们要毫不动摇地沿着中国特色社会主义道路奋力迈进，全面贯彻习近平新时代中国特色社会主义思想，全面贯彻党的基本路线、基本方略，在全面深化改革中不断夯实道路根基，不走封闭僵化的老路，不走改旗易帜的邪路，坚持中国的发展命运由中国人自己决定，用新的伟大奋斗创造新的光辉伟业，谱写新时代中国特色社会主义更加绚丽的华章。

坚持以人民为中心的发展思想。我国的社会主义现代化建设事业不是远离人、不顾人、漠视人的现代化，而是以人的现代化为中心的现代化，彰显着以人民为中心的发展思想。作为马克思主义政党，中国共产党在领导中国人民从求而不得到成功创造、从落后挨打到自信自强的现代化征程中，始终秉持鲜明的人民立场，尊重人民的主体地位，坚持走群众路线，与人民休戚与共、生死相依，科学实践了共产党"没有任何同整个无产阶级的利益不同的利益"②这一社会主义现代化建设的基本原则。我们党的根基在人民、血脉在人民、力量在人民，人民是党执政兴国的最大底气。在新时代中国共产党的治国理政实践中，习近平总书记从马克思主义价值立场出发，总结中国共产党"人民至上"历史经验，明确提出以人民为中心的发展思想。"只有坚持以人民为中心的发展思想，坚持发展为了人民、发展依靠人民、发展成果由人民共享，才会有正确的发展观、现代化观。"③新的奋

①《习近平谈治国理政》（第三卷），外文出版社2020年版，第184页。
②《马克思恩格斯文集》（第二卷），人民出版社2009年版，第44页。
③《习近平谈治国理政》（第四卷），外文出版社2022年版，第171页。

斗征途，坚持以人民为中心的发展思想，就要立足国情与实际制定政策，使人民群众共享现代化发展硕果，始终坚持发展为了人民、发展依靠人民、发展成果由人民共享，努力为人民创造更美好、更幸福的生活，继续书写全心全意为人民服务、以人民为中心的时代篇章。

坚持深化改革开放。坚持深化改革开放，是更好统筹国内国际两个大局、进一步解放和发展生产力的必然要求。改革开放是一个系统工程，创新是改革开放的生命。改革开放是我们党的一次伟大觉醒，是我们党谋发展、解难题、破矛盾的重要一招，为我国现代化发展注入了强大的动能。通过改革开放，中国特色社会主义尽显生机，劳动、资本、人才、技术、管理等生产要素活力竞相迸发，创造财富的源流充分涌动，社会运行、管理、发展的体制机制得到完善。党的十八大以来，以习近平同志为核心的党中央在创新中推动改革开放再出发，不断推进实践基础上的理论创新，实现了马克思主义中国化时代化新的飞跃；创造性提出新发展理念，推动高质量发展，实施创新驱动发展战略，构建良好开放环境；不断推进制度创新，使中国特色社会主义制度更加成熟更加定型。在反全球化逆流涌动、世界面临百年未有之大变局的时代背景下，全面扩大开放，加快构建以国内大循环为主体、国内国际双循环相互促进的新发展格局，共建"一带一路"，推动构建人类命运共同体，使开放的中国成为世界发展的积极增量。坚持深化改革开放，要深入推进改革创新，继续解放思想，进一步破除因循守旧理念，树立鼓励创新、支持创新、勇于创新、善于创新的理念，营造适宜创新的开放环境；要坚持问题导向，用创新求新的思想、眼光、观念看待问题，着力破解影响我国社会发展的深层次体制机制障碍与利益固化藩篱，不断增强社会主义现代化建设的动力和活力。

坚持发扬斗争精神。党和人民取得的一切成就，都是通过斗争取得的。党的二十大报告深刻把握党的事业发展和自身建设的规律，提出坚持发扬斗争精神的重大原则。全面建设社会主义现代化国家寄托着中国共产党和中国人民的夙愿与期盼，是一项伟大而艰巨的事业，前途光明，任重道远，需要以伟大斗争精神开拓之、赢得之。回看中国共产党领导中国人民的百余年奋斗史，正是在斗争中赢得了和平发展环境，在斗争中锻造了始终走在时代前列的可靠领导核心，在斗争中开拓出"当惊世界殊"的现代化发展成就，在斗争中战胜了现代化建设中的种种风险挑战，斗争精神是中国共产党坚守理想、实现理想的坚强支撑。党的十八大以来，以习近平同志为核心的党中央审时度势、果敢抉择，锐意进取、攻坚克难，义无反顾地进行了具有许多新的历史特点的伟大斗争——打赢脱贫攻坚战，发起蓝天保卫战，打响疫情防控攻坚战……在斗争中创造出新时代十年伟大变革。奋进全面建设社会主义现代化国家新征程，就要坚持发扬斗争精神，不信邪、不怕鬼、不怕压，以斗争精神回应可能随时升级的外部打压遏制，正视日趋复杂多变的外部环境，直面中国改革、发展、稳定面临的深层次矛盾，以斗争精神面对前进道路上的风高浪急甚至惊涛骇浪，依靠顽强斗争打开事业发展新天地。

五、实现战略目标

"从二〇二〇年到二〇三五年基本实现社会主义现代化；从二〇三五年到本世纪中叶把我国建成富强民主文明和谐美丽的社会主义现代化强国。"[1]党的二十大报告明确了全面建成社会主义现代化强国

---

① 习近平：《高举中国特色社会主义伟大旗帜　为全面建设社会主义现代化国家而团结奋斗——在中国共产党第二十次全国代表大会上的报告》，人民出版社2022年版，第24页。

分两步走的战略安排，确定了时间表、制定了路线图。

全面把握到2035年我国发展的总体目标。党的二十大围绕基本实现社会主义现代化，从八个方面进一步明确了到2035年我国发展的目标任务，提出了新的更高要求。

我国经济实力、科技实力、综合国力大幅跃升，人均国内生产总值迈上新的大台阶，达到中等发达国家水平。目前，我国已进入一个新的发展阶段，而高质量发展是这一阶段的主题。我们有足够的理由和信心实现高质量的经济发展，创造高质量发展成就，到2035年实现经济总量或人均国内生产总值比2020年翻一番。到那时，中国将成功跨越中等收入陷阱，社会生产力、国际竞争力、国际影响力将提升到一个新的水平。

实现高水平科技自立自强，进入创新型国家前列。坚持走中国特色自主创新之路，国家创新体系整体效能大幅度提升，推进创新型国家建设取得突破性发展。科技发展进步成果显著，科技成果转化率显著提高，在众多科技前沿领域实现全球并跑甚至领跑，实现关键核心技术自主控制，把发展主导权牢牢掌握在自己手中。

建设现代化经济体系，形成新发展格局，基本实现新型工业化、信息化、城镇化和农业现代化。推进"新四化"的高质量发展，不仅是中国进行社会主义现代化强国建设的基本路径，也是重要目标。到那时，将形成以国内大循环为主体、国内国际双循环相互促进的新发展格局，从制造大国发展为制造强国，数字经济与实体经济深度融合，基本实现以人为本的新型城镇化，乡村振兴取得决定性进展，基本实现农业现代化。

基本实现国家治理体系和治理能力现代化，全过程人民民主制度更加健全，基本建成法治国家、法治政府、法治社会。中国特色社会主义制度越来越成熟，制度优势越来越明显。社会主义民主政治建设进一步发展，全过程人民民主更加广泛、更加全面、更加健全。法治国家、法治政府、法治社会一体建设，全面形成科学立法、严格执法、公正司法、全民守法的良好格局。

建成教育强国、科技强国、人才强国、文化强国、体育强国、健康中国，国家文化软实力显著增强。教育、科技、人才是现代化建设的基础性、战略性支撑，文化、体育、健康是我国现代化发展的题中之义。建成教育强国，将总体实现教育现代化。建成科技强国，将实现高水平科技自立自强。建成人才强国，将成为世界重要人才中心和创新高地。建成文化强国，现代文化产业体系将基本形成。建成体育强国，体育综合实力和国际影响力将居世界前列。建成健康中国，人民的身体素质和健康水平将大大提高。

人民生活更加幸福美好，居民人均可支配收入再上新台阶，中等收入群体比重明显提高，基本公共服务实现均等化，农村基本具备现代生活条件，社会保持长期稳定，人的全面发展、全体人民共同富裕取得更为明显的实质性进展。人民生活水平和质量显著提升，在幼有所育、学有所教、劳有所得、病有所医、老有所养、住有所居、弱有所扶上不断取得进步，基本形成以中等收入群体为主体的"橄榄型"社会结构，实现基本公共服务覆盖全民、兜住底线、均等享有，基本建成具备现代生产生活条件的宜居宜业和美乡村，改革发展成果更多更公平惠及全体人民，促进人的全面发展，朝着实现全体人民共同富裕迈出坚实步伐。

广泛形成绿色生产生活方式，碳排放达峰后稳中有降，生态环境根本好转，美丽中国目标基本实现。我国生态文明制度体系将更加完善，清洁低碳、安全高效的能源体系和绿色低碳循环发展的经济体系基本建立。大气、水、土壤等环境状况明显改观。生态安全屏障体系基本建立，山水林田湖草沙生态功能稳定恢复，形成生产空间安全高效、生活空间舒适宜居、生态空间山青水碧的国土空间开发保护新格局，蓝天白云、绿水青山将成为常态。

国家安全体系和能力全面加强，基本实现国防和军队现代化。平安中国建设达到更高水平，国家安全法治体系、战略体系、政策体系、人才体系和运行机制更加健全，粮食安全、能源安全、重要产业链供应链安全和公共安全保障能力全面提高。全面推进军事理论现代化、军队组织形态现代化、军事人员现代化、武器装备现代化，基本实现国防和军队现代化，国防和军队建设达到世界先进水平。

深刻认识到21世纪中叶我国发展的远景目标。党的二十大报告提出，在基本实现现代化的基础上，我们要继续奋斗，到21世纪中叶，把我国建设成为综合国力和国际影响力领先的社会主义现代化强国。到那时，我国的物质文明、政治文明、精神文明、社会文明、生态文明将得到更为全面、更为均衡的高水平发展，现代化发展将取得更具世界标识、更具全球引领性的丰硕成果。

在经济发展方面，形成高质量的发展模式和高水平的现代经济体系，国家发展的创新能力、生产力水平和核心竞争力位列世界前茅，成为世界主要的科学中心、创新中心和重大科技成果的主要输出国。在政治发展方面，全面提高现代化治理能力，中国特色社会主义制度更加成熟更加定型，全面建成法治国家、法治政府、法治社会，全过程人民民主更显效能，社会主义民主更加成熟和完善。在文化建设方面，在全社会形成和强国建设相协调的价值理念、理想信念、道德观念，民族文化创新创造活力充分释放，公民文明素质和社会文明程度大幅度提升，中国精神、中国价值、中国力量的全球引领意义更加彰显。在社会发展方面，基本实现全体人民共同富裕，全社会充分就业得到高质量保障，收入分配的公平程度居于世界前列，城乡居民普遍收入较高、生活富裕，均等享有健全完善的基本公共服务，社会发展有序且充满活力。在生态发展方面，全面建成美丽中国，天蓝、地绿、水净、山青的优美生态环境成为常态，实现人与自然和谐共生的现代化，成为全球生态环境保护的领军国家。

总之，我国要全面建成的社会主义现代化强国，既有世界现代化的一般特点，更有适应我国实际、凸显发展优势的中国特色。要蹄疾步稳、行稳致远地落实强国战略安排，使中国式现代化更具时代感召力、更具全球影响力、更具历史优越性。

第一章

着力推动
高质量发展

高质量发展是全面建设社会主义现代化国家的首要任务。解决发展不平衡不充分的问题、创造人民美好生活是新时代中国共产党人必须直面的重大现实课题，推动中国经济由高速发展走向高质量发展是其中的关键。

党的二十大擘画了以中国式现代化全面推进中华民族伟大复兴的宏伟蓝图，极大地增强了中国人民在新时代追求美好生活的精神动力和信心。回望历史，中国的百年沧桑巨变清晰地镌刻了中国共产党领导中国人民追求民族独立与复兴的历史进程，中国式现代化的实践历程波澜壮阔、振奋人心。新中国成立以来，特别是改革开放以来，中国共产党领导中国人民取得了社会主义建设的伟大成就，实现了持续几十年的高速发展。2010年，我国经济总量跃居世界第二位，中国的国际地位与中国人民的生活水平得到了显著提高。党的十八大以来，中国特色社会主义开启了新时代的历史进程，中国的发展目标实现了由站起来、富起来向强起来的转变。解决发展不平衡不充分的问题、创造人民美好生活成为中国共产党必须面对的重大现实课题，其中，推动中国经济由高速发展走向高质量发展是关键。

　　高质量发展是全面建设社会主义现代化国家的首要任务，必须推动转变发展方式、优化经济结构、转换增长动力，实现经济发展质量变革、效率变革、动力变革。从经济体制、产业体系、乡村建设、区域布局、对外开放几个方面进行总体设计和升级优化，是实现高质量发展的实践基础。

第一节

构建高水平社会主义市场经济体制

制度优势是我们能够实现快速发展的重要保障。国家的基本经济制度，不仅体现了中国共产党对于经济发展规律的认识程度以及建立在这种认识之上的发展战略，也反映了其推动经济发展的价值导向。制度与机制在经济社会发展中发挥着重要的规范性和指导性作用。经济发展是建设现代化强国的重要基础。要实现高质量发展，就要有与高质量发展相适应的高水平社会主义市场经济体制作为保障。不断完善社会主义市场经济基础制度与制定针对具体问题的改革举措，是构建高水平社会主义市场经济体制不可或缺的两个方面，它们为促进社会主义市场经济发展提供了坚实基础和不竭动力。

一、坚持和完善社会主义基本经济制度

如果说建立完善的经济制度是当今世界各国经济发展的必然要求，那么坚持和完善社会主义基本制度在面向这一目标的同时还承载着人们对于理想社会的憧憬。在俄国十月革命以前，共产主义只是作为一种建立在科学理论之上的对理想社会形态的设想。在苏联建立起世界上第一个社会主义国家之后，社会主义作为共产主义的初级阶段

才真正由理论成为现实，建设社会主义国家、探索社会主义制度也在现实中成为社会主义国家的历史使命。客观而言，苏联在社会主义经济制度的探索过程中曾经有过创新性和突破性的尝试，特别是列宁新经济政策的设想极具启发意义，但由于特殊的历史背景以及后期没能正确地坚持和发展，苏联产业发展不平衡、人民生活水平难以提升等问题日益突出，这也是东欧剧变的重要原因之一。

经济建设位于"五位一体"总体布局的首位，是国家发展和社会进步的基石。探索更为成熟和完善的社会主义基本经济制度成为中国特色社会主义必须面对的历史性课题。坚持和完善社会主义基本经济制度，一要坚持中国共产党的领导，坚持以习近平新时代中国特色社会主义思想为指导，全面贯彻新发展理念，主动构建新发展格局。二要正确处理政府和市场的关系。在社会主义经济体制改革、完善社会主义基本经济制度的探索过程中，如何运用好市场这一只"看不见的手"和政府这一只"看得见的手"，使二者的作用相互协调，始终是重大的理论问题和实践问题。坚持使市场在资源配置中起决定性作用、更好发挥政府作用，需要坚持辩证法和两点论，使二者有效统一。一方面，发挥市场机制提升效率、激发活力的优势，减少政府对微观经济的直接干预；另一方面，在国防建设、能源资源等关系国计民生的重大领域，确保政府的决定性作用，保证社会主义市场经济不走偏、不变质。

在社会主义基本经济制度中，所有制问题是关键。2022年12月，习近平总书记在中央经济工作会议上对社会上有关全面深化改革开放特别是社会主义经济体制改革的疑问进行了明确回应，要求针对社会上有关是否坚持"两个毫不动摇"的不正确议论，必须亮明态度、毫不含糊。从整体意义上而言，公有制经济和非公有制经济都是社会主义市场经济的重要组成部分，二者的优势和功能各有侧重，但不可分割。国有企业是公有制经济的重要组成部分，要持续深化国有企业改革，不断增强国有企业的核心竞争力，推动国有企业市场化运营步伐。同时，要不断增强民营企业的活力，扩大外资市场准入，以更好的营商环境和更完善的机制体制保障最大限度地激发市场蕴藏的活力与创造力。

二、发展和完善社会主义市场经济基础制度

党的二十大报告指出"完善产权保护、市场准入、公平竞争、社会信用等市场经济基础制度"，为促进社会主义市场经济体制的有效运行提供制度保障。改革开放40多年来，我国不断加强社会主义市场经济基础制度建设，探索并形成了一系列行之有效的政策举措和制度机制。但与高水平社会主义市场经济体制的要求相比，"产权保护制度有待不断完善，市场准入仍存隐性壁垒，公平竞争审查刚性不足，反垄断和反不正当竞争执法司法仍需加强，社会信用信息共享、监管和服务水平有待提高"[①]，改革越是进入深水区，就越需要更为完善的制度，以应对具体领域的矛盾和问题。

随着经济发展的复杂性程度不断增加，经济生活中各类矛盾的破解更加需要现代化的治理能力和治理体系予以保证。发展社会主义市场经济基础制度是市场健康运行的前提保障，也是在经济领域坚持全面依法治国的题中应有之义。过去几十年的实践探索和理论研究已经为健全更为完善的社会主义市场经济基础制度奠定了坚实的基石。在市场准入、竞争、监督等环节开放透明的管理制度将为经济活动的有

---

① 《党的二十大报告学习辅导百问》，党建读物出版社、学习出版社2022年版，第65页。

效运行提供坚实的保障；知识产权保护制度向来是民营经济、外资经济目光聚焦的领域，也是促进科学技术创新的现实需要；市场准入负面清单制度有益于突破以往制约经济发展的行政壁垒，提高民营企业和外资进入的效率，增强政策的规范性和透明度；公平竞争、社会信用等市场经济基础制度的完善，一方面有助于培育公平竞争的文化，另一方面有助于扩大信用信息共享，实现资源优化配置和企业优胜劣汰。

充满活力、促进发展的营商氛围有益于增强市场主体参与经济活动的信心，激活资本、技术、信息、土地、劳动力等各类资源要素。如何增强市场主体信心、减少经济活动中的不确定性，是当下中国经济发展所面临的考验。产权界定和保护能够归属清晰、权责明确，市场准入能够保证清晰透明、高效便捷，公平竞争能够得到政策支持、切实保障，社会信用能够发挥信息效用、提供资源支撑，这是各类市场主体解除后顾之忧、积极投入的前提。

三、深化改革，精准解决制约经济发展的具体问题

发展和安全的问题是推动经济发展的前提与基础。我国经济具有基本面稳定、潜力足、活力强、韧性大的显著优势，但当前国际政治形势风高浪急，推动国内国际双循环、保持宏观经济稳定增长，需要一系列系统性的应对措施。要坚持全面深化改革开放，动用一切有益于经济发展的资源和力量，大力提振市场信心，通过营造更好的营商环境、提高经济政策的针对性和时效性，破除制约经济发展的壁垒。同时，要坚持底线思维，确保不发生系统性风险，以长远眼光评估和对待改革发展中遇到的问题，做到稳中求进、以进保稳。

过去的几十年，中国经济一直保持高速发展；我们今天要做的，

就是通过一系列针对性的具体举措，推动经济运行整体好转，保证经济质的提升和量的增长。在促进经济发展的举措方面，一要增强政策的针对性和有效性，切实解决制约经济发展的顽瘴痼疾，不断加强宏观政策的调控与各类政策的协调性，以积极的财政政策和稳健的货币政策保障经济发展行稳致远。二要继续推进供给侧结构性改革，增强消费对经济发展的基础性作用，以扩大内需作为高质量发展的有力支撑。三要健全资本市场功能，在规范和引导资本健康发展的同时，充分发挥资本对经济的促进作用，特别是投资对优化供给结构的关键作用。

保证经济发展稳中求进，必须守好安全底线这一红线。可以预计，未来的发展必然面临更为严峻的压力和更为复杂的风险，保证不发生系统性风险以及从根本上防范化解风险是推动高质量发展的基础保障。当前，我国经济发展的外部环境形势复杂，需求收缩、供给冲击、预期转弱等压力仍旧存在，在此背景下实现经济稳中求进必须守牢底线、抓好关节。一方面，要保障社会总供给充足，筑牢粮食安全、能源安全等基本防线，兜住就业、医疗、民生底线。另一方面，注重防范和化解重大经济金融风险，特别是在房地产等与民生密切相关的领域，推动其向新发展模式平稳转变；在金融领域，要防范和化解系统性、区域性风险，保障地方债务风险可控。

第二节
建设现代化产业体系

产业体系的优化是推动高质量发展的重要环节。经过多年的发展，我国在工业化进程中已经形成了品类较为齐全的产业链，但存在大而不强、全而欠精等问题，高科技产业仍有较大发展空间，产业间、地域间发展不平衡等情况仍旧存在。要实现高质量发展，必须大力发展实体经济，增强科技自主创新能力，持续优化产业布局，构建起具有核心竞争力、符合时代要求的现代化产业体系。

一、将实体经济作为经济发展的着力点

实体经济是我国经济发展的根基和命脉。党的二十大报告明确指出，坚持把发展经济的着力点放在实体经济上，推进新型工业化，加快建设制造强国、质量强国、航天强国、交通强国、网络强国、数字中国。实体经济涉及国家安全和国计民生的重要行业领域，为现代化的建设和人民生活水平的提高提供了重要的物质基础。当下，我国实体经济还存在着结构性失衡等问题，不仅包括产业内部的供需失衡，还包括实体经济和虚拟经济发展的失衡倾向。发展实体经济，需要以创新驱动制造业转型升级，培育一批战略性新兴产业，不断提升产业

整体水平和企业竞争力。

创新是做大做强实体经济的重要环节。新一轮科技革命必然引领全球经济变革，创新是经济发展最为重要的影响因素。经过几代人的接续奋斗，中国已然在载人航天、量子力学、轨道交通、绿色能源、数字经济等领域走在了世界前列，这是中国过去几十年经济高速发展的引擎，也是未来经济高质量发展的基石。在人工智能、5G网络、物联网、生物医药等关键领域取得突破性进展，推动产品、品牌和商业模式不断创新，是实现实体经济扩量提质增效的必由之路。为此，必须促进资金、人才、技术向创新性企业和行业集聚，汇聚全球创新性要素资源，不断提升创新供给能力。

做大做强实体经济需要在改旧育新上下功夫。一方面，坚持走新型工业化道路，加快推进传统制造业与信息技术及服务业的融合发展，以供给侧结构性改革促进传统制造业转型升级。同时，推动电子信息制造、新能源汽车、装备制造等优势制造业集群发展，不断拓展制造业高质量发展空间。另一方面，培育战略性新兴产业，加大对航天深海、脑科学、生物医药、信息技术、新能源、数字经济等领域科学技术的研发力度，抢占未来产业发展先机，实现高端化、智能化、绿色化发展。

二、增强科技自主创新能力

2014年6月，习近平总书记在中国科学院第十七次院士大会、中国工程院第十二次院士大会上指出："不能总是用别人的昨天来装扮自己的明天。不能总是指望依赖他人的科技成果来提高自己的科技水平，更不能做其他国家的技术附庸，永远跟在别人的后面亦步亦趋。

我们没有别的选择，非走自主创新道路不可。"①在2021年5月的中国科学院第二十次院士大会、中国工程院第十五次院士大会、中国科学技术协会第十次全国代表大会上，习近平总书记再次对国际环境和世界经济的变化及特点进行了深入分析，明确指出"科技创新成为国际战略博弈的主要战场，围绕科技制高点的竞争空前激烈"②。科技自主创新能力，不仅关乎国家安全，还决定了我国在未来竞争中是否能够占据发展主动权。

只有在科技、教育、人才工作中做到自立自强，才能在根本上增强科技自主创新能力。实现科技创新发展，人才是关键，教育是基础。党的二十大报告明确指出实施科教兴国战略，全面提高人才自主培养质量，着力造就拔尖创新人才，就是要从根本上解决拔尖创新人才自主培养的问题，为科技自立自强培养一支思想过硬、本领过强的生力军。同时，要统筹好科技、教育、人才工作，争取科技发展的领先地位，推动科技成果有效转化，通过增强科技攻关的组织能力与企业在科技创新中的主体地位，提高科技人才自主培养能力以及科技创新内生动力。

增强科技自主创新能力，需要通过深化科技体制改革进一步释放创新活力。要释放我国科技工作队伍的创新潜力，充分发挥政府的组织协调作用，为广大一线科技工作者和市场主体提供政策支撑、创造良好的环境。特别要加强科研院所和高校考核及评价体系改革，坚决破除"唯论文、唯帽子、唯职称、唯学历、唯奖项"，给予科研领军人才更大的自主路线权和经费使用权，破除一切阻碍科技自主创新的

---

① 中共中央文献研究室编：《十八大以来重要文献选编》（中），中央文献出版社2016年版，第22页。

②《习近平谈治国理政》（第四卷），外文出版社2022年版，第196页。

错误观念和体制障碍。

三、持续优化产业布局

"三期叠加"在带来严峻挑战的同时也为我们提供了产业升级的机遇。中国经济正处于增长速度换挡期、结构调整阵痛期、前期刺激政策消化期"三期叠加"的关键时期，加上国际局势对于全球产业链的影响，中国经济发展正面临严峻的考验。回顾以往中国经济发展的历史，越是困难重重、形势严峻的时期，越蕴藏着改革进步的机会，越能迸发出新的生长动能。应对困难的关键，是尊重并顺应经济发展规律，把握影响经济发展形势的关键节点，予以有效应对。当前世界经济发展困境的背后，是对于产业结构重组和升级的需求。把握好产业发展主要方向，占据优势产业战略高地，同时提升产业链的韧性与安全水平，是完善社会主义市场经济体制的重要环节。

数字经济是未来经济发展的大势所趋，占据优势产业战略高地，首先要注重发展数字经济，推动数字经济与制造业融合发展。数字经济包括数字产业化和产业数字化两方面内容，我国在数字产业化方面已经走在全球前列，未来要充分发挥我国数字经济的领先优势，增强平台企业在国际竞争中的影响力和引领力，特别要着力推动产业数字化发展，为制造业的转型升级提供基础支撑。同时，加强人工智能、量子计算等前沿技术的研发能力和应用推广，找准核心和关键技术短板，集中优势资源予以突破。

提升产业链韧性与安全水平，重点在于实现产业链由"全"到"强"的提升。我国之所以能够成为全球制造业大国，一个重要的原因就在于我国拥有相对最全的产业链，这是科技能够便捷地转化为产品并吸引投资从而促进制造业快速发展的重要基础。但是，"全"和

"大"并非等同于"强",应该看到,我国在一些关键技术领域还存在"卡脖子"问题,在关乎信息产业发展的芯片等产业领域还存在较强的对外依赖性。对此,要充分发挥政府在优化产业布局中的组织作用,要引导资金、人才、技术向重点产业汇聚,加强产业集群的顶层设计,解决传统产业低水平重复、转化率不高的问题,推动科技、产业、金融良性循环,不断完善产业链条。

第三节
全面推进乡村振兴

在中国经济发展的起步阶段，农村为我国的工业化进程提供了坚实有力的支撑，广大农民为共和国的发展作出了重要的贡献。在中国已然站起来、富起来并正走向强起来的当下，让农民充分享受改革和发展的红利、实现城市对农村的反哺是应然之举。中国作为世界上人口最多的大国，要解决14亿多人口的吃饭问题，首先就要发展好农业，要带领广大农民走上小康之路、过上幸福生活，就要实现脱贫攻坚成果与乡村振兴的有效衔接。全面推进乡村振兴，就要坚持农业农村优先发展的理念，激发并增强农村发展的内生动力，用好农村集体经济组织这个带动农业农村发展的重要载体。

一、坚持农业农村优先发展

中国是农业大国，"三农"历来是国家发展的基本盘。《中共中央 国务院关于做好2023年全面推进乡村振兴重点工作的意见》明确指出，必须坚持不懈把解决好"三农"问题作为全党工作重中之重，举全党全社会之力全面推进乡村振兴，加快农业农村现代化。中国是具有悠久农耕文明的国家，农村人口数量巨大。在新中国推进工业化、城镇化的过程中，农村是城市建设的坚强后盾和有力支撑。当前中国经济发展由量的积累转向质量并重的阶段，继续抓好农业发展和乡村振兴、改善农民生活条件是中国式现代化的应有之义。从这个方面而言，乡村振兴不仅是实现高质量发展的"压舱石"，还是社会主义现代化强国建设的重要内容。

在 2022 年 12 月召开的中央农村工作会议上，习近平总书记指出，"农业强国是社会主义现代化强国的根基，满足人民美好生活需要、实现高质量发展、夯实国家安全基础，都离不开农业发展""保障粮食和重要农产品稳定安全供给始终是建设农业强国的头等大事""全面推进乡村振兴是新时代建设农业强国的重要任务，人力投入、物力配置、财力保障都要转移到乡村振兴上来"。[1]强国必先强农，农业发展是高质量发展的基础，农业农村现代化是社会主义现代化的重要组成部分，乡村振兴是建设农业强国的核心和关键所在。建设农业强国要体现中国特色。提升农业现代化水平，满足农民对美好生活的需求，需要结合中国的国情，探索出一条属于自己的道路。在这个过程中，既不能照搬照抄他国的模式，也不能闭关自守。要在充分借鉴世界先进技术、先进模式的基础上，针对我国农业人口多、耕地少的特点和绿色发展的时代要求，在实践探索和理论研究的结合中，找出一条能够振兴农村、发展农业的中国之路。

促进农业农村发展需要科学系统的顶层设计。一要处理好着眼长远和把握当下的关系。农业农村发展关乎国家安全，必须坚持将饭碗牢牢地端在自己手中，农业处于产业发展的基础地位，需要稳扎稳打，多做利于长远发展的事。二要树立底线思维，在确保粮食安全方

---

[1] 《习近平在中央农村工作会议上强调　锚定建设农业强国目标　切实抓好农业农村工作》，载《人民日报》2022 年 12 月 25 日。

面重点把握耕地和种子两个关键要素，守住耕地面积红线，不断提升耕地质量，推进种业振兴工程，确保粮食和主要农产品的供应安全。三要在发展方向上以乡村振兴为重心，推动乡村产业链升级，依靠科技和改革双轮驱动，科学制定农业强国规划。

二、强化乡村发展内生动力

中国已经解决了绝对贫困问题，并如期全面建成小康社会，接下来需要完成巩固拓展脱贫攻坚成果的底线任务。巩固拓展脱贫攻坚成果需要总结脱贫攻坚经验，完善体制机制，打造一支政治过硬、本领过强的干部队伍，为继续做好脱贫地区帮扶工作打牢基础。同时，各地要积极学习贯彻习近平总书记关于乡村振兴的重要论述，落实好中央关于"五级书记抓乡村振兴"的要求，关注农民最关切的实际问题，将增加农民收入作为重要任务，完善各类农民权益保障政策和补助政策，在增强农民获得感的同时不断挖掘和拓展乡村发展的内生动力。

建设农业必然要打通产业融合这一关卡。要充分挖掘农业农村的特殊资源，尊重农民意愿和首创精神，走好一二三产业融合发展之路，着力打造优势产品、品牌，拓宽农民致富渠道。在脱贫攻坚过程中，已经有不少地区形成了"一村一品"等特色农产品品牌打造经验、"育繁推"一体的现代种业服务体系以及"产供销"一体的农村产业模式。要提炼和推广先进经验，加大宣传力度，倡导各地结合自身优势和特点探索出特色发展之路，同时要继续扶植优势显著、带动力强的农村企业，写好农业农村产业融合的大文章。

科技创新对于各行业的发展发挥着越来越重要的作用，对于建设现代化农业强国更是如此。要抓住科技革命的有利契机，在资金和政策上加大对农业发展关键领域技术研发的支持力度，促进科技成果转化，强化农业科技战略力量。在种业发展领域，提升自主研发的能力，培育出更多质量优良的"中国种"，加快农业科技自立自强的步伐；在农业生产过程中，不断提升农业机械化和智能化的水平，提升农业科技进步贡献率；在发展模式上，加强农村农业产业链物流链建设和农业新业态的创新探索，逐步实现由追求数量向高质量发展的跃升。

三、探索发展新型农村集体经济

新型农村集体经济是促进农村经济发展、提升农民收入的有效路径。农村集体经济不仅是政府帮助农民脱贫的主要载体，也是增强农村发展内生动力的重要路径。实践已经证明，与传统的农户个体经营相比，农村集体经济具有集中资源、规模经营、节本增效等突出优势。农村集体经济通过集体牵头、农户参与、企业入驻等，在盘活农村优势资源的同时，能够有效降低经营成本并引入先进管理理念与科技成果，使农业产品与市场资源有效对接。

发展新型农村集体经济需要不断完善内在机制。家庭农场和农民合作社是农村经济发展重要的市场主体，要把坚持集体经济、保障农民权益和激发资源要素有机结合起来。发展农村集体经济，并非简单地将农民组织起来共同生产，而是要通过科学化的生产、销售、分配和管理流程实现农产品产销方式的升级与农民的增收致富。在这个过程中，要充分发挥村党组织的组织作用和领导职能，创新农村集体经济的组织、宣传、经营、分配机制，整合小而散的资源，优化农村资源配置，实现村集体和农民的共赢。

发展农村集体经济，不仅要在生产环节发力，还要探索并拓宽农村集体经济参与市场的渠道。农村集体经济囿于其产品和地域的特性，经常处于"半市场化"状态，同时还存在着链条短、同质化、分散化等问题。要发挥出集体经济的潜力，一方面要建立健全现代企业制度，提升农村集体经济自身投融资、专业化经营、分析决策以及风险控制的能力，增强参与市场竞争及适应市场变化的能力；另一方面，可通过与成熟的市场主体合作经营，跳出地域局限，规避现有不足，拓展市场平台，逐步找到一条融入全国大市场、不断壮大完善的新型农村集体经济发展之路。

第四节

促进区域协调发展

我国人口众多，幅员辽阔，资源丰富，气候环境多样。考察各地的具体情况，不难发现，由于地理环境、人口结构、资源分布等客观差异及历史发展等影响，我国存在着地区发展不平衡的问题。促进区域协调发展、挖掘并发挥各类地域优势，是区域协调发展战略的核心。客观分析现状，根据高质量发展的要求在整体上推进区域经济布局，更科学地优化国土空间格局，以人为核心推进城乡融合发展，是实现不同地域动态协调、缩小城乡发展差距的有效举措。

一、构建高质量发展的区域经济布局

鉴于我国地区发展不平衡的客观现实，近年来，国家出台多项政策支持西部地区、革命老区、民族地区、边疆地区、东北老工业基地等区域的发展，对当地经济发展发挥了重要的引领和支撑作用，平衡区域发展的政策成效也逐步显现。"十年来，我国区域发展相对差距持续缩小。2021 年，中部和西部地区生产总值分别达到 25 万亿元、24 万亿元，占全国比重由 2012 年的 21.3%、19.6% 提高到 2021 年的

22%、21.1%。"①

推动区域协调发展战略实施的关键是实现区域发展的动态平衡。要改变现存经济发展区域差距的现状、破解制约经济高质量发展的问题，必须以整体性视角加强顶层设计，在各地协调和动态平衡中构建区域经济发展新格局。促进区域协调发展，各地条件不同、优势不同，必然不能通过同一种路径寻求发展或按照相同的标准进行衡量，而应结合资源禀赋、当前经济发展水平等现实条件，明确在整体发展中的定位，充分发挥自身优势，在实现自身发展与突破的同时同其他地区加强协作，推动形成优势互补、高质量发展的区域经济布局。

推动区域协调发展战略实施必须要打造区域经济高质量发展动力源。关于区域发展未来需要注意的重要问题，习近平总书记曾总结为三个方面，分别是区域经济发展分化态势明显、发展动力极化现象日益突出以及部分区域发展面临较大困难。在传统发展模式中，地理区位以及资源禀赋往往成为地区发展的限制因素。近年来，随着科学技术的发展和交通通达度的提高，越来越多的新业态涌现出新的发展机遇，区域间交流合作所带来的带动效应和增长效应也逐步显现。尤其是在数字经济快速发展的当下，要坚持创新驱动发展战略，实现科技为产业赋能，推动数字经济与传统产业结合，打造新的行业和地区增长极，增强区域经济高质量发展动力。

二、优化国土空间发展格局

解决我国国土空间矛盾，需要着眼长远发展。国土空间发展格局

---

① 《我国形成优势互补高质量发展区域经济布局》，载《经济日报》2022年9月21日。

在经济社会发展中发挥宏观而重要的作用，科学合理的国土空间发展格局是一个国家可持续发展的前提和保证，也反映了政府规划整体布局、把握发展方向的能力。当下，我国区域空间的矛盾体现为适宜发展的地区多分布在"胡焕庸线"（"黑河—腾冲线"）的东南侧，特别是东南沿海地区。随着人口和产业向这些地区集聚的趋势愈加明显，如何统筹经济发展、人民生活、生态环境、国家安全的需要，成为一个系统性的时代课题，健全主体功能区制度是应对这一课题的系统解决方案。

主体功能区制度是支撑区域协调发展战略的基础性制度，体现了我国应对不同地区空间差异的战略主动。由于独有的历史发展脉络和所处的时代背景，我国的现代化进程不同于西方现代化的"串联式"发展，而是新型工业化、信息化、城镇化、农业现代化"四化同步"的"并联式"发展。城市化地区、农产品主产区、生态功能区三大空间格局的科学分布，分别对应了工业现代化、农业现代化以及生态环境保护的要求，为推动中国式现代化进程提供空间布局策略，同时解决了地域差异下协调发展与国家安全的难题。

健全主体功能区制度，重点在于确定上述三大国土空间的发展优先序及相互关系。一是农业是国计民生的基础，关系到人民基本生活需要和国家粮食安全。因此，农产品主产区在三大空间格局中理应放在首要位置。二是"绿水青山就是金山银山"，保护生态环境就是保护生产力。良好的生态环境不仅是实现人民美好生活需要的题中应有之义，也是可持续发展的根基，故而生态功能区在三者中应处于第二位。在保证农产品主产区、生态功能区的基础上，综合人口规模、产业分布等因素，调整优化城镇建设，根据资源环境承载能力和优势差异打造城市开发空间。同时，提高空间利用效率和水平，使国土空间利用方式顺应自然规律和经济发展规律，为各类开发、保护、建设活动提供基本依据。

三、以人为核心推进城乡融合发展

缩小城乡收入差距、推动公共服务均等化是推进共同富裕的有效路径。在过去几十年的发展中，农村农业为城市化的推进提供了基础支撑，增加农民收入、提高农村公共服务水平的现实需求需要以工补农、以城带乡、城乡融合发展予以满足。乡村振兴与新型城镇化建设在城乡融合发展中有着缺一不可的同等重要性。要推进城乡一体化空间规划与设计，统筹土地利用、产业发展、生态保护等因素，合理规划乡镇和村庄国土空间，统一推进公共基础设施和公共服务向乡村延伸，激发乡村新产业新业态，改善农民生活条件，提高农民收入。

在我国行政体制中，县一级在政策贯彻、基层治理方面发挥着关键作用。中共中央办公厅、国务院办公厅于2022年5月印发的《关于推进以县城为重要载体的城镇化建设的意见》提出，县城是我国城镇体系的重要组成部分，是城乡融合发展的关键支撑，对促进新型城镇化建设、构建新型工农城乡关系具有重要意义。县城与农村距离较短，关系紧密。县域经济具有较大潜力，能够通过大城市产业梯度转移不断寻找新的增长点，同时具有最适宜辐射至农村的产业服务能力。因此，通过物流链向农村延伸、供应链向农村下沉推进县域流通服务网络建设，通过打造智慧园区等促进产业向园区集中、推进农业产业数字化建设，都是县域经济发挥优势、促进城乡融合发展的可行之策。

在推进新型城镇化建设的过程中，农业转移人口市民化是需要稳步推进的重要环节。一方面，要为农业转移人口市民化提供更为完善的政策和制度保障，除个别特大城市，逐步放宽、简化落户政策，实现基本公共服务同常住人口挂钩，为农业转移人口与城镇居民享有同等权利、履行同等义务创造现实条件。另一方面，要结合城市和产业特点，为农民工提供内容广泛、实用的职业技能培训，提升农民工劳动技能，同时通过有效的政策和帮扶机制保障农民工劳动权益，为农民工提升自身素养、创造美好生活提供更丰富的路径和更全面的保障。

第五节
推进高水平对外开放

当前中国经济发展的内外部环境复杂程度与不确定性不断提升，在百年未有之大变局下，国际经济、政治、安全格局瞬息万变，国际社会安全赤字、和平赤字、治理赤字不断增加。面对恢复经济发展的紧迫任务和实现高质量发展的历史使命，仍旧需要进一步推进高水平对外开放，依托自身比较优势建设贸易强国，更为积极主动地参与全球产业分工与合作，推动中国经济与世界经济的良性互动和互促提升。

一、充分发挥我国经济比较优势

从国内来看，百年未有之大变局带来了需求紧缩、供给冲击和预期转弱的三重压力。从世界范围来看，这种困境并非只出现在中国，各国均面临着经济发展乏力、供应链危机、资本市场动荡等问题。解决世界经济难题，最终需要世界各国携手寻求出路，而推进高水平对外开放无疑是中国将解决自身经济问题同解决世界难题相结合的主动应对之举。由于中国经济在世界经济增长中的重要地位，解决中国经济问题不仅能为其他国家走出经济发展困局提供方案，也将为提振世界经济作出卓越贡献。

要在国际经济发展中产生更为积极的影响，就要充分运用我国的比较优势，在国际竞争中扬长避短。我国在市场空间、劳动力资源、外汇储备、建设实力等方面具有显著的比较优势。近年来，我国数字经济发展迅速，特别是数字产业化已经走在世界前列，在新一轮科技革命浪潮中创造了有利条件。在以往的自由贸易区建设中，我国在参与国际经贸规则制定方面走出了重要的一步，"一带一路"倡议积极推进了多国贸易大通道的构建，"共商、共建、共享"的理念也在全球大市场产生了重要影响。要在发挥传统优势的同时培育新优势，尤其要抓住新一轮科技革命、产业革命的历史机遇，结合计算机、物联网、人工智能、大数据、航天深海等科技领域以及数字经济等新业态培育新的经济增长点。

近年来，我国在主动维护世界共同利益的同时不断拓展合作机遇。在联合国、世界贸易组织、二十国集团、亚太经合组织、上海合作组织等国际组织中，中国正发挥着越来越重要的作用。这种影响不仅体现在中国与世界各国携手应对经济发展、气候变化等问题的过程中，也体现在中国为"一带一路"沿线国家创造的发展机遇中，更体现在中国向其他发展中国家提供的援助中。

二、加快推进贸易强国建设

在全球化的背景下，国际贸易对于任何一个国家都有着重要的影响，近年来，我国对外贸易对推动世界经济发展也发挥着越来越重要的作用。2020 年，我国货物与服务贸易总额跃居世界第一位，贸易大国地位不断巩固。尽管近年来我国贸易结构不断优化，越来越多的高附加值、高技术含量产品成为新的经济增长点，但是总体而言，我国制造业大而不强的问题仍然存在，贸易的质量和效益仍需进一步提升。

党的二十大报告指出，要推动货物贸易优化升级，创新服务贸易发展机制，发展数字贸易，加快建设贸易强国。建设贸易强国需要推进货物贸易和服务贸易结构升级与协调发展。当前，我国货物贸易和服务贸易总额分别居世界第一位和第二位，但都有较大的提升空间。建设贸易强国需要不断提升投资、产业、市场等方面的协调性和均衡性。要不断优化货物贸易结构，推动货物贸易产业从加工制造环节向研发、设计、营销、品牌经营等环节攀升，同时提升服务贸易质量和水平，扩大国外优势产业进口和知识密集型服务出口的规模，增强自由贸易示范区和自由贸易港的引领作用，推动服务贸易发展机制创新。

建设数字经济强国为建设贸易强国提供了新引擎。数字经济是未来经济发展的大势所趋，也是我国发展数字贸易、参与国际相关标准制定的新机遇。在发展数字经济的过程中，首先要提升云计算、通信技术、大数据等关键技术的自主创新能力，在此基础上加快贸易全链条数字化赋能，引领业态创新发展。同时，要提升数字经济治理能力，不断完善数据产权、交易、流通、使用、分配、治理安全的制度和规范，不断健全数字贸易治理体系，为增强我国经济发展韧性和安全水平提供更好的基础条件。

三、深度参与全球产业分工合作

建设贸易强国，第一，要不断提升全球配置资源能力。要站在国内国际两个大局的高度，"以推进经贸大市场、金融大流通、基础设施大联通、人文大交流为抓手，走向国际开放合作最前沿"[①]，加强学习借鉴、开放包容的主动性。一要进一步吸引和利用外资，合理缩减外资准入负面清单，创新投资合作方式，创造宽松有序的投资环境和更加透明规范的市场环境。2023年2月发表于《求是》杂志的习近平总书记的署名文章《当前经济工作的几个重大问题》，将"更大力度吸引和利用外资"作为2023年我国经济工作的五大问题之一，文章明确指出"招商引资国际竞争更加激烈"，要"以国内大循环吸引全球资源要素，既要把优质存量外资留下来，还要把更多高质量外资吸引过来"。[②]二要优化贸易结构，促进产业链升级，促进要素有序流动。三要优化进口结构，扩大先进技术、重要设备、紧缺能源等进口，促进进出口贸易平衡发展。

第二，要坚持"走出去"和"引进来"相结合，进一步加强进出口对经济发展的促进作用，继续吸引先进技术、高端产业和高水平人才，加快优势产业、企业"走出去"步伐，在促进产业结构升级的同时转移过剩产能。对外开放是我国长期坚持的基本国策。在"引进来"方面，要继续为外商投资创造良好的法律政策环境和平等竞争的市场环境，促进跨国公司与本土企业在技术创新、产业升级等方面开展各类形式的合作，公平公正对待包括外商在内的各类市场主体，不断拓展市场空间，增强市场活力。在"走出去"方面，要增强中国企业在适应其他国家法律法规、文化习俗、行政管理等方面的能力，在实践中不断增强国际竞争力。

第三，中国在全球经济治理体系中的参与程度以及话语权是衡量

---

① 中共中央文献研究室编：《习近平关于社会主义经济建设论述摘编》，中央文献出版社2017年版，第305页。

② 习近平：《当前经济工作的几个重大问题》，载《求是》2023年第4期。

高水平对外开放的重要标准。在当前反对霸权主义、维护多边主义的呼声下，中国的发展为全球的经济治理带来了新的契机，中国方案也将为国际社会提供新的选择。一要在对外贸易制度和标准方面提升创新引领能力。制度是我国参与国际经贸规则制定、增强全球经济治理话语权的重要突破口。要根据国内经济发展的现状和国际经贸规则的特点，在投资、贸易、监管等环节加快改革步伐，通过试点先行探索总结经验，在标准制定、机制创新等方面尽快走向世界前列。二要维护多边贸易体制，通过推进贸易和投资自由化、便利化，加强国际经贸交流与合作，同形形色色的保护主义作斗争，特别要与广大发展中国家共同提高自身在国际治理体系中的发言权。

📖 **延伸阅读**

浙江高质量发展建设共同富裕示范区*

在全国工商联发布的 2023 中国民营企业 500 强榜单中，浙江民营企业入围 108 家，较上年净增加 1 家，连续 25 年居全国第一。

民营企业是浙江经济发展的"金名片"，也是浙江高质量发展建设共同富裕示范区的主引擎。杭州娃哈哈集团有限公司董事长宗庆后表示，娃哈哈是在改革开放中发展壮大起来的第一代民营企业，如果没有党和政府的关心支持，就没有娃哈哈的今天。因此，先富起来的民营企业家，理应积极承担社会责任，先富帮后富，实现共同富裕。

作为致力共同富裕的"民企样本"，娃哈哈集团的发力重点是浙江相对贫困的山区县。自浙江 2021 年全面启动高质量发展建设共同富裕示范区以来，在已有的衢州、江山、景宁 3 个工厂的基础上，娃哈哈集团又投资 5 亿元在浙南山区的文成县建设了智能化饮料生产基地。目前，该项目已入选浙江省未来工厂试点。

高质量发展建设共同富裕示范区，浙江的重点、难点和突破点，是经济社会发展相对较慢的山区 26 县如何实现跨越式高质量发展。

从浙江全省来看，山区 26 县主要集中在浙西南山区，地区生产总值不到全省的 10%，土地面积约为全省的 45%。

党的十八大以来，衢州牢记习近平总书记嘱托，把共同富裕作为最大的民生，下大力气补短板、促增收，扎实推进"扩中""提

---

　　* 参见《瞄准实现跨越式高质量发展　浙江探路共同富裕示范区》，载《经济日报》2022 年 9 月 16 日。编者对内容有所修改。

低"，城乡居民人均可支配收入年均分别增长8.9%和10%，城乡居民收入倍差持续缩小，继续保持进位态势，省级新时代美丽乡村示范县实现全覆盖，家庭人均年收入9000元以下的现象全面消除，集体经济年经营性收入20万元以上的行政村实现全覆盖。

真正发挥山区县的优势，形成新的发展亮点，关键要有创新意识。浙江省委社会建设委员会公布了全省高质量发展建设共同富裕示范区第二批试点名单，作为山区26县之一的常山县，因"农业龙头企业带动共同富裕"的机制创新实践，受到充分肯定。

在农业龙头企业带动共同富裕的实践中，常山县集中精力破解资源转化难、企业生产效益低、规模小、竞争力弱、群众收入来源单一、收入分配不充分等问题，实现主导产业提质工程、龙头企业育强工程、集成改革赋能工程、发展红利共享工程，构建龙头企业、平台公司、村集体（强村公司）以及农户四方利益共同体机制，从而有效形成龙头带动、共富多元的新模式。

第二章

强化现代化建设
人才支撑

　　尚贤者，政之本也。人才聚，则事业兴，则国家强。推进中国式现代化建设，必须培养造就现代化建设需要的高素质人才，发挥人才引领驱动现代化建设的作用，广开纳贤之路，以人才事业、人才战略作为建设现代化国家的基础性、战略性支撑。

党的二十大报告指出，教育、科技、人才是全面建设社会主义现代化国家的基础性、战略性支撑。这直接明了地道出了实施科教兴国战略、强化现代化建设人才支撑的重要意义。这一论述，必然有其内在的深层逻辑。

教育是基础，科技是关键，人才是根本。实践证明，党和国家统筹推进"五位一体"总体布局和"四个全面"战略布局，取得了诸多伟大成就，离不开教育、科技和人才三者的推动作用。要发挥这三者的重要作用，一是要求我们肩负起建设教育强国、科技强国、人才强国的历史使命。二是我们必须深刻把握教育、科技、人才三者的关系，实现教育优先发展、科技自立自强、人才引领驱动。当前我国仍处于社会主义初级阶段，国内国外形势严峻，机遇与风险挑战并存。总体来看，要将教育优先发展的重点落在夯实人才基础、开发人才资源上，将科技自立自强的重点落在独立开创、破解"卡脖子"问题上，巩固好人才驱动的现有优势，实现三者协调推进和相互融合，进而实现为党育人、为国育才，全面提高人才自主培养质量，着力造就拔尖创新人才，聚天下英才而用之。

因此，党的二十大报告中关于强化现代化建设人才支撑的重要论述具有战略意义，给出了党的二十大以后的一段时期内我们如何构建人才战略布局、发挥人才战略优势的答案。要深入理解"实施科教兴国战略，强化现代化建设人才支撑"这一论述表达的内涵，理顺其内在逻辑，进而理解建设教育强国、科教强国、人才强国和实施创新驱动发展战略的重要性与必要性。在推动建设的过程中，实现科教兴国战略、人才强国战略、创新驱动发展战略有效联动，坚持教育发展、科技创新、人才培养一体推进，形成良性循环；坚持原始创新、集成创新、开放创新一体设计，实现有效贯通；坚持创新链、产业链、人才链一体部署，推动深度融合。始终坚持人民至上、自信自立、守正创新、问题导向、系统观念、胸怀天下。

第一节

建设教育强国

人才培养，教育先行。教育的根本任务是培养社会主义建设者和接班人，培养拥护党的领导和社会主义制度、有着为中国特色社会主义事业奋斗终生的崇高理想的人才。党的二十大报告指出："教育是国之大计、党之大计。培养什么人、怎样培养人、为谁培养人是教育的根本问题。"这是对建设教育强国重要性的根本认识，是实现我国教育现代化的"框架支柱"，关系到国家发展的持续性和延续性。教育在整体人才战略中具有基础性、前提性地位。教育的重要性决定了我们必须要加快推进教育现代化、加快建设教育强国，让教育的发展跟得上国家总体事业的发展，让教育的发展符合人民群众的内心期盼，让教育的发展配得上我国的大国地位。

一、推进基本公共教育服务均等化

党的十八大以来，我国在义务教育普及、均衡方面成效显著，破除了户籍对子女入学的限制，乡镇学校基础设施建设较为完善，教育质量稳步提高。但是，仍存在东部和西部之间、城市和乡镇之间、普通群体和特殊群体之间发展不平衡、资源不均等，教育质量提升效率不明显，教育改革不深入等问题。党的二十大报告提出，要坚持以人民为中心发展教育，加快建设高质量教育体系，发展素质教育，促进教育公平。促进教育公平，加快义务教育的优质均衡发展和城乡一体化，优化区域教育资源的合理配置，有利于真正贯彻落实以人民为中心的理念和实现社会公平。因此，要进一步扩大乡镇学校的数量和规模，严格制定办学标准，做到"既要数量多，又要质量高"。要考虑到农业转移人口子女入学、住宿问题，不仅要保证教学基础设备全，也要保证生活饮食水平高。除了提升乡镇学校的"硬件"水平，也要提升乡镇学校的"软件"水平。要进一步建设打造教学能力强、道德水平高的乡村教师队伍，努力缩小城市和乡村学校之间教师素质的差距。要考虑到学生家庭组成和家庭经济情况对教育的影响，完善全学段学生资助体系，降低在义务教育阶段学生辍学的比例。

要重视完善普惠性学前教育公共服务体系，为学生接受义务教育奠定基础。要照顾到残疾儿童、残疾少年这些特殊群体，发展覆盖面广泛的特殊教育体系，提高特殊教育水平。让应该上学、渴望上学的群体都能够上学、能上好学。不仅如此，还要看到东部和西部之间教育资源供给不平衡、不同民族地区的教育质量存在参差的问题，着力提高西部地区、民族地区的教育质量，同时加快少数民族地区和汉族地区的语言互通，推广通用汉字和普通话。推动发达省份和不发达省份的教育对口支援，延长东部高素质教师队伍驻扎西部的时间，避免出现暂时性、应付性等不连续的教学情况，让东部的高素质教师带动西部教师的能力提升，并通过互联网等科技为西部教育赋能，让西部省份获得更多的教学资源。

二、推进职业教育、高等教育、继续教育综合改革

不搞教育培养"一刀切"是我国教育事业秉持的重要理念。让职业教育、高等教育和继续教育等不同类型的教育事业充分发展，体现出对不同个体的成长发展规律的充分尊重，体现出对个人的自由全面发展的充分尊重。目前，高中阶段教育普及水平总体提升，高中阶段学校多样发展、全面开花，校外培训也受到了良好的规范，但是职业技术教育、高等教育和继续教育综合改革的适应性不够、区域差异性较大的问题仍然存在。党的二十大报告指出，统筹职业教育、高等教育、继续教育协同创新，推进职普融通、产教融合、科教融汇，优化职业教育类型定位。因此，需要对职业教育、高等教育和继续教育进行资源的合理分配，促进三者共同发展，改革教育分类管理，形成更加多元化多样化科学化的教育体系，有利于培养德智体美劳全面发展的社会主义建设者和接班人。

在职业教育层面，要区分各类技术在教育方式方法上的不同，优化职业教育专业结构与地区布局。同时，制定符合现实需要的职业技术教育标准，推动落实学历文凭和职业资格证书双证制度。推进产教融合，创新办学模式，推进校企合作，借助企业的资金和技术提高职业教育的产学研能力，从而形成理论学习与实践检验相结合的职业教育新模式，促进职业技术教育的高质量发展。除了对职业技术院校、专业的质量进行提升，也要重视职业本科教育。借助职普融通，实现二者的横向互认、纵向流动。

在高等教育层面，要持续推进高等学校的综合改革，分类建设一流大学和一流学科，发展高水平研究型大学。建设高质量本科教育，提高学科教育的专业性，使普通本科高校更具有应用特色，增强高校

学科设置的针对性。在人才培养上，更加注重培养紧缺专业人才，培养理工农医方面人才，加快基础学科高层次人才培养体系改革。在研究生培养管理方面，注重教育的质量和数量协调并进，提升研究生教育质量，扩大专业学位研究生规模。同时，深刻认识到中西部地区高等教育资源相对匮乏的现状，给予其更多的优惠政策，推动实现高等教育资源区域间发展的协调平衡。

在继续教育层面，继续教育是构建服务全民终身学习教育体系的重要内容，是人民群众创造美好生活、实现共同富裕的重要途径。大力发展继续教育是大势所趋。要进一步完善继续教育相关政策和制度，继续加大继续教育各类资源投入力度，构建灵活开放、科学完备、运行有效的继续教育培训制度，形成以职业发展为导向的培训网络体系。要进一步规范继续教育的学历认定和职业资格考试，持续深化职称制度改革，保障接受继续教育的劳动者的就业公平权利，更好营造全民终身学习的良好社会环境与氛围。

三、建设高素质专业化教师队伍

新时代，我国现代教师教育体系不断完善，师德师风建设取得良好进展，教师专业发展管理制度不断健全。党的二十大报告进一步提出，加强师德师风建设，培养高素质教师队伍，弘扬尊师重教社会风尚。通过建设师范教育基地，在高水平综合性大学中开展教师教育，有利于提高教师教书育人的品德素质和能力水平。进一步健全公费师范生制度，推进教育类研究生和公费师范生免试认定中小学教师资格改革，为专业教师队伍输送新鲜血液。在专业过硬的理工类院校设立职业技术师范类专业，使得高等学校理论优势与职业院校实践优势互补，有利于补充社会急需的专业教师人才，打造专业性高、实践能力强、素质过硬的教师后备队伍。同时，必须重视中小学和幼儿园教师管理改革，统一规范教师编制，协调平衡区域资源，健全义务教育阶段教师"县管校聘"模式，允许增加高中高级教师岗位。继续完善教育评价制度，对教育的持续高质量发展形成监督并提供保障。在学生的教育过程中要贯穿爱国主义和创新精神教育，让学生既有理论素养，又有道德品格。在牢牢把握教育的公益性特点的基础上，保证经费投入力度和经费使用效率之间的协调，将投资用在"刀刃上"。教育的责任不仅在国家，也在社会。在保证质量的前提下，适当增强学校办学的自主性，完善学校内部的管理结构，支持引导社会各方有序合理参与学校管理。支持和规范民办教育发展，开展高水平中外合作办学。深化考试招生综合改革。借助互联网及时高效的优势，实现不同国家、不同地区、不同水平院校教育资源在网络平台的互联互通，提高在线教育的质量，让更多的非学生群体享受高水平的教育，实现终身学习，打造学习型社会。

第二节

建设科教强国

科技是第一生产力,人才是第一资源。当前世界的竞争是科技的竞争,是人才的竞争。只有实施科教兴国战略,成为科教强国,才能在风云变幻的国际形势中掌握自己的方向,将命运掌握在自己的手中。必须以教育为本,在教育中发展科学技术,实现"两手抓",即一手抓教育优先发展,一手抓科技自立自强。让教育资源和科学文化知识的传播不局限在某一行业某一领域的专业人才群体中,要在全社会全民族实行科技文化素养提升。必须认识到广大高素质劳动者对国家整体实力增强的重要作用。同时,要实现科技的落地,实现科学技术"走出实验室""进入生产线",加快科技成果的转化。党的二十大报告指出:"完善科技创新体系。坚持创新在我国现代化建设全局中的核心地位。"这一论断充分说明了科技创新的重要地位。历史经验表明,一个国家必须具备雄厚的科学基础,才能抓住科技革命机遇,走向现代化。新时代十年,我国科技实力跃上新台阶,但是我国仍处于社会主义初级阶段,仍是世界最大的发展中国家。不管是国际环境,还是我国当前发展阶段,都表明了建设科教强国的迫切性。只有加快建设科教强国,才能抢抓新一轮科技革命和产业变革机遇,紧跟时代潮流。只有加快建设科教强国,才能让大批优秀科技人才源源不断地涌现，培养并造就世界级科学家和领军人才，实现更多重大发明创造和颠覆性技术创新。科学技术的重要性和人才的重要性要求我们必须实施科教兴国战略，加快建设科教强国，应对风险挑战，维护国家利益，加速推动现代化进程，助力中华民族伟大复兴。

一、坚持党对科技工作的全面领导

党的二十大报告提出，要完善党中央对科技工作统一领导的体制。新时代十年，我国国家创新体系整体效能不断提高：研发经费、研发人员数、基础设施建设处于世界前列；国家实验室、国家科研机构、高水平研究型大学、科技领军企业不断发展壮大。实践证明，我国科技成就是在党对科技工作的全面领导下取得的，体现出党的领导的政治优势。因此，必须坚持党中央对科技工作的统一领导，在党的领导下谋划总布局，优化创新要素配置，形成创新要素的整合，汇聚成系统高效的创新驱动力。从各行业各领域调动创新创造的积极性，提高科技创新体系的组织力和战斗力。

科学技术的价值不仅在于创造发明，更在于转化应用。要实现从科学技术到生产力的转变，就要整合优化科技资源配置。这要求以国家战略性需求为导向，构建以国家实验室为引领的战略科技力量。重新组织现有的国家重点实验室，聚焦量子信息、人工智能、生物医药等创新领域，形成聚焦前沿、组织协调的全国重点实验室体系。要注重建立协作机制，通过科学研究院所、高等学校和企业三方的信息互通与资源共享，实现科研力量的优化组合，提高体系化创新能力。把握企业在科技创新中的主体地位，发挥领军企业的支撑作用，鼓励企业主导产学研融合发展，实现产业、资金和人才三者的融合，让科技成果能够顺畅地落地转化，实现科技成果产业化规模化。要统筹国内外、地区间的科技创新发展。结合国际的发展趋势，打造世界科学前沿领域和新兴产业技术创新、全球科技创新要素的汇聚地，发起国际大科学计划，为人才提供国际一流的创新平台。在推动国家级工程研究中心和国家技术创新中心基地发展的同时，协调区域的科技创新中心建设。推动东部、中部、西部和东北地区的协调发展，在北京、上海、粤港澳大湾区等重点区域构建人才高地，推动高水平人才集中的中心城市成为集合人才的平台。

二、深化科技管理体制和知识产权体制改革

在科技管理职能方面，我国仍存在分钱、分物、定项目等直接干预，科技评价不够科学等现象。在组织管理方面，科研单位及人员被冗杂的体制机制束缚手脚，难以自由自主地发挥自己的科研能力。在财政体制方面，科研经费管理部门较为分散，科研人员获取经费存在层层限制等情况。习近平总书记高度重视科技事业，提出："深化科技体制改革，深化科技评价改革，加大多元化科技投入，加强知识产权法治保障，形成支持全面创新的基础制度。"[1]推进科技体制、科技评价、知识产权等方面的改革，是健全社会主义市场经济条件下新型举国体制的必然要求，有利于形成支持全面创新的基础制度，激发科研单位和科研人员的科技创新能力与活力。

要加快实现科技管理职能的转变，从直接干预转变为辅助支持，明确服务角色的定位，着力进行规划政策的引导和创新环境的营造。

---

① 习近平：《高举中国特色社会主义伟大旗帜　为全面建设社会主义现代化国家而团结奋斗——在中国共产党第二十次全国代表大会上的报告》，人民出版社2022年版，第35页。

完善财政科研投入体制，改变部门小而切割的状态，将资金有重点地投向战略性关键性领域。对重大科技项目立项及其组织管理方式进行改革，把更多的主动权和自主权交由科研单位与人员，实行技术总师负责制，充分激发有真才实学的科技人员的潜力。以质量、绩效、贡献作为评价的核心指标，构建科学的科技评价机制。分类别制定评价制度，区分自由探索型和任务导向型科研项目。将科学的评价制度与科技奖励相挂钩，实现知识产权归属和权益分配机制的优化。促进科研机构现代院所制度建立，给予科研单位灵活自主的编制、岗位、薪酬等的安排权力。从法律层面对科研单位所拥有的知识产权进行保护，提升其知识产权自主权。同时，进一步提高法律法规的及时性，要敏锐捕捉到新兴领域和新兴业态的变化，高效快速进行立法。

三、营造学习科学家精神氛围

科学技术的创新发展，说到底是人才的自主培养。我国是教育大国，教育质量总体较高，这保证了我国能够培养出具有高素质的科研优秀人才。但是，当前我国仍存在着人才队伍结构性矛盾比较突出的状况，社会创新氛围不够热烈、创新文化不够浓厚。党的二十大报告指出，要培育创新文化，弘扬科学家精神，涵养优良学风，营造创新氛围。新时代新征程完成党的中心任务，需要有科技能力的人才助力，需要有一批能够持久投入时间与精力钻研的科研人员。

要营造全民创新的社会氛围，提高社会整体素质和创新能力，为科学技术创新提供强大的动力。通过加强对人才的自主培养，注重发掘创新思维活跃、敢于尝试"无人区"的青年英才，发挥顶尖科学家的引领作用，激发各类人才创新创造活力，建设全球人才高地。强化中国科学院、中国工程院的国家高端智库职能，发挥"两院"作为国家队的学术引领、技术攻关、人才培养的作用。习近平总书记强调，"教育引导广大科技工作者传承老一辈科学家以身许国、心系人民的光荣传统"①。因此，要大力宣传院士的事迹，弘扬广大院士报效祖国、为民服务、追求真理、勇攀高峰的品格，鼓励科研人员向院士看齐，推动形成全社会学习科学家精神的风尚。同时，要建立科研人员的科研保障机制，从制度层面保障科学技术人员能够专心持久地投入科学技术创新，营造良好的科研生态。

四、促进国际科技开放合作

在全球化背景下，科学技术的各个要素不可避免地要在世界各个国家和地区流动。要提高科学技术，不能闭关锁国、闭门造车，而是要在国际舞台上与各国相互学习、切磋。党的二十大报告指出，要扩大国际科技交流合作，加强国际化科研环境建设，形成具有全球竞争力的开放创新生态。这要求我们积极融入全球创新体系，充分利用全球创新资源。在国际科技合作方面，要以开放的态度参与国家间的技术交流，互帮互助、互惠共享。拓宽国际科学技术合作的领域，引领、参与、协调、配合各国科研人员在气候变化、人类健康等领域的联合研发。主动带领发起国际重大科学计划和科学工程，设立并支持面向全球的科学基金并重点投入，肩负起大国在科学技术发展中的责任。在国家科技计划和重大科技合作项目方面加大对外开放力度，主动联络促成不同国家高水平科学家之间的专业知识交流。同时，鼓励欢迎在我国组建国际科技组织，主动邀请外籍高水平科学家在我国高校与社会组织任职。

①《习近平在中共中央政治局第三次集体学习时强调　切实加强基础研究　夯实科技自立自强根基》，载《人民日报》2023年2月23日。

第三节

实施创新驱动

创新在我国现代化建设全局中处于核心地位。党的二十大报告对实施创新驱动发展战略作出了一系列重要部署，这是以习近平同志为核心的党中央从国际视野对风险挑战进行分析，为确保实现党的新的历史使命和任务作出的研判与抉择。在新时代十年，通过我们的长期努力，我国的国家创新体系整体效能大大提升，一批关键核心技术实现了历史性突破，新兴产业的规模和质量都得到了发展，我国进入了创新型国家行列。"嫦娥"揽月、"蛟龙"入海、"墨子"传信、"祝融"探火，都是我国在创新驱动发展中取得的重要成就。

但是，在看到成就的同时，也要冷静思考当前我国创新驱动发展实践的短板与不足。从国际大环境来看，世界正经历百年未有之大变局，国内外形势瞬息万变，科技创新领域的竞争愈加激烈，各个国家和地区纷纷抢占科技制高点。从我国自身科技发展水平来看，基础研究领域和前沿科技领域仍有不少亟待补齐的短板弱项，在关键核心技术领域，如芯片、新材料、数控机床等，仍面临着被"卡脖子"的风险危机，创新驱动发展战略的落实和高质量发展任务仍需要付出较多努力，仍需要走较远的路。抓创新就是抓发展，谋创新就是谋未来。因此，我们必须坚定贯彻创新驱动发展战略，把握全球科技创新的潮流风向，推进重要领域的创新，立足我国的需要和人民的需求，加快实现高水平科技自立自强。这是我们全速奔跑在社会主义现代化道路上，朝着第二个百年奋斗目标努力的必然要求。

一、实现高水平科技自立自强

实现高水平科技自立自强是推动实现高质量发展的必由之路。习近平总书记强调："要加快科技自立自强步伐，解决外国'卡脖子'问题。"[①]实现高水平科技自立自强是国家强盛和民族复兴的基石，是应对风险挑战和维护国家利益的必然选择，是贯彻新发展理念、构建新发展格局、推动高质量发展的本质要求。实现高水平科技自立自强，就要"集聚力量进行原创性引领性科技攻关，坚决打赢关键核心技术攻坚战"[②]。

从宏观的人类发展史看，一个国家、一个民族要实现发展的持续和生产力的提高，创新是关键的要素。能否走好发展的"先手棋"，就要看是不是牵住了科技创新这个"牛鼻子"。当前全球不稳定性不确定性明显增加，要面对发展道路上的风险与挑战，实现高质量发展，稳固好国家强盛的基础，实现安全稳步的发展，就必须实现科技自立自强。需要把突破关键核心技术放在重要地位，扭转关键领域受制于人的现状，主动"开辟发展新领域新赛道、塑造发展新动能新优

---

① 《习近平在中共中央政治局第二次集体学习时强调　加快构建新发展格局　增强发展的安全性主动权》，载《人民日报》2023年2月2日。

② 习近平：《高举中国特色社会主义伟大旗帜　为全面建设社会主义现代化国家而团结奋斗——在中国共产党第二十次全国代表大会上的报告》，人民出版社2022年版，第35页。

势"①。要通过战略谋划和系统布局，聚集技术力量，形成重点难点技术攻关合力。要发挥科学技术创新在国家安全、经济等领域的保障促进作用，关注对国家发展全局和社会总体发展有重大影响的科技领域。构建国家实验室体系，加快组建国家实验室，重新组建现存的国家重点实验室、国家工程研究中心等国家科技创新基地。科学技术创新是一个完整的链条，要坚持"四个面向"、具备系统观念，实现顶层设计、重大任务、基础能力三者的相互配合，形成体系化的创新能力。统筹国际和国内不同区域之间的科技创新中心建设，构建全球前沿科学、全球创新要素和新兴产业技术的汇聚地。此外，要激发民营企业和民间资本在推动国家重大工程和产业链供应链建设方面的积极性，正如习近平总书记在看望参加全国政协十四届一次会议的民建、工商联界委员时强调的："有能力、有条件的民营企业要加强自主创新，在推进科技自立自强和科技成果转化中发挥更大作用。"②

二、加强科学技术基础性研究

基础性的科学技术能力，体现着一个国家综合科学技术实力，是一个国家创新体系的重要基础，是进一步推进高水平科技创新的框架支柱。近年来，我国虽然整体科技实力得到较大提升，但是由于前期科学技术的积累不足，未能抓住重要科技创新机遇，科学技术的基础能力较弱。党的二十大报告指出："加强基础研究，突出原创，鼓励自由探索。提升科技投入效能，深化财政科技经费分配使用机制改

① 仲音：《坚定不移推动高质量发展》，载《人民日报》2023年3月6日。
② 《习近平在看望参加政协会议的民建工商联界委员时强调　正确引导民营经济健康发展高质量发展》，载《人民日报》2023年3月7日。

革，激发创新活力。"这是立足当前、面向未来的重大任务部署。

科技基础是科创活动的先决条件，既是物质技术基础，也是制度文化基础。其中，"硬条件"包括了各类科技创新组织、科研设施平台、科学数据和文献期刊，"软条件"包括了制度法规、科技政策、创新文化等。在科学技术事业的发展中，科技基础能力处于战略性、基础性的地位，因此在很大程度上决定着科技创新的能力和水平。要想建设立足全球的科技强国，进一步自主发展高水平科学技术，抓住产业变革的机遇，跟上科技革命的潮流，就必须加强对科技的基础研究。要将加强科技基础能力建设作为一项长期性、系统性的工程推进。要以《中华人民共和国科学技术进步法》为统率，加大科技创新政策制定力度，形成衔接有效、配合精准的科技创新政策法规体系。通过完善科技创新法律法规，依法行政，最大限度地保障科技创新单位和科技创新人员的合法权益。完善符合科学研究规律、以信任为前提的科研经费使用和管理，转变政府的科技管理职能，提高科技投入效能。通过强化质量和价值导向的知识产权资助激励政策，激发人才创新创造活力。

三、推动产学研深度融合

党的二十大报告指出："加强企业主导的产学研深度融合，强化目标导向，提高科技成果转化和产业化水平。强化企业科技创新主体地位，发挥科技型骨干企业引领支撑作用，营造有利于科技型中小微企业成长的良好环境，推动创新链产业链资金链人才链深度融合。"这一重要阐述和安排部署，进一步明晰了确立企业在创新中的主体地位的战略意义，为新的历史起点上更好地发挥企业的创新创造主力作用指明了方向。

当前我国对新发展格局的构建，表明我国早已不再单一地追求发展速度，而是致力于实现全方位、高质量的稳步发展。在新发展格局的建构中，企业处在重要的地位，有着极大的推动作用，强化企业科技创新主体地位是提高国家创新体系整体效能的关键所在。企业作为市场主体，是经济社会发展的重要力量。发挥企业创新潜能，有利于推动发展方式从规模速度型转向质量效益型，进而塑造发展新动能新优势。提升企业的创新能力，有利于增强产业体系的活力和竞争力，催生新市场和新需求，构建形成新发展格局，也有利于加快创新成果向生产力的转化，把科技力量转变成产业竞争优势，实现国家创新体系整体效能的提升。

要充分加强企业在创新中的主体地位和作用，就必须构建起企业主导的产学研融合创新体系。鼓励支持引导企业与高等学校、科研院所形成联合体，打通科技、产业之间的高效转化渠道，形成领军企业牵头、高校和科研院所协同推进的贯通式成果转化路径。要从制度机制层面为产学研深度融合提供外部保障，完善利益分配和风险控制机制。兼顾企业、高校和科研院所各方的利益诉求，明确界定企业、高校和科研院所的责任、权利、利益，合理分配创新成果。完善风险评估体系和风险共担机制，提高创新容错率。同时，要加强对中小微企业的支持，培育融通创新平台和基地，实现上中下游产业链对接，实现大中小微企业业务协作和资源共享，为企业创新营造良好的、健康的环境。以科技自立自强为引领，形成创新链；以提高竞争力和发展韧性为重点，巩固产业链；以充裕的资金和金融支持为纽带，优化资金链；以扩充提升人才队伍为抓手，打造人才链。通过推动创新链、产业链、资金链、人才链的深度融合，为现代化人才的培育提供良好的环境与保障。

第四节

建设人才强国

国家发展靠人才，民族振兴靠人才。我们党团结支持各行业各领域人才为国家事业助力，鼓励人才为国家建功立业，不遗余力地培养成就人才，为人才提供各种展示才华与能力的场所和机会。党的十八大以来，以习近平同志为核心的党中央从大历史视野对国际国内环境进行研判，强调在现代化建设中人才的基础性战略性支撑作用，作出了加快建设人才强国的一系列重要部署并取得了实际效果。在党的领导下，我国人才工作取得长足的进步，人才队伍素质和能力整体提升，人才数量也不断增长，人才在国际上的优势正在显现。从总体情况来看，当前我们站在了人才工作的历史新起点，人才队伍规模大、素质佳、结构优、作用强。但在看到成就的同时，我们必须增强忧患意识，看到成就之下仍有改进的空间。当前，我国人才队伍结构不够协调，人才政策的实施不够精准，人才发展体制机制改革不够彻底，人才评价标准的制定仍存在因循守旧的情况。

面对党的二十大提出的新要求新任务，我们比历史上任何时期都更加需要人才。党的二十大报告提出，培养造就大批德才兼备的高素质人才，是国家和民族长远发展大计。这表明了实施人才强国战略、强化现代化建设人才支撑的重要性。人才强国与社会主义现代化建设息息相关，人才在国家发展中的重要作用决定了我们必须以更高的标准、更大的力度、更实的举措把新时代人才强国战略的各项任务落到实处。

一、坚持党对人才工作的全面领导

功以才成，业由才广。人才的重要地位决定了坚持党管人才的必要性。要在党的领导下落实人才强国战略，发展高水平科学技术。只有在党对人才工作的政治引领下支持帮助人才、培养成就人才，才能保证将党内和党外、国内和国外各行各业的优秀人才聚合起来，让人才在党和人民的伟大奋斗中发光发热，才能保证人才强国战略沿着正确的轨道运行，保证方向不跑偏。

党的二十大报告提出，要坚持党管人才原则，坚持尊重劳动、尊重知识、尊重人才、尊重创造，实施更加积极、更加开放、更加有效的人才政策，引导广大人才爱党报国、敬业奉献、服务人民。党要管宏观、管政策、管协调、管服务，为人才充分发展"保驾护航"，为人才搭建干事创业的良好平台。通过落实人才政策，引导人才学习科学家精神，提高人才自身的道德素养和理想追求，让人才在祖国大地上寻找科研切口，让科研成果应用在社会主义现代化建设中，真正实现人尽其才、才尽其用、用有所成。要将各行各业的人才聚集起来，完善人才战略布局，"建设规模宏大、结构合理、素质优良的人才队伍"①。紧紧扣住国家重大战略要求，培养党和国家急需紧缺的重要

① 习近平：《高举中国特色社会主义伟大旗帜　为全面建设社会主义现代化国家而团结奋斗——在中国共产党第二十次全国代表大会上的报告》，人民出版社2022年版，第36页。

领域人才，在掌握全球前沿探索风向、国家重要经济领域、国家重大发展需求、人民生存生活发展需要的条件下培养对口人才。

二、深化人才发展体制机制改革

深化人才发展体制机制改革是做好人才工作的重要保障。党的十八大以来，人才发展体制机制改革不断推进，取得了显著效果，但是仍不够彻底。党的二十大报告提出，要深化人才发展体制机制改革，真心爱才、悉心育才、倾心引才、精心用才，求贤若渴，不拘一格，把各方面优秀人才集聚到党和人民事业中来。这要求我们必须打破"四唯"，着力清除人才培养和人才发展全过程的体制机制障碍，让人才优势充分发挥，让科技创新的源泉充分涌流。

一是行政部门要将用人权力充分授予用人单位，充分尊重用人单位在人才培养、引进和安排中的主体地位，发挥用人单位在激发人才主观能动性方面的积极作用。二是坚决消灭形式主义和官僚主义，实现人才管理政策从僵化到灵活高效的转变。相关单位和部门必须扔掉管控人才的旧思想，将自身的角色定位为服务者和帮助者，不能将行政管理的方式套用在管理科研工作上。唯有这样，才能让人才充分释放自身的才华与潜力，才能推动科研取得重大进步。三是要完善人才评价标准和评价体系。建立以创新价值、能力、贡献为导向的人才评价体系，注重以原创、社会需求、市场需求为导向的成果转化评价。避免薪资待遇和学术资源简单地与头衔称号挂钩。四是要重视人才工作的社会条件，形成全社会爱才敬才用才的氛围，鼓励社会大胆创新、勇于创新、包容创新。要注重形成尊重人才、渴望人才的社会环境，在制度制定上要注重公平公正、择优培养，保障良好适当的福利待遇和生活环境，让高素质科技人才能够安心专心进行创新成果的研发。只有让培养机制助力人才发展、让使用机制实现人尽其才、让激励机制推动人才能力展现、让竞争机制刺激人才活力竞相迸发，才能让人才资源充分涌流，为国家的科学进步作出重大贡献，才能为现代化强国建设提供人才支撑。

三、建设世界人才中心和创新高地

当前全球新一轮科技革命和产业变革迅猛发展，机遇与挑战共同摆在我们的面前。近代以来，我国没能抓住工业革命的机遇。当前，我们国家正处于政治稳定、经济繁荣、创新活跃的好阶段好时期，有着构建世界人才中心和创新高地的优越的内部条件和有力的外部保障。

掌握国际前沿科技、具备自主创新能力、主动承担科技任务的战略性科创人才，是我国实现科技自立自强的重要支柱性力量。因此，要加强人才国际交流，用好用活各类人才，汇聚全球人才，充分挖掘英才潜力，发挥英才推动我国现代化建设的作用。中国的发展不仅需要中国本土人才的推动，也需要世界人才的参与，同时中国的发展也能为世界人才提供成长成才机遇，从而实现"双赢"。要充分聚集人才资源与创新资源，通过人才引进政策精准地将急需和短缺人才引入我国，并制定对人才具有吸引力的、具备国际竞争力的人才制度体系。结合形势变化推进国际人才交流，以全球视野和恰当方法引进能为我国建设所用的顶尖人才。人才不仅要"引进来"，也要"走出去"，要拓宽人才培养渠道，储备更多人才。注重人才的自我培养，"努力培养造就更多大师、战略科学家、一流科技领军人才和创新团队、青年科技人才、卓越工程师、大国工匠、高技能人才"①。

我国具备庞大的教育体系和事业发展的广阔舞台，能够给予优秀人才成长锻炼的空间。要想用好用活各类人才，就要灵活制定政策。对待急需紧缺的特殊人才，要有特殊政策，避免"一刀切"。对科学家等创新人才暂时的科研失败持宽容的态度，建立容错机制。支持鼓励科技领军人才挂帅出征，健全以科学家为本位的科研组织体系。在平台建设方面，要为有真才实学的创新人才提供发挥能力的平台，让人才干事创业者有用武之地。同时，要重视人才的政治立场，对知识人才的思想工作要抓紧抓牢不松懈，让人才既有能力又有胸怀，心中有人民、怀抱爱国心、心存报国志，对时代任务和时代使命有主动担当的责任意识。通过宣传老一辈科学家"国之大者"的气魄胸怀，激励人才向前辈看齐，主动做到服务人民、为国分忧、为国解难、为国尽责。对人才表彰奖励制度进行优化，既要有物质奖励，也要有精神鼓舞。在社会层面进行典型人物优秀事迹的宣传，让人才得到精神肯定，同时带动全社会尊重人才、崇尚人才。

---

① 习近平：《高举中国特色社会主义伟大旗帜　为全面建设社会主义现代化国家而团结奋斗——在中国共产党第二十次全国代表大会上的报告》，人民出版社2022年版，第36页。

📖 **延伸阅读**

一系列措施育才、引才、用才、留才
西藏技能人才总量已达43.21万人*

截至2023年底，西藏技能人才总量已达43.21万人，比2020年底增长33.4%；技能人才占就业人口总量的22.05%，呈现出规模壮大、层次提升、助力发展的良好态势。

西藏自治区党委、政府高度重视人才工作，出台《关于加强和改进新时代西藏人才工作的若干措施（试行）》，实施人才强区战略，在育才工程、引才工程、用才工程、留才工程等方面制定了一系列措施。

西藏着力构建高技能人才培养体系，加大政府、企业、职业学校等培训资源整合力度，提升培养的精准性和实效性。开展农牧民技能培训、以工代训、技能提升培训，促进农牧民转移就业、高校毕业生就业。同时，完善以自治区级职业技能大赛为带动、以行业和地市竞赛为主体、社会广泛参与的职业技能竞赛体系，每两年组织开展自治区级技能大赛，引导广大劳动者关注参与技能竞赛，不断提升职业技能水平。

西藏进一步完善职业技能评价体系，以职业能力为导向、以工作业绩为重点，采取考核鉴定、考评结合、过程化评价和直接认定等方式进行技能人员自主评价。建立以政府表彰为引领、行业企业奖励为主体、社会奖励为补充的高技能人才激励体系。每年选树2

---

* 参见《一系列措施育才、引才、用才、留才　去年西藏新增技能人才7000余人》，载《人民日报》2023年5月15日。编者对内容有所修改。

名高原工匠，每三年评选20名西藏自治区技术能手，每年认定5—10家自治区级技能大师工作室。

第三章

发展全过程人民民主

民之所望，政之所向。发展全过程人民民主是中国式现代化的本质要求。必须坚定不移走中国特色社会主义政治发展道路，坚持党的领导、人民当家作主、依法治国有机统一，坚持人民主体地位，充分体现人民意志、保障人民权益、激发人民创造活力。

党的二十大报告指出，人民民主是社会主义的生命；全过程人民民主是社会主义民主政治的本质属性，是最广泛、最真实、最管用的民主。全过程人民民主是党和人民在民主政治领域的重大理论创新和实践创新，是全面建设社会主义现代化国家的应有之义，发展全过程人民民主是新时代坚持和发展中国特色社会主义的必然要求。我国是人民民主专政的社会主义国家，国家一切权力属于人民，全过程人民民主涵盖"全过程"要素、汇集"全过程"民意，其民主决策、民主协商、民主实践的全过程性，体现了民主领域的广泛性，保障了民主权利的真实性，强化了民主运行的有效性，弥补了"非全过程民主"的某些缺陷，超越了"非全过程民主"。这是跳出治乱兴衰历史周期率的一条新路，也是实现"中国之治"的重要锁钥。

坚持人民当家作主

习近平总书记指出，评判一个国家是否民主的关键是"看制度和法律规定了什么样的政治程序和政治规则，更要看这些制度和法律是不是真正得到了执行"①。在党的领导下发展全过程人民民主，必须坚定不移走中国特色社会主义政治发展道路。为此，我国建立健全了一个从上到下完整的制度链条。人民代表大会制度是保证人民当家作主的根本政治制度，坚持党的领导、人民当家作主，保障人民的知情权、参与权、表达权、监督权，坚持人民主体地位。中国共产党领导的多党合作和政治协商制度，充分体现人民意志，开创了具有鲜明中国特色的新型政党制度，激发了人民创造活力，发挥了社会主义协商民主的独特优势。民族区域自治制度是中国特色解决民族问题的有力制度保障。基层群众自治制度，保障了基层群众通过自治和民主管理充分行使民主权利，确保人民依法通过各种途径和形式管理国家事务。除此之外，在管理经济、文化和社会事务方面，还有一系列包括决策听证、立法听证等在内的具体制度以及相关的规定、办法等。总之，坚持和完善我国根本政治制度、基本政治制度、重要政治制度，

---

① 习近平：《在中央人大工作会议上的讲话》，载《求是》2022年第5期。

拓展民主渠道，丰富民主形式，基本上就实现了党的领导、人民当家作主、依法治国的有机统一。

一、人民当家作主的根本政治制度安排

人民代表大会制度，能最大限度保障人民当家作主，是与人民民主专政国体相适应的最重要的根本政治制度，是"党领导人民当家作主的最好组织形式"[①]。党的十八大以来，为健全人民当家作主制度体系，习近平总书记从扩大人民有序政治参与，确保人民掌握国家和民族前途命运，保证人民依法实行民主选举、民主协商、民主决策、民主管理、民主监督，保证国家治理跳出历史周期率，实现中华民族伟大复兴的高度，突出强调了人民代表大会制度的地位与作用。"加强人民当家作主制度保障"[②]，就是要坚持民主管理、民主监督和完善人民代表大会制度，发挥人民群众的积极性、创造性；坚持和完善人民代表大会制度也"必须保证和发展人民当家作主"[③]，巩固和发展安定团结的政治局面，二者具有内在一致性。总的来说，人民代表大会制度以保证人民当家作主为本质规定，在整个制度体系中处于主导地位，是构建人民当家作主制度体系的根本之基。

习近平总书记主要从以下方面揭示了人民代表大会制度所蕴含的人民当家作主属性：一是在来源上，人民代表大会制度以植根于人民来显现生命活力及优越性。植根人民既是人民代表大会制度的鲜明特

---

① 习近平：《干在实处　走在前列——推进浙江新发展的思考与实践》，中共中央党校出版社2006年版，第373页。

②《习近平谈治国理政》（第三卷），外文出版社2020年版，第29页。

③ 习近平：《论坚持人民当家作主》，中央文献出版社2021年版，第74页。

点，也是其具有强大生命力的关键所在。二是在功能上，人民代表大会制度支持和保证人民行使国家权力，习近平总书记把人民代表大会作为人民行使国家权力的主要渠道，要求发挥支持人民行使国家权力、保障人民掌握国家前途命运的根本政治制度作用。三是在形式上，人民代表大会制度是全过程人民民主的重要制度载体。全过程人民民主是新时代人民当家作主的具体表现形式。习近平总书记不仅对基本选举权作出要求，还坚持让民主权利落实到人大工作的各方面，并贯穿决策、执行、监督的各环节，保证人民享有广泛的权利和自由，发展全过程人民民主。

二、社会各界有序政治参与的重要实现形式

中国共产党领导的多党合作和政治协商制度是"人民当家作主的重要实现形式"①。新时代，以习近平同志为核心的党中央将这项制度凝练提升为中国新型政党制度，并围绕加强社会主义协商民主建设，特别是政党协商、政协协商以及参政党建设和人民政协工作等方面出台了相关重要文件，极大地提升了多党合作制度化规范化水平。中国新型政党制度为各民主党派和无党派人士广泛参与国家治理和社会治理畅通了途径，是在人民代表大会制度的基础上对当家作主渠道的拓展，在人民当家作主制度体系中居于重要位置。

习近平总书记从三个维度系统阐释了新型政党制度的鲜明特征与优势，对新型政党制度如何避免旧式政党制度弊端、实现社会各界有序政治参与进行了生动诠释。一是在价值立场上，强调新型政党制度

---

① 中华人民共和国国务院新闻办公室：《中国新型政党制度》，人民出版社2021年版，第18页。

代表全国各族各界的根本利益，是在根本利益一致基础上建构起来的制度，可以更加全面地包含不同阶层与社会群体的利益。二是在功能作用上，将各民主党派明确为中国特色社会主义参政党，将无党派人士划定为国家政治生活中的重要力量，强调新型政党制度能紧密地将各民主党派和无党派人士团结起来，保障和巩固他们的职能，使社会各界人民真正实现当家作主。三是在运行机制上，强调新型政党制度的一系列程序安排能广泛汇集各方意见，为各种利益诉求进入决策程序畅通渠道。新型政党制度是社会主义协商民主的重要制度载体，可以让人民通过广泛协商实现当家作主需求，是从协商层面保证人民当家作主的制度形式。

三、各族人民共同当家作主的重要制度保障

民族区域自治制度是保证各族人民在民族事务中当家作主的制度安排，是人民当家作主制度体系的重要内容。党的十八大以来，习近平总书记从中华民族伟大复兴的战略高度，科学研判党的民族工作的历史方位，通过系统总结民族地区的区域特征，奠定了民族工作在党和国家工作全局中的重要地位。民族区域自治能充分保证各民族共同当家作主、参与国家事务管理，是解决我国民族问题的制度保障。新时代，习近平总书记从多个方面强化民族区域自治制度对保证各族人民共同当家作主的制度功效，一是纠正取消民族区域自治制度的错误言论，旗帜鲜明地捍卫党坚持民族区域自治制度的坚定立场，为各族人民的当家作主筑牢制度之基；二是以民族团结为生命线，以铸牢中华民族共同体意识为工作主线，通过构建多元一体格局，构筑"石榴籽"般的民族大家庭，极大地提升了"各族人民当家作主的自豪感责

任感"①；三是在完善民族区域自治制度时做到"两个结合"，坚持
把统一与自治、民族因素与区域因素结合起来，保障各个民族共同享
有当家作主权利；四是把帮助自治地方加快发展作为贯彻民族区域自
治制度的关键，通过优化民族地区整体布局、完善差别化区域支持政
策等，有效提升了民族区域的自我发展水平和当家作主能力。

四、人民直接行使民主权利的重要实践方式

基层群众自治制度是保证人民群众在基层事务中当家作主的重要
方式，是人民当家作主制度体系的有机组成部分。习近平总书记早在
地方任职时期就对基层民主政治建设的制度实践形式进行过积极探
索，他把村民自治理解为社会主义民主的一种形式，将居民自治视为
社会主义政治文明建设的重要内容，坚持维护群众当家作主的权利。
新时代，习近平总书记从治国理政的新高度推进基层民主建设，把完
善基层群众自治制度作为健全基层治理体制机制的重点内容，提出完
善基层群众自治机制的重要部署，要求做好基层治理现代化这项基础
性工作，把基层群众自治制度始终摆在国家治理体系中的重要位置。
党的十八大以来，基层群众自主自治的积极性充分彰显，基层群众自
治制度的机制化运行活力持续迸发，成为最广泛直接的人民当家作主
实践。一方面，在坚持村（居）民自治制度的框架下，通过健全村
（居）民自治机制，优化基层选举、议事决策、信息公开、监督问责
等机制，开展恳谈会、听证会、评议会、议事会等多种形式的基层民
主协商，充分满足了群众当家作主的愿望；另一方面，在以职工代表

① 中华人民共和国国务院新闻办公室：《中国的民主》，人民出版社2021
年版，第19页。

大会为基本形式的企事业单位民主管理制度中，通过完善职工董事、职工监事制度，要求与职工切身利益相关的重大问题"必须经过职代会审议"①，做好职工对重大决策的参与工作，合理保障了职工群众通过职工代表大会参与管理的民主权利。

---

① 《习近平谈治国理政》（第二卷），外文出版社2017年版，第177页。

全面发展协商民主

党的二十大报告提出，发展全过程人民民主，保障人民当家作主；全面发展协商民主；推进协商民主广泛多层制度化发展。协商民主是人民民主的一种实践形式，中国特色协商民主既是不同政治行为者通过制度化对话和商量讨论取得最大共识的合作式集体决策模式，也是党领导社会发展的重要平台，它与中国的政治形态高度契合。协商民主在当代中国已成为支撑党和国家体制的重要力量，充分发挥协商民主的功能和效能优势，有助于推动全过程人民民主的历史进程。

一、健全引领保障机制，提升制度化水平

从某种意义上而言，协商民主可以运用于任何时候，中国的协商民主是一种组织化制度化的、具有很强的通适性的协商，是中国共产党领导的可以在任何领域以及任何环节展开的协商，它既体现大多数人的意愿，又遵循民主集中制。实践证明，协商民主的运行离不开党的坚强领导，这是由于协商民主作为一种制度嵌入了政治的运行，只有加强党的领导，才能为新时代发展全过程人民民主提供根本保证，从而使协商民主成为整个社会制度体系的有机组成部分。

党的二十大报告指出，要健全各种制度化协商平台，推进协商民主广泛多层制度化发展。一是持续完善政治协商制度是巩固和优化党的领导制度的有效路径。在中国共产党与各民主党派、无党派人士之中直接开展政治协商，使协商民主成为党实现其领导的重要民主形式，并通过人民政协实现政治协商，动员更多的社会力量融入协商体系；对协商的内容、程序等全过程进行细化和规范化，增强协商活动的计划性，提高协商议题的针对性，支持各方面做好协商准备。二是持续完善国家权力机关、行政机关和人民政协的协商民主制度。推动全国和地方人大开门立法，深化立法论证、听证、评估机制；深化政府决策协商机制、扩大公民参与决策范围，增强决策的科学化、民主化及实践成效；推进人民政协协商民主制度体系建设，强化协商功能，落实协商工作规则，推动完善协商于决策之前和决策实施之中的落实机制，还应加强协商民主的法律保障。

同时，在实践层面，要充分论证、积极探索协商民主法治化的可行性及其制度建构路径，推进社会主义民主政治法治化，确立协商民主的地位。在顶层设计层面，明确协商民主运用范围，规范协商民主程序，依法保障和推进民主政治的进程，实现协商民主的制度化、规范化、程序化，把包括协商民主在内的社会主义民主政治建设纳入法治化轨道，做到依法依规协商。在地方层面，各级党委、政府要依据国家的相关法律政策，结合地方具体实际，针对不同类型协商的需求，补充完善相应的法律细则和规范性文件，在基层协商的内容形式、运行方式和协商成果的应用转化等方面加以规范，使基层协商民主有法可依、有规可循，朝着法治化方向健康发展。总之，政治协商要成为党处理好其与人民、与国家之间制度关系的重要桥梁，这是最重要的。一方面，应坚持党在协商民主中的主导地位；另一方面，使协商对国家治理和社会发展发挥重要作用。

二、完善联动参与机制，提高协同化水平

党的十八大以来，社会主义协商民主的发展达到新高度，协商的社会氛围逐渐形成，民众对协商民主的参与意识和需求日益提高。习近平总书记强调，社会主义协商民主"应该是全国上上下下都要做的、而不是局限在某一级的"①，并对完善协商民主的联动参与机制提出新要求。

第一，应培育协商主体参与意识，在协商民主实践中不断提高民众参与协商的积极性。民众参与协商应该是实实在在的，应该充分表达协商诉求、参与协商程序、监督协商结果，而不是做样子。要全力营造协商民主的良好社会氛围，社会主义协商民主应该是全方位的，而不是局限在某个方面的，各类协商主体都应树立正确的协商理念、提升协商意识，坚持"有事多商量，遇事多商量，做事多商量"，不断增强协商自觉。中国共产党作为执政党，在协商民主的制度实践中发挥主导作用，必将直接影响协商民主的质量和水平。

第二，加快构建协同联动的协商参与格局。当前协商民主实践已经拓展到社会生活的各个领域，基本形成了国家制度、社会组织和基层治理三个层面相互关联的协商民主格局。为更好推动协商民主发展，需要加快构建协同联动的协商参与格局，拓展协商的广度和深度。一方面，要统筹整合各场域协商资源，明确协商职责和程序要求，推进政治协商、立法协商、行政协商、社会协商等多元协商在决策全过程的相互配合；另一方面，要关注不同社会阶层的参与诉求，

① 习近平：《在庆祝中国人民政治协商会议成立 65 周年大会上的讲话》，载《人民日报》2014 年 9 月 22 日。

健全完善上下联动机制，特别是要重点构建对接基层的协商机制，将协商延伸到乡村、社区、企业等基层的各个角落，构建起上下贯通、左右相连的多层次、宽领域的民主协商网络。

第三，持续拓展协商民主参与渠道，增强政协委员的使命担当，提高其履职积极性。人民政协是协商民主的专门机构和重要渠道，在推进全过程人民民主中发挥着不可或缺的重要作用。鉴于其组织架构覆盖面广，更要切实用好人民政协话语权和影响力，提升民主协商的有效性，丰富新时代协商议政形式，进一步拓展人民政协协商渠道，提升协商议政质量。同时，要推进人民政协协商与党委、政府工作的衔接，政协作为协商载体，应积极建立党委、政府在政协协商的常态化机制，畅通各民主党派参政议政以及各界别协商的信息渠道，推进政协协商和基层协商的有效衔接，完善知情明政机制。此外，以建立长效联系和沟通机制为目标，畅通基层协商渠道，打通协商民主的"最后一公里"。

三、优化责任推进机制，提高规范化水平

习近平总书记指出，"民主不是装饰品"，而是"要用来解决人民需要解决的问题的"。①全过程人民民主的实现不仅体现在完善的制度设计层面，更体现在人民群众对政治生活和社会生活的参与实践中。党的十九届四中全会从推进国家治理体系和治理能力现代化的高度，对发挥协商民主优势作用、提高协商民主规范化水平、坚持社会主义协商民主作出重要部署。民主不是用来做摆设的，要探索完善协商民主建设责任制度，将协商民主纳入工作部署和议事日程，优化完

---

① 《习近平谈治国理政》（第四卷），外文出版社2022年版，第258页。

善由中共党组织主导的协商平台和多方联动的工作责任机制，使协商民主贯穿决策的全过程，将党的组织优势转化为协商治理优势。

不断加强和改进人民政协工作。一是不断完善政协委员联系群众制度，提升政协委员的协商能力，充分发挥政协委员主体作用，建立分工联系机制，深入基层开展有针对性的调研、走访、交流活动，了解并反映他们所联系的群众的愿望和要求，提高调研质量与成效，当好反映诉求、汇集民智、凝聚共识、汇聚力量的桥梁和纽带。二是进一步规范政协协商工作程序，通过完善协商议题形成机制、协商过程互动机制、协商成果报送督办机制等，建立由选题、调研、协商、报送、督办、问效等环节组成的协商程序闭环，提升各级政协协商民主运行质量。三是持续完善政协协商对接机制，实现政协内部机制和外部制度间的配套与衔接，通过完善与党委、政府部门的定期联系机制、协商成果采纳机制、落实与反馈机制等，细化成果落实程序，推动协商成果的运用转化。四是创新监督评价机制，通过网络平台等多种渠道及时公开协商民主的工作进程，接受群众监督和社会监督，进一步加强政协协商的民主监督，发挥协商式监督的优势，建立监督运行合作机制、质询机制和协商结果反馈机制，将监督反馈评价作为政协机关考核的重要指标。通过政协委员和基层群众"双向参与"，实现建言资政和凝聚共识"双向发力"，更好地发挥人民政协协商民主的治理效能，实现全过程人民民主的创新发展。

第三节

积极发展基层民主

基层民主是全过程人民民主的重要体现，党的十八大以来，以习近平同志为核心的党中央深化对民主政治发展规律的认识，提出全过程人民民主的重大理念。全过程人民民主彰显了中国式民主的鲜明特色和显著优势，为新时代发展社会主义民主政治、推进基层治理体系和治理能力现代化、建设社会主义政治文明提供了指引和遵循。基层治理作为国家治理的基础环节，是落实全过程人民民主的根基所在，对发展社会主义民主政治具有重要作用；要确保全过程人民民主在基层落地落实，切实反映群众意愿、维护群众权益，实现全链条、全方位、全覆盖的人民民主。

一、加强基层组织建设，完善基层工作体系

基层党组织是党在基层工作的战斗堡垒，是党组织联系、发动、服务群众的最坚实力量支撑。在基层实践中践行全过程人民民主，必须更好发挥基层党组织的功能和作用，引导群众以"主人翁"精神参与基层议事，强化基层党组织对全过程人民民主的政治引领、组织引领、能力引领。通过整合不同领域党建资源，站稳群众立场，健全

"纵向到底、横向到边"的基层党组织体系。切实提升基层治理效能，将各类社会组织、群团组织、基层自治组织置于党的领导之下，培育和支持其健康有序发展，确保全过程人民民主在基层有效实施，全面发挥其在组织基层协商活动、增进共识促进团结等方面的作用。同时，发挥基层党委、政府、人大、政协、群团等方面的工作力量，践行党的群众路线，始终同人民群众保持密切的沟通和联系。加强党与社会力量之间的良性互动，通过塑造多层次的民意沟通体系，收集群众诉求表达，推动群众协商议事。在全过程人民民主基层实践中，以街道、村（社区）党群服务中心为依托，延伸全过程人民民主服务触角，更好发挥党员先锋模范作用，影响和带动周围群众参与基层公共事务。

二、完善基层民主制度，拓宽群众参与治理渠道

习近平总书记指出，我们要坚持"国家一切权力属于人民"[①]。全过程人民民主是对民主不同环节的全过程探索，是具有完整链条的全覆盖民主，首先要保证人民依法实行民主选举。在基层实践中，更要保障人民群众真正参与到民主决策、民主协商、民主管理和民主监督各个环节，将各个环节贯通起来，确保群众有效行使民主权利，真正当家作主。

在民主选举环节，村（居）委会选举是中国基层政治参与的重要形式。要完善选举程序，探索代表选举机制和民主参与机制，激发基层群众的政治参与热情。在民主决策环节，凡涉及村级公共利益重大事项、村经济社会发展规划等关乎群众切身利益的问题，要促进公众

---

① 习近平：《在中央人大工作会议上的讲话》，载《求是》2022年第5期。

参与，并把群众意见作为决策的重要参考，还要组织专家论证、进行风险评估等。在民主协商环节，要通过多方主体沟通交流和协商议事，在基层各类民主协商平台上，寻求群众意愿和诉求的最大"公约数"，让各种意见得以充分合理的表达，吸引凝聚更多社会力量参与基层民主。在民主管理环节，要不断完善村（居）民主管理制度，创新群众议事、乡贤治理以及民情恳谈会等基层组织。在民主监督环节，要对党和国家重大方针政策和重要决策部署在基层的贯彻落实情况开展监督，通过健全村（居）监督机构和公开制度，形成全过程人民民主在基层的实践闭环。

三、全心全意依靠人民，激发基层群众自治活力

我们党领导人民实行人民民主，就是要为民办实事，解决群众急难愁盼问题，坚持人民至上，推动全过程人民民主在基层落实落地，保证和支持人民当家作主，这是在基层践行全过程人民民主的核心要义。因此，要坚持人民的主体地位，不断拓展人民参与空间，更加突出党依靠人民、为了人民的政治属性。践行全过程人民民主，各级党委和政府要广泛听取群众的利益诉求与表达，聚焦关乎人民群众切身利益的实际问题，注重解决落实情况，充分体现群众意志、回应群众需求。通过多形态的基层群众自治，实现群众更广泛的政治参与和更有效的民意表达，充分发挥民主在联系服务群众、反映社情民意、解决民生难题等方面的重要作用。

通过人大基层立法点、委员工作站以及职工之家等平台，构建基层全过程人民民主的实践平台体系。搭建形式多样的民主议事渠道，倾听群众心声、解决群众难题，为群众提供精细化服务，满足人民群众对美好生活的向往。要引导和支持群众自主、真实、广泛地参与民

主政治，通过各领域的民主制度和各层次的民主形式，共同行使人民当家作主的权利，不断增强人民的获得感、幸福感。要尊重人民群众的首创精神，鼓励激发群众的创造活力，搭建基层协商议事平台，召开居民议事会，调动基层群众的积极性、主动性、参与性，有效解决群众关心关注的热点问题。

第四节

坚持爱国统一战线

人心是最大的政治，统一战线是凝聚人心、汇聚力量的强大法宝。习近平总书记指出，"统一战线是党克敌制胜、执政兴国的重要法宝，是团结海内外全体中华儿女实现中华民族伟大复兴的重要法宝，必须长期坚持"①。在新的历史起点上，动员全党全国各族人民满怀信心投身全面建设社会主义现代化国家新征程、推进中华民族伟大复兴历史伟业，必须更好地发挥统一战线优势，如此才能更好地发展全过程人民民主。

党的十八大以来，习近平总书记在统筹把握"两个大局"中构建大统战工作格局，将统一战线定义为实现中华民族伟大复兴的重要法宝，进一步提升了统一战线的理论内涵与战略定位。同时，针对统一战线工作，尤其是关于新的社会阶层人士统战工作和宗教事务等，制定出台了一系列规范性文件，有力地推动了统一战线制度化建设。新时代的爱国统一战线制度，是全国各民族、各党派、各阶层、各方面人民为实现民族复兴共同奋斗目标而实行广泛团结联合的保证，能够

---

① 《习近平在中央统战工作会议上强调　促进海内外中华儿女团结奋斗为中华民族伟大复兴汇聚伟力》，载《人民日报》2022年7月31日。

广泛凝聚中华民族一切智慧和力量，是人民当家作主制度体系的重要一环。

在习近平总书记有关重要论述的指导下，爱国统一战线制度化水平不断提高，其蕴含的人民当家作主价值特征更加显著。这主要体现在三个方面：一是在任务目标上，为实现中国梦凝聚合力，最大限度发挥人民主体作用。大团结大联合是统一战线的本质要求，要发挥人民在国家治理和社会建设中的主体作用，加强全党的团结、全国各族人民的大团结和海内外中华儿女的大团结。二是在主体对象上，通过扩大联盟对象和调整对象分类，丰富人民当家作主的主体范畴，将"致力于中华民族伟大复兴的爱国者"①纳入其中，将新的社会阶层人士列为统战工作重点对象之一，使当家作主的主体范围更为广泛。三是在方法策略上，通过画好"同心圆"、求得"公约数"，深刻诠释人民民主真谛，以联谊交友为重要内容和方式，通过充分发扬民主、尊重包容差异，坚持在求同存异中开创协商民主新局面。

一、坚持党的领导，不断完善大统战工作格局

加强党对统一战线工作的集中统一领导，构建党委统一领导的大统战工作格局，确保党在统一战线工作中总揽全局、协调各方，推动各级党组织落实统战工作主体责任，保证统一战线工作始终沿着正确的政治方向前进；着力破解统一战线各领域工作中的重点、难点和堵点，创新发展党的统一战线理论，使统一战线的任务、道路、方向原则更加明确；统一战线必须坚定不移地走中国特色社会主义道路，在

---

① 中共中央党史和文献研究院编：《十九大以来重要文献选编》（上），中央文献出版社2019年版，第335页。

建立健全沟通、联动机制上争取更多突破，服务于"四个全面"战略布局的方向原则和发展要求，体现中国共产党领导的多党合作和政治协商制度的重要作用，进一步巩固各级党组织共同做好统战工作的局面；创新统战工作平台载体，持续推进工作规范化，坚持把大统战工作格局构建好。

二、发挥新型政党制度优势，支持民主党派更好履行职能

中国共产党领导的政治协商制度，作为多党合作的新型政党制度，能够通过一系列规范化的安排，集中各种智慧和有关建议，有力推动决策过程的科学化、民主化，民主党派是接受中国共产党领导、同中国共产党通力合作的亲密友党，是中国共产党的好参谋、好帮手、好同事，是中国特色社会主义参政党。加强同民主党派和无党派人士的团结合作，实现最广大人民根本利益，必须贯彻中央统战工作会议精神，把各个政党和无党派人士紧密团结起来。按照统战条例规定，为着共同目标，就要落实好党外人士在各级人大、政协、政府、科研院所和人民团体等单位中的实职和政治安排。坚持集体领导和个人分工负责相结合，支持无党派人士加强自身建设，保证党外干部对分管工作所享有的一切权利。各级党委应当支持民主党派加强思想政治建设、组织建设、履职能力建设、作风建设、制度建设，帮助民主党派解决实际工作中出现的各方面的问题。

三、铸牢中华民族共同体意识，加强和改进党的民族工作

习近平总书记指出，"要正确把握中华民族共同体意识和各民族意识的关系，引导各民族始终把中华民族利益放在首位，本民族意识要服从和服务于中华民族共同体意识，同时要在实现好中华民族共同体整体利益进程中实现好各民族具体利益，大汉族主义和地方民族主义都不利于中华民族共同体建设"①。正确把握物质和精神的关系，铸牢中华民族共同体意识，推动民族地区加快现代化建设步伐，始终坚持中华民族共同体具有强大凝聚力和生命力的共同体理念，推进中华民族共同体建设。

在民族工作上，既要"管肚子"，也要"管脑子"。在"管肚子"的问题上，我们党通过脱贫致富、实现"小康社会"等一系列方针政策，已经彻底解决了绝对贫困问题；在"管脑子"方面，我们必须以马克思主义、毛泽东思想、邓小平理论、"三个代表"重要思想、科学发展观、习近平新时代中国特色社会主义思想持续武装各民族人民，为他们提供精神食粮。同时，要正确把握各民族精神发展方向，积极赋予所有改革发展以彰显中华民族共同体意识的意义，以维护统一、反对分裂的意义，以改善民生、凝聚人心的意义，让中华民族共同体牢不可破。应该说，这一重要论述既坚持了马克思主义辩证法，也铸牢了中华民族共同体意识。

另外，在正确把握中华文化和各民族文化的关系、构筑中华民族共有精神家园方面，习近平总书记指出，要正确把握中华文化和各民

---

① 《习近平谈治国理政》（第四卷），外文出版社2022年版，第246页。

族文化的关系，中华文化是主干，各民族文化是枝叶，要正确把握共同性和差异性的关系，促进各民族广泛交往、交流、交融。[①]要增进共同性，增强各族干部群众对伟大祖国、对中国特色社会主义的高度认同。在尊重和包容差异性方面，要注意对各民族的风俗习惯等的保护和传承，充分结合不同民族、不同地区实际，逐步实现各民族全方位嵌入国家总体建设发展布局之中。

四、坚持宗教中国化方向，引导宗教与社会主义社会相适应

我国宗教要坚持中国化方向，用社会主义核心价值观进行深度引领，坚决防范西方势力利用宗教进行的政治和意识形态渗透，用中华文化浸润我国各宗教。佛教在1000多年前就基本实现了中国化、本土化，伊斯兰教采取"以儒诠经"的方式，成功实现了中国化，中国伊斯兰教在教义思想方面融合于中国传统思想，成为中国传统文化的有机组成部分。进入中国的基督教、天主教如何坚持中国化方向？要积极参照佛教、伊斯兰教的传统做法，坚持引导其与中国的社会主义社会相适应。我们党要支持宗教的积极方面，保护其合法正常发展，也要坚决防止极端宗教思想。凡是与人类发展方向背道而驰的宗教，都要该取缔的取缔，该打击的依法打击。

---

① 《习近平谈治国理政》（第四卷），外文出版社2022年版，第246—247页。

五、广泛团结加强引导，做好党外知识分子工作

党的二十大报告指出，要加强党外知识分子思想政治工作，做好新的社会阶层人士工作，强化共同奋斗的政治引领。党外知识分子工作是统一战线的基础性、战略性工作。我们要坚持信任尊重新社会组织中的知识分子，团结引导新媒体代表性人士，把他们紧紧团结在党的周围并组织起来，发挥他们的聪明才智；运用社会化、网络化的方法，坚持广泛团结、热情服务、积极引导、发挥作用的方针，通过建立新的社会阶层人士联谊会、实践创新基地等形式，做好出国和归国留学人员统一战线工作，分类分众施策，强化思想引领，鼓励留学人员回国工作或以多种形式为国服务，凝聚政治共识，建立经常性联系渠道，发挥新的社会阶层人士在建设中国特色社会主义事业中的重要作用。总之，做好党外知识分子工作，主要是改进工作方法，学会同他们打交道，特别是要有做基本的思想政治工作的说服力和感召力。

六、全面构建亲清政商关系，促进"两个健康"发展

"两个健康"即非公有制经济健康发展和非公有制经济人士健康成长，不仅是重大经济问题，也是重大政治问题。"两个健康"是非公有制经济领域统战工作的重要指导思想。关于"两个健康"的重要性，习近平总书记曾说，"民营企业和民营企业家是我们自己人"，"在全面建成小康社会、进而全面建设社会主义现代化国家的新征程中，我国民营经济只能壮大、不能弱化，不仅不能'离场'，而且要

走向更加广阔的舞台"。①全面构建亲清政商关系，对于促进"两个健康"发展，做好非公经济领域统战工作，巩固党的阶级基础和执政基础、扩大党的群众基础，具有重大而深远的现实意义。

一方面，以"政""商"之"亲"促进"两个健康"发展，进而巩固广泛的爱国统一战线。这就要求领导干部把民营企业当亲人，同民营企业的接触交往要坦荡真诚，要积极主动为民营企业服务，经常听取民营企业的反映和诉求，特别是在民营企业遇到困难和问题的情况下积极作为、靠前服务，帮助解决实际困难。对民营企业而言，也要把党和政府当亲人，要积极主动同各级党委和政府及有关部门多沟通多交流，讲真话、说实情、建诤言。特别是要满腔热情地支持国家和地方发展，自觉履行社会责任，为党和政府分忧解难。另一方面，以"政""商"之"清"促进"两个健康"发展，进而巩固广泛的爱国统一战线。具体来说，领导干部同民营企业家的关系要清白、纯洁，不能有贪心私心，不能以权谋私，不能搞权钱交易；民营企业家要洁身自好、走正道，遵纪守法办企业、光明正大搞经营。

七、加强和改进侨务工作，形成民族复兴的强大力量

海外侨胞是联结中国梦与世界梦的桥梁和纽带，研究我们党关于侨务工作的重要论述，把中华文化和中国的信息推向海外，对于深刻理解和把握我国统一战线理论，争取外部世界对中国的了解和理解，具有重要的理论意义；对于进一步走向海外和在"一带一路"倡议的实施过程中，正确认识新时代侨胞的历史地位和作用，塑造中国的大

① 习近平：《在民营企业座谈会上的讲话》，载《人民日报》2018年11月2日。

国形象，发挥侨务工作的重要作用，凝聚侨心、汇集侨智、发挥侨力、维护侨益，致力于祖国现代化建设及和平统一大业，具有重大的现实意义。我们要传承和弘扬中华优秀文化，建立"贴心人""实干家"式的侨务干部队伍，增进中国人民与世界人民的友谊，加强党对侨务工作的领导，促进中外友好，高举爱国主义和社会主义旗帜，贯彻以人民为中心的发展思想，就会形成民族复兴的强大力量。

📖 **延伸阅读**

凝心聚力共奋进
——从全国两会看全过程人民民主的最新实践*

全国两会是集中反映和深入践行全过程人民民主的重要平台。

2024年是新中国成立75周年,是实现"十四五"规划目标任务的关键一年,近5000名全国人大代表、全国政协委员济济一堂,听民意、汇民智、建真言、献良策,14亿多中国人民所思所盼不断融入党和国家发展顶层设计,凸显全过程人民民主在新时代的强大生命力。

面对面、心贴心,奏响共商国是的最强音。3月5日下午,人民大会堂东大厅,暖意融融。习近平总书记参加十四届全国人大二次会议江苏代表团审议,同代表交流、听人民心声、谋发展大计,强调要牢牢把握高质量发展这个首要任务,因地制宜发展新质生产力。

来自中车南京浦镇车辆有限公司的孙景南代表,精研焊接技术30多年。与习近平总书记面对面,孙景南谈到自己对大国工匠的理解:"'匠'字就是在专业领域中对自己'斤斤计较'一点,历经磨砺方能实现突破。"习近平总书记点头赞许道:"大国工匠是我们中华民族大厦的基石、栋梁。""作为全国人大代表履职7年,我提出的不少建议都体现在了党中央和国务院文件中。"孙景南说。

党的十八大以来,每年全国两会,习近平总书记都同代表委员

---

* 参见《凝心聚力共奋进——从全国两会看全过程人民民主的最新实践》,新华网,2024年3月11日。编者对内容有所修改。

们倾心交流、共商国是，共参加团组审议讨论59次。习近平总书记带头践行全过程人民民主，兼听广纳、汇聚众智，映照出中国特色社会主义民主的底色与本色。坦诚沟通、亲切互动，共商国是、共谋良策，人民领袖同代表委员们面对面，同广大人民群众心贴心，奏响全过程人民民主最强音。

践行全链条、全方位、全覆盖的民主。3月8日，来自云南省临沧市的小学教师李瑞芳代表收到财政部来信："根据您的意见，我们已在报告第21页倒数第5行，增加'支持民族地区加快教育发展'。"原来，李瑞芳3月5日在审查预算报告时提出了相关建议。"我没想到3天就收到部委回复，而且质量高。"李瑞芳满意地说。

教育部和国家中医药管理局的工作人员，到浙江代表团驻地与浙江中医药大学党委书记黄文秀代表探讨"深化中医药师承教育"；工业和信息化部的工作人员到重庆代表团驻地与来自中国铝业集团的李谢华代表探讨"推动科技创新成果及时转化"……一次次"面对面"，架起听民声、汇民智的"连心桥"，打造助力履职尽责的"直通车"。

接地气、汇民意，让亿万人民所思所想融入国家发展的顶层设计和决策部署，显现全过程人民民主的强大生命力。

第四章

全力推进
法治中国建设

法治是国家长治久安的巍巍基石，是亿万百姓民生的福祉所系。法治兴则国兴，法治强则国强。新时代法治中国建设必将在习近平法治思想的指引下阔步向前，不断开辟社会主义法治理论与实践新境界，继续谱写"中国之治"新篇章。

党的二十大报告专门部署了"坚持全面依法治国，推进法治中国建设"，提出在法治轨道上全面建设社会主义现代化国家。依法治国关系国家长治久安，关系人民幸福安康和党执政兴国，是国家治理体系和治理能力的深刻革命。党的二十大报告在回顾过去十年的成就时指出，社会主义法治国家建设深入推进，全面依法治国总体格局基本形成，中国特色社会主义法治体系加快建设，司法体制改革取得重大进展，社会公平正义保障更为坚实，法治中国建设开创新局面。党的二十大报告首次用专章论述法治中国建设，充分体现了党和国家对全面依法治国的高度重视，彰显了法治的战略地位，强化和拓展了新时代法治建设为实现第二个百年奋斗目标的战略任务，进一步丰富和发展了习近平法治思想，谱写了全面依法治国的新篇章，必将为法治国家建设指明方向。

第一节
完善法律体系

"宪法是国家的根本法，是治国安邦的总章程，具有最高的法律地位、法律权威、法律效力"①。这一科学论断深刻阐释了宪法在全面依法治国中的地位和作用。党的二十大报告指出，坚持依法治国首先要坚持依宪治国，坚持依法执政首先要坚持依宪执政。这就指明了今后我国法治建设的首要任务和根本性工作是深入推进科学立法、民主立法、依法立法，完善以宪法为核心的符合我国实际的法律体系。

一、遵守、维护和实施宪法

党的十八大以来，党和国家不断深化对依宪治国和依宪执政的认识，习近平总书记在2012年12月4日首都各界纪念现行宪法公布施行30周年大会上指出，"全面推进依法治国，加快建设社会主义法治国家。实现这个目标要求，必须全面贯彻实施宪法"②。一是宪法是国家的根本法，是治国安邦的总章程。宪法是法律体系的"压舱石"，是法治统一的"定盘星"，实现国家法治统一，必须切实增强

①②《习近平谈治国理政》，外文出版社2014年版，第138页。

宪法意识，发挥宪法的统领作用。二是要把党的领导作为中国特色社会主义最本质的特征，贯彻到依法治国的全过程和各方面。党的领导是为了最大限度保证人民当家作主权利的充分实现。要正确认识把握党和法的关系，"党大还是法大"是一个政治陷阱，是一个伪命题，党的领导和依法治国不是对立的，而是统一的。我们讲依宪治国、依宪执政，同西方所谓的"宪政"有着本质区别。西方宪政的基本内容主要是三权分立、多党制，少数居心叵测的人企图把党的领导和法治割裂开来、对立起来，最终目的是否定和取消党的领导。任何人以任何借口否定党的领导和我国社会主义制度，都是违宪的。三是我国宪法有力保障了人民当家作主，推动了中国式现代化建设，促进了法治国家进程，维护了国家统一、民族团结、社会稳定，创造并不断丰富和发展了人类文明新形态。正如习近平总书记所说的，"我国宪法是符合国情、符合实际、符合时代发展要求的好宪法，是充分体现人民共同意志、充分保障人民民主权利、充分维护人民根本利益的好宪法，是推动国家发展进步、保证人民创造幸福生活、保障中华民族实现伟大复兴的好宪法"①。坚持依宪治国和依宪执政，是法治中国建设的首要任务和基础性工作。全国各族人民、国家机关和武装力量、各政党和各社会团体、各企事业单位以及社会各界只有遵守宪法、维护宪法、实施宪法，才能在中国式现代化进程中将全面依法治国提升到一个新高度。

二、加大重点、新兴和涉外领域的立法力度

为了适应加快构建新发展格局、推动高质量发展的需要，党和国

---

① 《习近平谈治国理政》，外文出版社2014年版，第137页。

家对立法提出了更广泛更深刻的需求。习近平总书记指出，"要积极推进国家安全、科技创新、公共卫生、生物安全、生态文明、防范风险、涉外法治等重要领域立法，健全国家治理急需的法律制度、满足人民日益增长的美好生活需要必备的法律制度"[①]。随着经济建设和社会发展步伐的不断加快，特别是高新科技的广泛运用，新业态和新模式层出不穷，人工智能和互联网平台在给经济发展注入强大动力的同时，也凸显出相关法律制度远远跟不上需求的矛盾，网络犯罪造成的风险日益增大，这些法律空白区域成为当前和未来我国立法的目标和重点。一是国家安全是发展稳定的基础需要和法治保障。新时代以来，这一领域的立法取得了重大进展，法律制度体系不断健全，为维护国家安全提供了有力的法治保障，但面对错综复杂的国内外环境，维护国家安全利益的法律制度建设仍然任重而道远。二是科研创新是当今世界大国之间竞争的重要领域，是推动第二个百年奋斗目标实现的重要动力。高新科技发展迅猛并不断转化为现实生产力，新的管理方式、业态和模式不断涌现，法律的滞后性凸显，必须抓紧补齐法律短板和空白点。三是公共卫生法律体系建设刻不容缓。这不仅关系到公众健康的保障，还关系到突发公共卫生事件的治理水平和能力的提高。四是生物安全涉及国家有效防范和应对危险生物因子及其相关因素威胁，必须保障公民的生命健康。生物安全领域广泛、专业性强，亟须在现有法律基础上进一步完善生物安全法律体系。五是我国生态文明建设法治成果累累，已经形成了比较完善的法律体系，还要围绕建设美丽中国、实现碳达峰碳中和等方面持续推进相关法治建设，实现生态环境立法更高层次的体系化、系统化。六是防范风险需要法治

---

① 习近平：《坚定不移走中国特色社会主义法治道路　为全面建设社会主义现代化国家提供有力法治保障》，载《求是》2021年第5期。

的有力保障。防范风险立法与国家安全、公共卫生、生物安全、生态环境等各领域立法密切相关。风险防范既有共性也有个性，各领域的专项立法，都有防范特定风险的任务。七是随着我国对外开放脚步的加快，国际经贸往来频繁、经济联系日益密切。进入新时代，我国实现了从站起来到富起来再到强起来的历史性跨越，面对一些西方国家的打压遏制和蓄意制造的矛盾纠纷，涉外领域立法需求愈加迫切。我国要在已有涉外法律的基础上，加大立法力度，坚持急用先行、务实适用，尽快形成系统完善的涉外法律法规体系，捍卫国家主权、安全、发展利益。

三、促进科学立法、民主立法和依法立法

党的二十大报告指出，要以良法促进发展、保障善治。要遵循这个总体要求，在实践中不断总结经验，提高高质量立法的能力，为中国式现代化提供高质量法律保障。一是科学立法。科学立法的核心在于尊重和体现客观规律。新时代新征程，在习近平法治思想指引下，国家和社会生活各方面总体上实现了有法可依。但随着中国式现代化进程的不断推进，对科学立法提出了新的要求。要加强党对立法工作的集中统一领导，把改革发展决策同立法决策更好地结合起来，坚持问题导向，提高立法的针对性、实效性、系统性、可操作性。统筹推进国内法治和涉外法治，统筹立改废释纂，提高法律法规的可执行性和可操作性。二是民主立法。"民主立法的核心在于为了人民、依靠人民。"①法治国家建设是每个公民的愿望，能确保人民各项权利的

---

① 中共中央文献研究室编：《十八大以来重要文献选编》（中），中央文献出版社2016年版，第149页。

实现。人民群众是经济建设的参与者和社会生活的实践者，对法律条款好不好、管不管用最有发言权。因此，要坚持立法公开，充分体现民情、汇聚民意、集中民智，切实保障人民群众通过多种途径参与立法活动。三是依法立法。"依法立法"是在党的十九大报告中提出的，在过去科学立法与民主立法的基础上新增加"依法立法"，是党的立法理论的重要丰富和发展，实现了党对立法认识的巨大跃升。习近平总书记指出，"坚持严格依照法定权限和法定程序，深入推进科学立法、民主立法、依法立法"①。在全面建设社会主义现代化国家新征程上，遵循立法秩序、严守立法权限，坚持科学、民主和依法决策，实现立法过程中系统性与整体性相统一、协调性与时效性相一致，对于维护国家安全、推动经济和社会发展、促进改革与稳定大局、保障人民生活水平和综合国力不断提高意义重大。

①《习近平谈治国理政》（第四卷），外文出版社2022年版，第254页。

第二节

坚持依法行政

党的二十大报告用一个自然段的篇幅，对扎实推进依法行政作了重要阐述，对实现第二个百年奋斗目标为什么要依法行政和怎样依法行政提出了根本遵循。要使依法行政和法治政府建设取得新成效，必须深刻领会依法行政的基本要义，不断提高行政效率和公信力。

一、法治政府建设是全面依法治国的重点任务和主体工程

新时代以来，党和国家高度重视全面依法治国，通过规划、纲要等多种形式作出了战略部署和总体安排，紧密联系我国经济和社会发展实际，创造性地发展了法治中国建设的理论与实践，形成和丰富了习近平法治思想，为依法治国指明了方向。

推进全面依法治国，法治政府建设是重点任务和主体工程。一是在法治建设过程中起带头作用。习近平总书记指出，"法治政府是建设法治国家的重点，法治社会是构筑法治国家的基础"①。新时代以

---

① 《习近平谈治国理政》（第四卷），外文出版社2022年版，第294页。

来，党和国家十分关注法治政府建设，把这项工作作为重中之重，经过努力取得了丰硕成果，但仍有一些深层次矛盾尚未得到有效解决。习近平总书记强调，"要根据新发展阶段的特点，围绕推动高质量发展、构建新发展格局，加快转变政府职能，加快打造市场化、法治化、国际化营商环境"①。按照这个总体要求，加快改革步伐，破除地方保护和行业垄断的体制机制，尽快构建规范有序、公平公正、全国统一的市场体系。全面贯彻国家《法治政府建设实施纲要（2021—2025 年）》，在法治政府建设中实现全面突破，发挥示范和表率作用。二是在中国式现代化建设中为构建科学、高效的国家治理体系和形成强大的治理能力奠定基础。法治是国家治理体系和治理能力的重要依托。各级政府肩负对经济和社会发展的管理责任、维护公共安全和公民权利的责任，只有依法行政，才能实现人民的根本利益，凝聚全社会的共识。各级政府依法行政的能力，在很大程度上影响着国家治理能力。这就要求在实践中重视法治、厉行法治。推进依法行政，要加快构建符合中国式现代化本质特征和发展需要的政府治理体系，依法规范执政行为，真正做到行政权力明晰、执政界限明确，确保法无授权不可为、法定职责必须为，避免政府部门之间因职责不清造成工作缺位、错位和越位，使政府行政作为于法有据。三是推进法治政府建设，更好地为人民服务。政府是人民政府，每项工作都直接关系到人民群众的切身利益，因此，我们必须把坚持以人民为中心作为政府工作的出发点和落脚点，把为百姓增加福祉、维护权益、实现愿望、体现利益贯彻到法治政府建设的全过程。着力解决"一刀切""运动式"和暴力式行政执法，自觉维护行政执法在社会和人民心目中的形象，促进全社会和谐稳定发展。要在法治政府建设中始终站稳

---

① 《习近平谈治国理政》（第四卷），外文出版社 2022 年版，第 294 页。

人民立场，切实解决困扰群众生活的各种问题，使老百姓的安全感、获得感和幸福感不断增强。

二、法治政府建设要求加快转变政府职能

按照第二个百年奋斗目标，围绕推动政府转职提效、廉洁公信、公正透明、权责严明，转变政府职能。一是在现有基础上进一步处理好政府、社会、市场三者之间的关系。充分发挥政府在公共服务、生态环保、社会管理、市场监督、经济调控等方面的作用。努力建设好政府在维护社会稳定、强化社会治理等方面的制度，不断夯实社会治理基础。全面落实监管责任，提升政务服务水平，为百姓和市场主体提供更多更好更便利的服务。二是推进政府依法确定机构设置、明确职能范畴、设定管理权限和划分责任边界。坚持优化政府结构与促进政府职能转变，合理划分中央和地方事权，更好发挥中央和地方两个积极性。三是按照中国式现代化建设的目标，改革政府机构设置、转变政府职能，实现提效和增信的改革目标。要建立健全依法行政制度体系和政策制度体系，强化制度和政策执行力。四是提高行政决策的质量和效率。坚持科学决策、民主决策、依法决策，凡属涉及社会公众切身利益的公共政策和措施，都要认真听取和反映利益相关群体的意见建议，严格履行行政决策程序。建立健全突发事件应对体系，增强处理突发事件的针对性和实效性。五是促进政府高效履职，加强政务诚信建设。打造数字政府，创新政府治理流程和方式，实现政务数据有序共享。

三、深化行政执法体制改革

习近平总书记指出："行政执法工作面广量大，一头连着政府，一头连着群众，直接关系群众对党和政府的信任、对法治的信心。要推进严格规范公正文明执法，提高司法公信力。"①司法公信力就是司法生命力，行政执法工作只有充分秉持公平公正，让老百姓发自内心地信任和服从，才能得到更多的拥护和支持，最终实现社会公平正义。为此，必须全面深化行政执法改革。一是改革创新执法体制和机制。为了解决重复、多层、多头执法问题，采取统筹协调和组织指挥的方式协调执法、综合执法和联合执法。发挥信息化在改革创新执法体制中的作用，通过互联网和大数据平台，使信息更加科学、公正、准确。完善和优化违法线索互联、执法标准互通、处理结果互认的制度，通过综合行政执法协作和联合执法，提升行政执法的能力和效率，满足老百姓快速、精准解决问题的诉求。提高行政执法效率，要不断向基层下移、下放权责，坚持人、财、物、编制等向基层倾斜，满足基层综合联合行政执法需要。二是加大涉及老百姓切身利益以及急难愁盼问题的执法力度。要围绕住房、教育、医疗、就业、食品安全、环保、金融安全等重点问题严格执法，避免人民的切身利益受到损害，从而引发不满，影响社会稳定。要在上述热点和难点领域集中开展专项治理，从源头上预防和化解违法风险。三是坚持严格、规范、公正、文明执法。严格执法是中国式现代化建设的必然要求，也是行政执法的基本要求，只有严格执法，才能有效解决群众关心的热点难点问题。规范执法是执法的行为准则，要建立一套科学准确的执

---

① 《习近平谈治国理政》（第四卷），外文出版社2022年版，第294页。

法流程办法，达到及时、高效、系统、可回溯的管理目标，使每个环节的责任透明、环环相扣，避免互相扯皮。公正执法是行政执法的核心，体现了法律面前人人平等的价值观，彰显了法律的尊严、正义的伸张。要教育行政执法人员必须遵循以事实为根据、以法律为准绳的原则，坚决防止滥用自由裁量权、处罚畸重畸轻，做到过罚相当、宽严相济，避免出现同案不同罚、显失公平的现象。文明执法是行政执法的职业素养，是构建和谐社会的重要方面。行政执法人员在执法过程中，要以法为据、以理服人、以情感人，倾听各方面诉求，既不能只凭经验执法，也不能感情用事。要举止得当、言语平和、杜绝态度蛮横冷漠、方法粗暴简单。行政执法要做到严格、规范、公正、文明，必须建设一支高素质的执法队伍，加强学习培训，强化内部和外部监管，建立各种目标责任制。提高行政执法队伍的综合素养，提升老百姓对行政执法的满意度。

四、提升依法行政能力水平

行政权力是国家权力的重要组成部分，要在实现第二个百年奋斗目标中全面提升依法行政能力，正确行使行政权力，确保为人民谋幸福。一是深入学习和贯彻落实习近平法治思想，深刻领会"两个确立"的决定性意义，增强"四个意识"、坚定"四个自信"、做到"两个维护"，确保在法治政府建设中全面贯彻落实党的领导。各级政府要在党委统一领导下，履行法治政府建设主体责任，将其纳入国民经济与社会发展规划，对法治政府建设与经济社会发展实行同考核、同奖惩。二是加大监督和问责力度，完善行政权力监督体系。要把行政权力制约和监督纳入全面从严治党全过程，建立以党内监督为主导，党外各方面、多种形式监督相协调的体制机制。充分发挥行政复议、审计监督、财会监管、统计监督等监督机制的作用。围绕行政审批、资金拨付、行政执法等关键环节实施"阳光工程",采取多种措施、制定多项制度、出台多个举措,使公开透明成为常态。三是加强行政执法监督和能力建设。围绕社会关注的热点、堵点、难点问题和廉政风险较大的薄弱环节,完善执法监督工作廉政风险防控制度,对直接面向基层百姓、容易出现廉政漏洞的节点要分别进行归纳梳理、归类审定、科学鉴别,通过制度措施堵塞管理漏洞。推进科技赋能,运用现代化信息技术"数字+"赋能行政执法,使问题发现更及时、执法取证更准确、惩罚宽严更公平。科技赋能减少了人为干扰因素,有利于执法监督和提升执法能力。四是根据国家相关法规对行政执法过错进行责任追究。要按照中国式现代化建设新要求,完善行政执法过错责任追究制度。按照权责统一、失责必究的原则,坚持客观公正、权责分明地追究过错责任。对群众反映强烈的腐败执法、钓鱼执法等要加大整治力度,确保市场主体和老百姓的合法权益不受侵害。五是提升依法行政能力,建设法治政府。各级政府及国家公职人员要认真学习贯彻党的二十大精神,深刻理解习近平法治思想的科学内涵,努力学习法律知识,要敬畏法律、尊崇法治、遵守法律、捍卫法治,在提升依法行政能力、建设法治政府中担当主责,发挥引领和示范作用。强化对各级政府工作人员的法治教育,建设德才兼备的高素质行政执法队伍,不断适应中国式现代化建设的需要。

第三节

严格公正司法

公正司法是现代社会政治民主、进步的重要标志，也是实现第二个百年奋斗目标的重要保证。党的二十大报告指出："公正司法是维护社会公平正义的最后一道防线。深化司法体制综合配套改革，全面准确落实司法责任制，加快建设公正高效权威的社会主义司法制度，努力让人民群众在每一个司法案件中感受到公平正义。"公正是司法的灵魂和生命线，也是老百姓衡量法治建设水平的一把尺子，更是法治中国建设的内在追求和价值目标。公正司法关乎百姓切身利益，影响他们对党和政府是否真正维护人民利益的认知，事关社会的和谐稳定。让老百姓感受到公正司法，必须坚持司法为民的宗旨，积极回应百姓关切，自觉维护百姓权益，建立阳光司法机制，破除司法腐败乱象。

一、严格公正司法必须强化党对司法工作的领导

只有在党的领导下，严格公正司法才能充分实现。一是党的领导是我国社会主义制度的根本特征和政治优势。在中国式现代化建设中，既要始终坚持党对全面依法治国的领导不动摇，又要根据发展的

客观实际不断改善党对法治建设的领导，提高依法治国的能力和水平。二是只有在党的领导下，才能实现以人民为中心的发展目标，牢牢站稳人民立场，彰显公正司法服务人民、依靠人民、为了人民的根本宗旨。三是坚持党的领导，主要体现在把握发展方向、确定基本原则、制定发展规划、研究政策法规、完善干部考核等方面。各级党组织要领导立法、保证执法、支持司法、带头守法，保证和支持各级司法机关公平公正行使职权。我国宪法规定，人民法院依法独立行使审判权。党的领导和法院独立行使审判权是相互依存、互相促进的关系。党在制定和实施宪法法律的过程中也要遵守法律，确保党的领导始终在法律框架内进行。党对司法工作的绝对领导是严格公正司法的根本保证，能确保法治建设健康发展；同时，公正司法能得到百姓拥护，进而巩固党的执政地位。

二、让严格公正司法成为社会公平正义的最后一道防线

习近平总书记指出，"促进社会公平正义是政法工作的核心价值追求。从一定意义上说，公平正义是政法工作的生命线"①。他还说："司法是社会公平正义的最后一道防线，司法人员必须信仰法律、坚守法治，端稳天平、握牢法槌，铁面无私、秉公司法。"②一是积极回应人民群众新要求新期盼。深植为民情怀，心中装着群众，倾听百姓呼声，满足他们对司法服务的新需求。二是一丝不苟处理好群众的每个个案。每个个案都涉及老百姓的切身利益，要以对人民高度负责的政治责任感，帮助他们守牢维护利益的最后防线，让老百姓

① 《习近平谈治国理政》，外文出版社2014年版，第148页。
② 《习近平谈治国理政》（第二卷），外文出版社2017年版，第122页。

能体会到公平正义就在身边，能感受到司法机关在案件处理全过程都能坚持以法为据、以理服人、以情感人。三是实现司法公正与社会公正有机统一。司法公正引领和守护社会公正，司法公正为社会公正提供底线保护。司法机关在司法工作中必须始终保持公正，不能有偏颇和偏袒，这样才能够切实保障公民的合法权益，营造出公正、和谐的社会氛围。如果司法公正这道防线被突破，司法工作也就失去了自身社会价值，社会公正就无从谈起。要实现司法公正与社会公正的有机统一，必须在办案中既要以事实为根据、以法律为准绳，也要把严格执法与人文关怀结合起来，客观分析和把握社会心态、群众情绪，让老百姓感到人性化文明执法，实现执法效果与社会和谐的有机统一。

三、严格公正司法要让人民群众在每一个司法案件中感受到公平正义

进入新时代，习近平总书记反复强调，要"让人民群众在每一个司法案件中感受到公平正义"[1]，要求司法机关紧紧围绕这个目标改进工作。习近平总书记指出，"决不能让不公正的审判伤害人民群众感情、损害人民群众权益"[2]。这体现了依法治国最深厚的基础是人民，最根本的目的是为了人民，必须让老百姓在法治国家建设中有安全感、幸福感、获得感。一是推进全过程的公平正义，让公平正义的阳光照进人民心田。公正司法的核心问题是确保办案质量，精益求精地审理好每一个案件，特别是针对老百姓和全社会普遍关注的热点、难点、堵点案件，更要及时、科学、有效地审理好。高质量办案不但

---

① 《习近平谈治国理政》（第四卷），外文出版社2022年版，第295页。

② 《习近平谈治国理政》，外文出版社2014年版，第141页。

体现了司法公正的客观要求，而且关系到老百姓权益和利益的实现，要把工作重点放在提高每个案件的审判质量上来，注重细节，确保公正裁判。二是加大司法公开力度，防止暗箱操作不透明、粗暴野蛮不文明、任性妄为不严格等现象。各级司法机关和工作人员要坚守底线、不越红线，树立正确的世界观、人生观和价值观，自觉抵制司法腐败。针对干扰公正司法办人情案、暗箱操作办腐败案、不实事求是办错案、能力不足办冤案等问题，要严查严办。三是各级司法机关从业人员要把学习贯彻党的二十大精神和习近平总书记关于坚持全面依法治国的重要论述作为当前首要政治任务，紧紧围绕实现让老百姓在每个司法案件中感受到公平正义这个目标，把握司法为民、公正司法主线，全面加强各项工作，不断提升司法公信力。四是完善司法权制约监督机制。公权力必须受到刚性约束，要在严格的法律范围内行使，一旦偏离法治轨道，就会危害司法公正。因此，必须牢记言有所戒、行有所止、心有所畏，真正做到让群众参与司法活动全过程，优化人民调解制度和人民陪审制度，实现党内监督与群众监督相结合、问题发现和精准纠偏相结合。实现司法民主，提升司法公信力，维护司法权威。

四、严格公正司法必须深化司法体制综合配套改革

党的二十大报告强调，加快建设公正高效权威的社会主义司法制度。按照这个要求，要着力在司法管理体制、职权配置、人员管理和检查监督等方面加大改革力度。一是继续深化配套改革，明确并贯彻落实责任制。要根据中国式现代化建设的新要求，积极构建公正、高效和权威的社会主义司法制度，将配套改革纳入推进国家治理体系和治理能力现代化的总目标。围绕建立公正高效公信的司法制度，在破

解司法腐败、冤假错案等问题上下功夫，不断提高司法公信力。二是建立并完善解决处理矛盾和问题的有效体制机制，让公正司法以最快的速度和最好的方法得到实现。矛盾无处不在、无时不有，有效化解各类矛盾是实现国家和社会稳定的基础性工作。要弘扬以"矛盾不上交、平安不出事、服务不缺位"为基本内涵的新时代"枫桥经验"，为了群众、相信群众、依靠群众，平安成果由群众共享。三是广泛运用高新技术赋能司法公平公正，用信息化技术增加客观举证、减少主观判断。要实现法治与大数据、互联网的深度融合，强化"智慧司法"建设，不断提高公正高效权威司法的能力和水平。

五、严格公正司法必须着力加强司法队伍建设

习近平总书记指出，司法人员必须信仰法律、坚守法治，端稳天平、握牢法槌，铁面无私、秉公司法。[①]一是司法工作者要坚定社会主义法治信仰，按照政治过硬、能力过硬、责任过硬、纪律过硬、作风过硬的要求，不断提高自身素质和能力水平，恪守职业道德，做到忠于党和国家、忠于人民和法律。二是贯彻党的二十大关于全面从严治党的各项要求，狠抓凝心铸魂的思想教育工作，持续搞好"三观"教育，弘扬自我革命精神，持续开展正风肃纪，坚持党性修养、党风建设、党纪教育一起抓，"权力案""金钱案""人情案"一起查，不能腐、不敢腐和不想腐的约束体系一起建，治标与治本一起推。三是努力钻研业务，不断提高能力。法治工作具有很强的政治属性，事关我国政治发展前途。在实现第二个百年奋斗目标的新征程中，要不断推进各种综合能力建设。坚定法律信仰，恪守法律精神，掌握业务知

---

①《习近平谈治国理政》（第二卷），外文出版社2017年版，第122页。

识，科学判定裁决。四是加强涉外法律人才培养。随着我国成为世界第一贸易大国，我国的影响力显著提升，要维护国际贸易中的合法权益、应对"长臂管辖"，必须强化涉外法治人才培养，推动全球治理变革。

第四节

建设法治社会

党的二十大报告对法治社会建设作出了战略部署，为今后发展指明方向，即到2035年，基本建成法治国家、法治政府、法治社会。

一、弘扬社会主义法治精神，传承中华传统法律文化

法治社会的建设，需要激发与调动广大群众的积极性和主动性，使每个人都成为法治的信仰者、遵循者和维护者，使遵守法律、信仰法律、运用法律、守护法律成为每个人的共同追求。一是树立宪法法律至上原则，坚持法律面前人人平等。培育全社会的法治信仰，任何组织和个人都必须维护宪法权威，都必须依照宪法行使权力和权利，履行职责和义务，不能以言代法、以权压法和徇私枉法。要在全社会强化法治理念和法治思维，让老百姓办事情依法、遇到事情找法、解决生活中的问题用法、化解矛盾和纠纷靠法，自觉营造法治环境、维护法治权威、抵制违法行为。二是传承中华优秀传统法律文化。中华民族早在春秋战国时期就有了成文的法典，到汉唐时期逐渐完善。这些法典蕴藏着博大精深的智慧，使中华法系逐渐成为世界上几大法系之一。在中国式现代化建设的当下，应取传统法治中的精华并将其发

扬光大。三是学习借鉴人类文明法治经验。法治是人类文明发展的重要成果，不同国家和民族都积累了丰富的经验，要互学互鉴。借鉴其他国家成果不等于"全盘西化""全面移植"，必须坚持以我为主、为我所用，认真鉴别、合理吸收。通过大力发展社会主义法治文化，用法治文化引导广大群众遵纪守法，形成尊重法律、不违法纪的社会荣誉观念，使每个人都成为社会主义法治的忠实崇尚者、自觉遵守者和坚定捍卫者。

二、建设现代公共法律服务体系

建设覆盖城乡、便捷高效、均等普惠的法律服务体系，使每个公民都能获得必要的法律服务，体现全社会公平正义。一是加强民生领域法律服务。优化全社会法律援助制度，完善社会矛盾纠纷预防化解机制，为老百姓提供及时有效的法律援助。二是推进城乡治理法治化建设。必须依据法律规定，加快城乡治理方面的制度建设，包括产权保护、社会信用管理和实名登记等，使法治成为经济社会发展的核心竞争力。要坚持法治、德治、自治三者有机结合，充分发挥城乡基层共建共治共享的作用，努力将矛盾纠纷化解在基层、将和谐稳定创建在基层。三是推进律师、公证、仲裁、司法鉴定等体制机制改革，优化公共法律服务管理机制和工作机制，促进服务标准化、规范化和精准化。构建公共法律服务评价指标体系，以群众满意度检验公共法律服务工作成效，努力让人民群众有更多获得感、幸福感、安全感。

三、深入开展法治宣传教育，增强全民法治观念

开展法治宣传教育、增强全民法治观念是全面依法治国的基础性

工程。习近平总书记指出，要坚持把全民普法和守法作为依法治国的长期基础性工作，采取有力措施加强法制宣传教育。①一是以习近平法治思想为指导，深入宣传中国特色社会主义法律体系，积极宣传涉及社会发展和广大群众利益的法律法规，使每个公民自觉尊法学法守法用法。此外，要广泛普及《中华人民共和国民法典》的相关知识，让《中华人民共和国民法典》成为老百姓生活中的行为指南，并组织宣传教育活动，提高公众对疫病防治、野生动物保护、公共卫生安全等方面法律法规的认识。二是引导全社会尊重司法裁判、维护司法权威。习近平总书记指出，各级党组织和领导干部都要旗帜鲜明支持司法机关依法独立行使职权，绝不容许利用职权干预司法。②三是充分发挥领导干部的引领作用，强化依法治国意识，加强法律知识的学习和应用，建立健全考核评估机制，提高国家公职人员特别是各级领导干部的法治素养和能力。四是强化青少年法治教育，贯彻实施《青少年法治教育大纲》，将法治教育纳入国民教育体系。强化对各级各类教师的培训，配备法治课专兼职教师和法治副校长，建立健全各级各类学校学生参与法治实践制度。五是加强对社会热点案件的法治解读评论，传播法治正能量。运用新媒体新技术新方法新平台普法，推进信息化"智慧普法"平台建设，制定出台法治宣传教育法规。六是落实"谁执法谁普法"普法责任制，实现普法责任清单的全面覆盖。通过以案说法的公开课，将典型案例的处理过程公开化，使普法工作更加规范透明。完善以案释法制度，注重开展相关法律法规和政策的宣讲，鼓励民众广泛参与科学立法。七是加强社会主义法治文化建设。扩大法治精神在全社会的影响力，宣传法治理念，恪守法治原则，注

---

① 《习近平谈治国理政》（第二卷），外文出版社2017年版，第122页。

② 《习近平谈治国理政》（第二卷），外文出版社2017年版，第121页。

重对法治思维和法治理念的培育，充分发挥法治文化的引领和熏陶作用。

四、推进多层次多领域依法治理，提升社会治理能力水平

加强社会治理体系建设，推进法治社会建设。维护公共秩序、调解纠纷、化解矛盾，促进经济建设和社会发展，通过社会依法治理实现社会和谐稳定。积极营造办事依法、遇事找法、解决问题用法、化解矛盾靠法的法治环境，使全社会形成遵纪守法的良好氛围。一是改进和完善社会治理体系。构建党委领导、政府负责、民主协商、社会协同、公众参与、法治保障、科技支撑的社会治理体系，形成共同建设、共同治理和共同分享的社会治理格局。鼓励社会力量广泛参与，建立人人有责、人人尽责、人人享有的社会治理共同体，实现全社会治理的协同和有效性。让广大群众全过程参与社会治理、全方位评价取得的成效、全方面共享发展成果。二是促进多层次多领域的依法治理。借助市域社会治理的改革和创新，将法治进程作为市域经济社会发展核心竞争力考核体系的一部分，从而实现政府治理和社会调节、居民自治的良性互动。县（市、区）及乡镇（街道）在社会治理方面要明确权责清单。村级要完善党务、村务、财务"三公开"和议事协商制度。全面推进基层单位依法治理，建立运用法治方式解决问题的平台和机制。三是加强社会组织的健康有序发展，推进社会组织权责明确、依法自治、发挥作用。加大对社会组织的培育支持力度，积极推动和支持志愿服务组织的发展。四是加快完善公共安全建设协调机制。制定公共安全发展规划，针对广大群众反映强烈的社会公共安全热点问题，如网络金融诈骗、拐卖妇女儿童、高科技犯罪、黑恶势力

犯罪、黄赌毒犯罪等，依法严厉打击，打造平安社区、平安学校、平安医院等，确保百姓平安。提高应对社会突发事件的处理能力，完善社会心理服务体系和疏导机制建设。五是提升化解社会矛盾纠纷的法律实效。充分发挥人民调解的第一道防线作用，完善多层多级调解联动工作机制。

五、坚持抓住"关键少数"，发挥示范带头作用

习近平总书记指出："各级领导干部在推进依法治国方面肩负着重要责任，全面依法治国必须抓住领导干部这个'关键少数'。领导干部要做尊法学法守法用法的模范，带动全党全国一起努力，在建设中国特色社会主义法治体系、建设社会主义法治国家上不断见到新成效。"[1]领导干部具体行使党的执政权和国家立法权、行政权、监察权、司法权，是全面依法治国的关键。一是要深入学习贯彻落实习近平法治思想，领悟"两个确立"、增强"四个意识"、坚定"四个自信"、做到"两个维护"。坚定不移走中国特色社会主义法治道路，大力弘扬法治精神，积极倡导法治文化建设，自觉培育和践行社会主义核心价值观，推动法治国家、法治政府、法治社会一体建设，做尊法学法守法用法的践行者和带头人。二是要坚守法治信仰，牢记权力由人民赋予也必将服务于人民。手中权力由法定，运用权力依法使。要坚持发扬斗争精神，对破坏、危害和践踏法治的不良行为要敢于制止。要用法治思维办事情、作决策和想问题，带头在全社会打造办事依法、遇事找法、解决问题用法、化解矛盾靠法的良性法治氛围。三是把履行推进法治建设职责情况纳入领导干部考核重要内容。全面考

---

[1]《习近平谈治国理政》（第二卷），外文出版社2017年版，第126页。

察其在立法、执法、司法、守法工作中的表现，将领导干部法治素养高低作为选拔任用的重要标准，对履行法治建设工作不力的主要领导干部要追责问责，实行一票否决。四是领导干部手中有权，但要牢记不可任性，因为权力是一把"双刃剑"，权力任性就会出现以权压法办金钱案、以言代法办人情案、徇私枉法办腐败案，祸害国家和广大群众。因此，领导干部要善于通过制度建设打造约束权力的笼子，明晰权力界限、制约权力滥用、规范权力运行。在实现第二个百年奋斗目标的征程上，我们还将遇到来自各方面的风险挑战，要不断提升运用法治思维和法治方式的能力，做法治建设的模范、制度厉行的表率，以实际行动带头尊法学法守法用法，让法治护航中国式现代化巨轮乘风破浪、行稳致远。

📖 **延伸阅读**

"五大行动"以高质量法治建设护航发展*

如今，消费者在合肥、深圳、宁波等地购买蔚来汽车，在交付中心直接通过互联网就可以办理注册登记、选号等业务，车牌也将在制作后直接寄到消费者指定地址。这种便捷购车上牌体验，得益于合肥交警部门与蔚来汽车合作推出的非营运小微型客车新车出厂预查验及互联网登记服务新模式。这也是安徽省实施的法治为民办实事内容之一。从安徽省司法厅了解到，2023年起，安徽省实施包括法治为民办实事行动在内的"五大行动"，持续深化"一改两为"，以高质量法治建设护航发展。

据了解，"五大行动"分别为依法治省工作水平提升行动、法治化营商环境优化行动、法治为民办实事行动、平安建设行动、改革攻坚行动。

开展依法治省工作水平提升行动，推进法治建设走在前列。制定关于推进全面依法治县（市、区）工作高质量发展的指导性意见，组织开展《法治安徽建设规划（2021—2025年）》中期评估。扎实推进《安徽省推进法治政府建设率先突破三年行动计划（2022—2024年）》年度任务完成，组织实施新一轮法治政府建设示范创建工作，全面提高政府系统依法行政能力和水平。

开展法治化营商环境优化行动，深化实化"一改两为"举措。加强重点领域和新兴领域立法，推动出台《安徽省优化营商环境条

---

* 参见《"五大行动"以高质量法治建设护航发展》，载《安徽日报》2023年2月25日。编者对内容有所修改。

例》，推进长三角区域立法协同，努力打造公平竞争、规范有序的市场体系。巩固拓展公共政策兑现、行政机关负责人出庭应诉、违法行政行为整治、行政机关履行给付义务清查等工作成效，切实把政府活动全面纳入法治化轨道。

开展法治为民办实事行动，不断提升人民群众法治获得感满意度。聚焦群众"急难愁盼"，发布2023年度省级"法治为民办实事"项目，推进法律援助地方性法规修改，推动法律援助受理审查审批改革，深入实施法律援助民生工程，让法治温度直达社会神经末梢。编制2023—2025年公共法律服务建设规划，推动公共法律服务均衡发展。

开展平安建设行动，以有效社会治理确保国家安全社会安定人民安宁。坚持和发展新时代"枫桥经验"，进一步健全党组织领导的自治、法治、德治相结合的城乡基层治理体系，提高调解专业化水平，打造"一站式"安徽特色解纷体系。

开展改革攻坚行动，全面激发工作动力。深化行政执法体制改革，全面推进严格规范公正文明执法，加强对关系群众切身利益的重点领域的执法监督，健全完善行政裁量权基准制度，进一步规范行政裁量权制定、行使和监管工作。

第五章

推进文化
自信自强

　　文化兴国运兴，文化强民族强。没有社会主义文化繁荣发展，就没有社会主义现代化。推进文化自信自强，铸就社会主义文化新辉煌，印证文化建设对于推进中华民族伟大复兴、实现人民对美好生活向往、提升综合国力的重大意义。

中国特色社会主义是全面发展、全面进步的伟大事业，没有社会主义文化繁荣发展，就没有社会主义现代化。党的十八大以来，以习近平同志为核心的党中央把文化建设提升到一个新的历史高度。习近平总书记在新时代文化建设方面的新思想新观点新论断，内涵十分丰富、论述极为深刻，是新时代党领导文化建设实践经验的理论总结，丰富和发展了马克思主义文化理论，构成了习近平新时代中国特色社会主义思想的文化篇，形成了习近平文化思想。这一重要思想标志着我们党对中国特色社会主义文化建设规律的认识达到了新高度，表明我们党的历史自信、文化自信达到了新高度，并在我国社会主义文化建设中展现出了强大伟力，为做好新时代新征程宣传思想文化工作、担负起新的文化使命提供了强大思想武器和科学行动指南。一个民族的复兴，需要强大的物质力量，也需要强大的精神力量。习近平文化思想科学地回答了在新时代建设什么样的文化和如何建设文化的重大问题，充分印证文化建设对于推进中华民族伟大复兴、实现人民对美好生活向往、提升综合国力和抗风险能力的重大意义。文化建设作为中国特色社会主义"五位一体"总体布局的重要组成部分，其所形成的主要成就和发展经验不仅见证着国家文化软实力和中华文化影响力的显著提升，也是激励全党全军全国各族人民在全面建设社会主义现代化国家前进道路上踔厉奋发的重要精神支撑。由此，牢牢把握新时代新征程使命任务，需要推进文化自信自强，在文化领域擘画明晰的发展蓝图，使之成为以中国式现代化推进中华民族伟大复兴的不竭动力。

第一节

牢牢掌握意识形态工作领导权

回顾党的百年历程，中国共产党始终坚持把意识形态工作放在治国理政的重要位置，特别是党的十八大以来，党和国家将建设具有强大凝聚力和引领力的社会主义意识形态作为重点、重心、重大工作来抓，强调意识形态工作为国家立心、为民族立魂的重要地位。

一、牢牢掌握党对意识形态工作领导权

习近平总书记强调指出，必须把意识形态工作的领导权、管理权、话语权牢牢掌握在手中，任何时候都不能旁落，否则就要犯无可挽回的历史性错误。①在站起来、富起来、强起来的接续奋斗中，中国共产党始终是推动中华民族伟大复兴历史进程的"定海神针"，而自觉坚持和加强党的全面领导则是确保中国特色社会主义伟大事业取得胜利的根本保证。特别是在意识形态领域，唯有牢牢掌握党对意识形态工作领导权，才能够保证国家文化事业乃至各项事业的行稳

---

① 习近平：《论党的宣传思想工作》，中央文献出版社 2020 年版，第 21 页。

致远。

党的十八大以来，以习近平同志为核心的党中央合理研判国内国际形势，高度重视对意识形态工作的全面领导，把意识形态工作领导权牢牢抓在手里。立足中华民族伟大复兴战略全局和面对世界百年未有之大变局，巩固全党全军全国各族人民的理想信念、价值理念、道德观念尤为重要。因此，在意识形态工作领域，党和国家高度重视强化主体责任，完善意识形态工作领导体制机制，发挥党领导全局、协调各方的作用。在新的"赶考"路上，我们党必将在牢牢掌握意识形态工作领导权的前提下，做到守土有责、守土负责、守土尽责，以党的坚强领导为国家各项事业发展筑牢坚固防线。

二、坚持马克思主义在意识形态领域的指导地位

为更好地推进意识形态工作、牢牢掌握意识形态工作领导权，我们党始终坚持巩固马克思主义在意识形态领域的指导地位，保证意识形态工作的推进始终是有科学理论、正确原则作为支撑。

习近平总书记强调指出，中国共产党为什么能，中国特色社会主义为什么好，归根到底是马克思主义行，是中国化时代化的马克思主义行。[①]新时代以来，我们党坚持强化对马克思主义在意识形态领域指导地位的认识、完善马克思主义理论研究和建设工程、持续推进马克思主义中国化时代化，号召全党全军全国各族人民坚定马克思主义信仰、坚决捍卫马克思主义在意识形态领域的指导地位，并将其作为

---

① 习近平：《高举中国特色社会主义伟大旗帜　为全面建设社会主义现代化国家而团结奋斗——在中国共产党第二十次全国代表大会上的报告》，人民出版社2022年版，第16页。

推进我国意识形态工作向上、向好的必需之举；同时，我们党不断推进马克思主义中国化时代化，特别是在习近平新时代中国特色社会主义思想的世界观和方法论的指引下，实现以马克思主义中国化的伟大理论和实践成果武装全党、教育人民，确保全党全军全国各族人民更加坚定、自信地走在中国式现代化的光明大道上。

三、构建中国特色哲学社会科学

当前，我们正大踏步走在全面建设社会主义现代化国家的新征程上，正迎来中华民族伟大复兴更加光明的前景。在崭新的历史阶段，我们需要构建更加完备、科学的中国特色哲学社会科学，以此在"中国之变"与"世界之变"同框的背景下，认清历史方位、把握时代大局、拓宽理论视野，站在历史角度、时代角度、世界角度，为牢牢掌握意识形态工作领导权增添力量。

"加快构建中国特色哲学社会科学，归根结底是建构中国自主的知识体系。要以中国为观照、以时代为观照，立足中国实际，解决中国问题"①。党的十八大以来，在构建中国特色哲学社会科学的过程中，我们党号召全体人民，特别是哲学社会科学工作者必须坚持学懂弄通做实当代中国马克思主义、21世纪马克思主义，保证我们所构建的中国特色哲学社会科学体系是能够闪耀科学性、人民性、实践性和发展开放性光芒的，同时是能够紧跟时代潮流、担当时代使命、回应时代需求的；我们党号召深入研究开启全面建设社会主义现代化国

---

① 《习近平在中国人民大学考察时强调　坚持党的领导传承红色基因扎根中国大地　走出一条建设中国特色世界一流大学新路》，载《人民日报》2022年4月26日。

家新征程中的重大理论和实践问题，将站在时代高度、大局高度深入研究新的理论问题和实践问题作为构建中国特色哲学社会科学的职责和使命所在；我们党号召必须牢牢把握中华民族伟大复兴战略全局和世界百年未有之大变局，站在民族历史和世界历史制高点上看待构建中国特色哲学社会科学工作，将自身融入时代发展的潮流，精准定位中国所处的历史方位与世界方位，实现对共产党执政规律、社会主义建设规律、人类社会发展规律认识的新飞跃，进而在构建中国特色哲学社会科学体系过程中增强牢牢把握意识形态工作领导权的底气。

四、塑造主流舆论新格局

历史和实践证实，国家和民族的兴盛需要正确的思想引领和积极的舆论引导。准确把握当前和今后一个时期的国内国际形势，我们需要塑造主流舆论新格局，牢牢掌握意识形态话语权，为服务中国式现代化建设作出更大贡献，在面对国际上危害我国主权、安全、发展利益等情况时，敢于旗帜鲜明地亮剑、理直气壮地发声，进而提升我国国际话语权。

习近平总书记强调，舆论导向正确，就能凝聚人心、汇聚力量，推动事业发展；舆论导向错误，就会动摇人心、瓦解斗志，危害党和人民事业。[①]党的十八大以来，为应对复杂多变的舆论环境，党和国家高度重视新闻舆论工作，将提高新闻舆论传播力、引导力、影响力、公信力作为塑造主流舆论新格局和掌控主流意识形态的关键举措。习近平总书记曾提出，做好新闻舆论工作要做到"为党为民、激

---

① 习近平：《论党的宣传思想工作》，中央文献出版社2020年版，第185页。

浊扬清、贵耳重目"①。由此，在党和国家的正确引领下，新时代的新闻舆论工作牢牢坚持党性原则、牢牢坚持马克思主义新闻观、牢牢坚持正确舆论导向、牢牢坚持正面宣传为主，成为引导主流舆论、引领正确价值取向、协调社会关系的重要介质，以此为国家意识形态工作打造坚实屏障。

五、推动形成良好网络生态

习近平总书记多次指出，"人在哪儿，宣传思想工作的重点就在哪儿"，并作出"网络空间已经成为人们生产生活的新空间，那就也应该成为我们党凝聚共识的新空间"的重要指示。②伴随信息技术的快速发展，网络在无形中拉近了人们与新闻、舆论、信息等的距离。由此，当前意识形态领域的工作亟须认清传播方式改变带来的机遇和挑战，塑造风清气正的网络生态环境。

党的十八大以来，我们党高度重视网络生态环境的建设与完善，坚持围绕人民和服务人民的宗旨，乘势而上追赶大数据时代、5G时代、移动互联时代的步伐，给予政策、资金、技术、人才等方面的支持，开发和创新新兴媒体平台，以此打造既风清气正又极具创新力的网络生态环境，合理、安全、科学地拉近人与人、人与信息、人与外界的距离，从而为国家意识形态工作带来崭新气象，真正地发挥出网络空间的战地作用，在潜移默化中涵养文明之风，筑牢我国意识形态防线。

---

① 习近平：《毫不动摇坚持和加强党的全面领导》，载《求是》第18期。

②《习近平谈治国理政》（第三卷），外文出版社2020年版，第318页。

第二节

积极践行社会主义核心价值观

核心价值观是一个民族赖以维系的精神纽带，是一个国家共同的思想道德基础。在新时代背景下，积极践行社会主义核心价值观是建设文化强国的关键步骤，它在聚力、凝心、铸魂、强基等方面发挥着不可替代的作用，正如党的二十大报告所强调的，社会主义核心价值观是凝聚人心、汇聚民力的强大力量。由此，践行社会主义核心价值观在建设文化强国进而以中国式现代化推动中华民族伟大复兴的历史进程中具有重要意义。

一、把握社会主义核心价值观的理论本质

从历史和现实层面考察，社会主义核心价值观作为当代中国马克思主义、21世纪马克思主义的重要理论成果和实践成果，是对马克思主义核心价值观的中国化时代化，是对中华优秀传统文化的弘扬和传承，为实现国家各方面的发展提供了精神支撑，蕴含深厚的理论性、价值性、现实性。

在新时代背景下，积极践行社会主义核心价值观需要牢牢把握社会主义核心价值观的本质，这是引领全党全军全国各族人民更好地学

懂弄通做实社会主义核心价值观的必要前提。把握社会主义核心价值观的理论本质，即从理论基础层面培育和践行社会主义核心价值观，一方面，要从人的自由全面发展理论中厘清社会主义核心价值观的理论本质，把握社会主义核心价值观的人民立场和发展人民的视角；另一方面，要明确公平正义理论是社会主义核心价值观的理论内核，而公平正义也恰恰是积极践行社会主义核心价值观所要追寻的价值目标。同时，社会主义核心价值观对公平正义理论的汲取，也诠释了社会主义核心价值观作为中国式现代化的重要产物，是先进的、高级的，也是具有中国特色和中国气魄的。此外，要明确马克思主义理论是社会主义核心价值观的理论根基，要明晰没有科学的马克思主义理论，就不会有具体、全面的社会主义核心价值观。

二、把握社会主义核心价值观的文化素养

社会主义核心价值观作为人类文明发展的高级产物，葆有高度的文化自信和文化自觉，以此形成独具中国特色的文化素养。这种文化素养得益于对中华优秀传统文化的继承与创新，同时借鉴和汲取了世界优秀文化成果。由此，积极践行社会主义核心价值观，需要把握社会主义核心价值的文化素养。

把握社会主义核心价值观文化素养，需要传承中华优秀传统文化。习近平总书记强调，"优秀传统文化是一个国家、一个民族传承和发展的根本，如果丢掉了，就割断了精神命脉"，并提出对待中华优秀传统文化要"在继承中发展，在发展中继承"。[①]社会主义核心价值观深刻彰显了中华优秀传统文化的底蕴和魅力，对社会主义核心

①《习近平谈治国理政》（第二卷），外文出版社2017年版，第313页。

价值观的积极践行，要从中华优秀传统文化中汲取历史经验和精神滋养，要传承好、弘扬好、转化好世世代代中国人民积淀而成的文化精髓，使治国理政、安邦兴国、处世为人等传统文化精髓能够为培育和践行社会主义核心价值观提供精神力量。同时，把握社会主义核心价值观文化素养，还需要科学、合理地对待和借鉴全人类优秀文化成果和文明成果。社会主义核心价值观孕育于中国式现代化的诞生过程之中，因此葆有各美其美、美人之美、美美与共、天下大同的文明意旨，始终秉持文明在互鉴中发展、价值观念在交流中减少冲突的价值立场。由此，在新时代把握社会主义核心价值观的文化素养，必须看到人类文明、人类价值、人类利益、人类责任的融合共通之处，积极借鉴人类优秀文化思想精髓，以此为中国的发展、世界的发展、全人类的发展持续提供中国方案、贡献中国智慧。

三、把握社会主义核心价值观的现实基础

在中华民族伟大复兴战略全局和世界百年未有之大变局相互交织、相互激荡的时代背景下，培育和践行社会主义核心价值观必须立足现实，即明确在新的历史阶段和奋斗历程中，积极践行社会主义核心价值观必须要把握此阶段的现实基础。立足现实，有利于实现价值引领，在凝聚人民精神力量、满足人民对美好精神生活需要的同时，汇聚起实现中华民族伟大复兴的磅礴伟力。同时，把握好社会主义核心价值观的现实基础，能够更好地向全世界阐释中国核心理念，为构建人类命运共同体和弘扬全人类共同价值提供现实依据。

在把握现实基础的层面积极践行社会主义核心价值观，一方面，要认清和立足新时代我国主要矛盾，在推进经济、政治、文化、社会、生态领域协调发展及区域协调发展的过程中，解决好人民日益增

长的美好生活需要和不平衡不充分的发展之间的矛盾，帮助广大人民
群众实现自由全面发展，进一步激发培育和践行社会主义核心价值观
的现实意义。另一方面，要回答好弘扬全人类共同价值的现实问题。
社会主义核心价值观作为中国式现代化的重要产物，也是人类文明发
展演进的高级产物，它在中国历史、文化、地缘、制度等的发展过程
中所独具的"中国特色"的鲜明标识，表明其不仅能为中国发展、中
国人民发展提供精神支撑，也能为世界上有需要的国家提供中国智慧
和中国力量，还能号召全世界共同肩负全人类共同责任、正视全人类
共同利益、弘扬全人类共同价值，从而共同构建和谐、稳定、有序的
世界关系。

第三节

提高人民道德水准和文明素养

社会文明程度是衡量一个国家现代化水平的重要标准，而人民道德水准和文明素养说到底则决定着一个民族、一个国家的现代化进程能否行稳致远。党的二十大报告提出要提高全社会文明程度，习近平文化思想更是强调要坚持以社会主义核心价值观为引领，以道德建设为重点，着力提高全社会文明程度。这对于开启全面建设社会主义现代化国家新征程具有重要意义，是以中国式现代化推进中华民族伟大复兴的重要保证。

一、加强公民道德建设

中华民族是一个重视伦理道德的民族。在漫长的历史进程中，中华民族不断追求道德境界的提升，孕育了中华民族的宝贵精神品格，培育了中国人民的崇高价值追求，这些都是中华民族在文明长河中绵延不绝、不断发展的精神力量。由此，延续中华民族传统美德、接续中国共产党百年社会文明建设经验、承接新时代公民道德建设使命，是极具历史性、现实性、时代性的重大课题。

加强道德建设是提高人民道德水准和文明素养的基石。加强公民道德建设，一方面要注重发挥道德的教化作用，引导人民在日常的工作、学习、生活中有正确的道德标准，将个人的成长与发展同社会进步、民族兴旺、国家昌盛相结合，明辨是与非、善与恶、美与丑、荣与辱、公与私、义与利，形成完整正确的世界观、人生观、价值观，自觉处理好个人与自身、与集体、与社会的关系。另一方面，要注重弘扬中华传统美德，在不断从中汲取养分的同时注重守正创新，将源远流长的中华优秀传统文化中的道德教化资源与时代发展相融合、与人民需求相匹配，使其能够成为激发人民提升道德水准和文明素养的精神力量与内在支撑。此外，加强公民道德建设要特别关注对青少年群体的引导和栽培，要形成家庭、学校、社会的科学联动，在课本中、社会实践中、家庭教育中融入道德教育，引导青少年树立正确的社会道德观，将其培养成为德智体美劳全面发展的社会主义建设者和接班人。

二、培养新时代文明风貌

文明风尚、精神风貌、人文氛围是社会文明风貌的重要内容，是衡量社会文明程度高低的重要标准。培养新时代文明风貌，既要将社会文明的进步需求转化为内在的自觉追求，又要强调外在的规范，是个体与群体的相互配合，也是宏观统筹与具体实施的相互协调。因此，在新时代背景下，党和国家要做好培育时代新风新貌的具体工作；同时，全体人民要在党和国家的引领下做推进社会文明进步的践行者，为培养新时代文明风貌、提升全社会文明程度作出应有的贡献。

精神世界的丰富、道德水准的提升、文明风貌的培育，决定着如何走好新的"赶考之路"。可以说，培养新时代文明风貌是丰富人民群众精神世界的重要一环，更是建设社会主义文化强国的重要支撑。一直以来，以习近平同志为核心的党中央致力于提高全社会文明程度、培养新时代文明风貌，并在其中凸显人民至上的思想导向。在全面建设社会主义现代化国家的道路上，依然不能放松对社会文明风貌的培养，要在已取得的诸多理论和实践成果基础上，更加有效地开展群众性精神文明创建活动、加强农村精神文明建设，同时在全社会弘扬劳动精神、奋斗精神、奉献精神、创造精神、勤俭节约精神，加强国家科普能力建设、弘扬诚信文化等，从而更好地培养新时代文明风貌，以文化强国建设助推全面建设社会主义现代化国家。

三、发挥榜样示范作用

榜样力量不仅代表着一种崇高的个人品格，也是建设社会主义文化强国的重要精神力量。在我们党领导人民进行革命、建设、改革的各个历史时期，涌现出一大批视死如归的革命烈士、一大批顽强奋斗的英雄人物、一大批忘我奉献的先进模范，他们的先进事迹和崇高精神教育和激励了一代又一代人。

发挥榜样示范作用，不仅是自觉传承中华民族传统美德、中国共产党光荣传统的生动体现，而且是榜样力量作为展现中华文明悠久历史和人文底蕴的精神符号、作为人类优秀文明成果的集中展示，有着跨越时间、空间的开放性。特别是在我国向着全面建成社会主义现代化强国的第二个百年奋斗目标迈进的过程中，需要提升发挥榜样示范作用的主动性，使其为人民实现对美好生活的向往、为国家各项事业发展带来内在的热情与动力。进入新时代，我们党致力于发挥榜样示范作用同人民生活相适应、同社会发展相协调、同发展中国式现代化相配合，最大限度地发挥榜样的教育、感化、引领作用。站在全面建设社会主义现代化国家新的历史起点，我们要充分挖掘各行各业的模范与榜样，广泛开展宣传模范、学习榜样的相关活动；同时，还要在守正创新中传承与弘扬榜样精神，形成致敬时代楷模、传承榜样精神的良好社会风气和文化氛围。可以说，榜样的力量充分表现为一种在工作、学习、生活方面的"向上"，在理想、信念、价值方面的"向美"，在对待人与自身、人与社会、人与自然等关系时的"向善"，构成了中华民族精神谱系中的宝贵财富。由此，发挥新时代的榜样示范作用，要充分激发其在人们工作、学习、生活方面的激励指导作用，以及为国家经济、政治、文化、社会、生态等领域实现长足发展提供精神支撑；要更加注重引导全体人民以坚定的马克思主义信仰抵御意识形态风险，以厚重的仁爱互助理念推动构建和谐社会，以不屈不挠的奋斗精神走上伟大复兴的光明道路，以开拓创新的时代表达揭开国家发展的崭新篇章。

第四节

繁荣发展文化事业和文化产业

党的二十大报告从国家发展、民族复兴的高度，就繁荣发展文化事业和文化产业作出部署安排，习近平总书记对宣传思想文化工作的重要指示又明确强调了着力推动文化事业和文化产业繁荣发展的重要任务和目标，为在新的时代背景下做好文化工作提供了根本遵循。我们必须大力繁荣发展文化事业和文化产业，为经济社会发展赋能、为实现中华民族伟大复兴的中国梦聚力，并在此基础上，坚定文化自信、推进文化自强，发挥文化铸魂、文化赋能的重要作用。

一、坚持以人民为中心的创作导向

文艺事业是党和人民的重要事业。坚持以人民为中心的创作导向，即站定人民立场，推出更多增强人民精神力量的优秀文化作品，更好地满足人民日益增长的美好生活需要、更好地弘扬中国精神。我们必须把文艺工作同国家前途、民族命运、人民愿望紧密结合起来，更好地发挥其助推全面建设社会主义现代化国家的重要作用。

坚持以人民为中心的创作导向，是坚持"人民至上"的生动体现，这要求我们坚守为人民服务的初心、践行为人民谋幸福的使命，将人民作为主体、作为衡量的尺度，从而使文艺创作的过程是有"人情味"的，文艺成果是得民心的。这对文艺工作者提出了更高的要求，要求文艺工作者群体在坚定政治立场、坚定文化自信自觉的基础上，从人民群众的主体出发、从日常生活出发，将源远流长的中华优秀传统文化、宏大辉煌的红色文化、科学合理的先进文化的历史、脉络、内涵、特色等重要元素传递给广大人民群众，让广大人民群众在看到、感知到中华民族伟大复兴的宏伟脉络的同时，找到属于每一个人的"影子"，真正地发挥文化发展为了人民、文化发展依靠人民、文化成果惠及人民的重要作用，并以此督促广大文艺工作者把崇德尚艺作为一生的功课。

二、健全现代公共文化服务体系

健全现代公共文化服务体系是新时代增强文化自信自觉、塑造良好文明风尚、丰富人民群众精神世界的关键之举。党的十八大以来，以习近平同志为核心的党中央明确提出提升公共文化服务水平的要求，习近平总书记多次强调，要加快构建现代公共文化服务体系，促进基本公共文化服务标准化均等化。[1]在习近平总书记的坚强领导下，与之相关的法律法规得以颁布和实施，与之配套的公共文化服务网络也日趋完善，在这样的保护和保障下，新时代的公共文化服务体系建设取得重大进展、取得显著成果。

党的二十大报告提出，要实施国家文化数字化战略，健全现代公共文化服务体系，创新实施文化惠民工程。这在指导方法和实践路径

---

[1] 中共中央文献研究室编：《习近平关于社会主义文化建设论述摘编》，中央文献出版社2017年版，第189页。

上为我们未来强化现代公共文化服务体系建设提供了指引。一方面，我们要在坚持党和政府主导的前提下，大力发挥社会各界的共同合力，在相互帮助、相互促进中，使公共文化服务体系呈现一体化趋势，使社会各领域、各方面、各层级的智慧和能力得到充分涌流，更大程度地为广大人民群众提供更高质量、更有效率、更加公平、更可持续的公共文化服务。另一方面，我们需要在推进公共文化服务标准化均等化等方面下功夫、下力气，推进区域协调发展，使公平、正义、合理、科学成为现代公共文化服务体系的鲜明标识。此外，提升公共文化服务的质量是重中之重，这是对强化现代公共文化服务体系建设的一项重大考验。具体地说，我们需要明确新时代公共文化服务体系建设的新定位新要求新目标，精准地、科学地、有指向地开展公共文化服务，在此基础上，需要辅以创新和科技的力量，如通过丰富数字文化资源、拓展智慧公共文化服务应用等方式提升公共文化服务数字化水平，更好地打造中国式现代化视域下的公共文化服务体系。

三、健全现代文化产业体系和文化市场体系

党的十八大以来，以习近平同志为核心的党中央高度重视文化产业发展，强调要推动文化产业高质量发展，健全现代文化产业体系和市场体系，推动各类文化市场主体发展壮大，培育新型文化业态和文化消费模式，以高质量文化供给增强人们的文化获得感、幸福感。

党的二十大报告提出，要健全现代文化产业体系和市场体系，实施重大文化产业项目带动战略。这一重大部署，体现了党和国家在新时代、新方位、新阶段推进文化自信自强、推动中国特色社会主义文化建设的信心和决心，是应时应势作出的新战略、新部署、新要求。在新的历史方位下，我们要全面研判新发展阶段，完整、准确、全面

地贯彻新发展理念，将创新的理念融入现代文化产业体系和文化市场体系建设之中，同时顺应数字产业化和产业数字化发展趋势。要在多方面、多领域的共同发力下，做大做强重大文化产业项目，全面优化文化产业结构，打造合理有序的文化市场体系，以此打造新时代文化产业体系和文化市场体系，使其成为增强文化自信、文化自觉的真实载体。当今时代是5G网络、大数据、人工智能的时代，在这一时代背景下，我们要追踪时代、瞄准时代、回应时代，使诞生于中国式现代化之中的中国文化产业体系和文化市场体系能够持续发展、有效发展、永续发展，使人民群众能够在满足物质需要的基础上丰富精神世界，打造出具有中国特色、中国气质、中国品格的文化产业体系和市场体系。

四、深化文化领域体制机制改革

深化文化体制机制改革，是解放和发展文化生产力、推进文化领域治理体系和治理能力现代化的重要途径。习近平总书记多次强调，要坚定不移将文化体制改革引向深入，不断激发文化创新创造活力。①《深化文化体制改革实施方案》《关于深化国有文艺院团改革的意见》《关于推动国有文化企业把社会效益放在首位、实现社会效益和经济效益相统一的指导意见》等政策文件，推动文化领域体制机制改革不断深入，具有"四梁八柱"性质的文化发展主体框架基本确立。

---

① 《习近平在全国宣传思想工作会议上强调　举旗帜聚民心育新人兴文化展形象　更好完成新形势下宣传思想工作使命任务》，载《人民日报》2018年8月23日。

党的二十大报告提出，要坚持把社会效益放在首位、社会效益和经济效益相统一，深化文化体制改革，完善文化经济政策。可以说，这一项重大部署是新时代推进文化自信自强的重要支撑，表现出一种强大的驱动作用。我们要将视线聚焦到事关文化领域为何能够实现、何以实现高质量发展的问题上来，全力击破其中的体制、机制、政策、制度等重点难点问题，并将其进行到底。建设社会主义文化强国，进而以中国式现代化推进中华民族伟大复兴，需要我们明确文化领域体制机制改革亟须破除的障碍，需要在政策调节、市场监管、社会管理、优化营商环境等方面下力气、下决心。具体地说，要坚决维护党和国家对文化领域体制机制改革的引领，在此前提下，将充分激发社会活力、完善文化产业管理方式、构建公正合理的文化产业氛围作为中心任务，推进文化领域体制机制改革，进而完善以高质量发展为导向的文化经济政策，为文化改革发展提供坚强保障，为增进文化自信自强、坚定文化自觉、提升志气骨气底气提供外在动力支持。

五、加快建设体育强国

体育是文化的重要组成部分，也是展示一个国家文化特色、民族性格和精神面貌的重要窗口。文化繁荣离不开体育兴盛，发展体育事业、壮大体育产业对于满足人民对美好生活的需要有着重要意义。建设体育强国是中国式现代化不可或缺的一部分，推进中国式现代化必须依靠体育强国的支撑，推动实现体育高质量发展是体育强国建设的根本要求。加快建设体育强国，不断提高人民的健康水平，促进人的全面发展，满足人民群众对于美好生活的向往，为实现社会主义现代化添砖加瓦。

党的二十大报告再次吹响"加快建设体育强国"的时代号角，明确了新征程上以中国式现代化推进体育事业高质量发展的目标和任务，为体育强国建设指明了方向。要在党的领导下坚持以中国式现代化引领体育强国建设，统筹推进体育事业各领域全面协调发展。我们要着眼于中国体育事业的实际情况，走中国特色社会主义体育强国之路，深度挖掘体育强国建设的历史价值和复杂规律，坚持以问题为导向进行体育强国建设的理论创新、制度创新和路径创新。同时，必须以新发展理念引领体育事业高质量发展，将高质量发展贯穿体育强国建设的始终，坚持站在体育强国的理论和实践前沿，广泛开展全民健身活动，不断厚植群众体育基础，不断提升竞技体育竞争力，夯实青少年体育根基，加快实现体育强国建设目标。在体育兴盛和文化繁荣交相辉映的基础上，我国文化自信自强必将不断增强，我国文化在全世界的感染力和影响力必将日益扩大。

增强中华文明传播力和影响力

中华文明有着5000多年的发展史，其根基之牢固、蕴藏之丰富、规模之宏大、影响之深远，是中国人民和中华民族在漫长历史进程中之所以能够扭转命运、取得今天伟大成就的坚强支撑。党的十八大以来，习近平总书记始终高度重视弘扬中华文明，坚持以增强中华文明传播力和影响力砥砺民族之魂魄，引领中国人民在建设中华民族现代文明的伟大进程中阔步前进。

一、坚持讲好中国故事

讲好中国故事，传播好中国声音，展示真实、立体、全面的中国，是加强我国国际传播能力建设的重要任务。在推进文化自信自强方面，讲好中国故事既是增强中华文明传播力和影响力的重要载体，又是当前乃至未来党和国家推进文化强国建设的重要任务。

中国故事不仅仅代表着中华优秀传统文化、革命文化和社会主义先进文化，而且是中国共产党带领中国人民推进中华民族伟大复兴历史进程的光辉记录，更是中国经济、政治、文化、社会、生态各领域蓬勃发展的真实写照。因此，坚持讲好中国故事对于增强中华文明传播力和影响力、加强国际传播能力建设、推进文化自信自强具有重大战略意义。党的十八大以来，党和国家不断加强我国国际传播能力，其中包括传播内容、传播方式、传播理念等的创新，致力于正面输出我国的历史、文化、地缘等具有中国特色的内容，同时注重做好对中国共产党的宣传阐释、对中国价值观和理想信念的合理表达、对构建人类命运共同体的致力追求，在加强国家传播能力建设的过程中讲好中国故事，不断增强中华文明传播力和影响力，增强做中国人的志气、骨气、底气。

二、提升国际话语权

从"文明蒙尘"到重见曙光，中国共产党领导中国人民实现了中国式现代化的觉醒与超越，创造了在"一穷二白"的基础上起步，不断地打开新视野、开创新局面、取得新成果的伟大奇迹，创造了中国式现代化新道路，创造了人类文明新形态。可以说，中国共产党带领中国人民用中国理论阐释中国实践，用中国实践升华中国理论。提升我国国际话语权、展现中华民族独特的精神标识越来越成为增强中华文明传播力和影响力、改变西强我弱的国际舆论格局，进而为改革发展稳定营造有力外部舆论环境的关键举措。

当今世界已进入百年未有之大变局，在这样的时代背景下，加快构建我国话语体系和叙事体系至关重要。党的十八大以来，我们大力推动国际传播守正创新，积极推动中华文化"走出去"，在国际话语体系中展现鲜明中国特色、中国情怀、中国境界，使中华文明所具有的人民性、独立性、开创性得以传承和创新，以此形成"中国历史"的中国话语和叙事体系。同时，面对复杂的国际舆论环境，党和国家在话语和叙事体系建构上，始终致力于打造符合自身历史、文化、国情的新概念、新范畴、新表述，使我们的国际话语和叙事体系的建构能够与我国综合国力和国际地位相匹配，为提升全党全军全国各族人民文化自信自强提供强有力的外部支撑，为以中国式现代化推进中华民族伟大复兴的历史伟业营造有利外部舆论环境。

三、推动文明交流互鉴

在中华文明浩然正气中孕育形成的中国式现代化，是在世界范围内为弘扬全人类共同价值、维护全人类共同利益、解决全人类共同难题发出的中国声音、给出的中国答案，其中蕴含着中华文明中的"和合"理念、人民至上情怀、万物共生原则等，为世界各国人民奔赴更加光明美好的未来指引了方向，而且真正地站在真理和道义的制高点上擘画出人类社会发展的路线图。

党的十八大以来，以习近平同志为核心的党中央推动构建人类命运共同体，将推动文明交流互鉴作为增强中华文明传播力和影响力的重要途径。可以说，人类社会和人类文明正是伴随着思想、文化、技术、资源等的不断传播和互动得以发展与进步的。推动构建人类命运共同体作为增强中华文明传播力和影响力的重要途径、遵从世界文明的统一性发展趋势的关键环节，不仅仅彰显着中国智慧，而且也是一种"中国选择"。新时代以来，这一项彰显中华文明的天下观和道德观的"中国选择"，正在以大视野、大胸怀、大谋略为全人类发展锚定未来方向，以一种全新的、合理的、科学的价值理念影响文明交会方式，回答了当今时代对中国向何处去、发展中国家向何处去、社会主义向何处去、人类向何处去的追问，重启人类文明发展的光明前景；同时，这项"中国选择"，也在推动文明交流互鉴的过程中，为推动中华文化"走出去"提供了重要载体，增强了中华文明传播力影响力，为推进文化强国建设、推进文化自信自强提供支撑。

📖 **延伸阅读**

国家级文化产业示范园区
——衢州儒学文化产业园*

　　浙江衢州是孔氏的第二故乡，也是儒学文化的江南传播中心。古往今来，衢州素有"东南阙里、南孔圣地"之美誉。近年来，衢州着力打造"南孔圣地·衢州有礼"城市品牌，将儒学文化内涵进一步渗透进城市形象中。

　　2011年，衢州市决定以文化产业发展为基石，以"南孔文化"为灵魂，通过整合优势资源，设立衢州儒学文化产业园（以下简称"园区"）。短短的十余年间，该园区入选国家级文化产业示范园区，成为新命名的15家园区中唯一一个以儒学文化为主题的园区，而且特色明显、内涵丰富，可谓实至名归。

　　自北宋末年孔子嫡裔衍圣公孔端友带领曲阜大宗南迁以来，衢州便成为孔氏南宗圣地和江南的儒学重镇。依托丰厚的历史文化底蕴，衢州现有登记不可移动文物7926处，其中全国重点文保单位16处，省级文保单位104处，这些文化资源多数位于该园区内，为其产业发展提供了坚实基础。

　　先天优势外还有努力加持。衢州每年都会举办祭孔大典、南孔文化季等一系列具有国际影响力的公共文化活动，吸引来自世界各地的专家、学者在衢州纵论中华传统文化。中国儒学馆积极与衢州市学校、社区、单位工会合作，建立思政实践教学基地，开展拓展

---

　　* 参见《国家级文化产业示范园区 | "南孔圣地"十年为功，衢州以现代科技活化千年儒学》，文旅中国官方账号，2023年5月16日。编者对内容有所修改。

性课程，南孔文化以更亲民的面貌走进每一个人的生活中。在此基础上，园区大力打造以儒学文化为重点的研学教育产业链、生态圈，开发具有儒学文化内涵的研学教育产品。

除研学产业外，衢州通过业态创新、技术应用、融合发展等路径，形成了一批特色鲜明的文化产业，初步构建了紧密合作的产业链条。目前，园区在以根雕、陶瓷、奇石为核心的三大工艺美术产业集群发展外，注重以南孔文化为主题进行创作与生产。

为吸引文化企业，园区专门成立了文化企业招商工作组，围绕园区文化旅游、数字文化、工艺美术、研学教育等主导文化业态，形成4个产业招商工作小组，着重负责开展产业链招商和重点企业敲门招商并负责项目及企业落地服务。

随着"互联网＋""数字＋"与文旅产业深度融合，园区探索网络文化IP引领产业发展模式，在沉浸式文化旅游、网络直播、研学教育等新领域重点发力，依托南孔文化，引入前沿科技，打造了天王塔沉浸式艺术馆、沉浸式剧院等"网红打卡地"，并通过创意元素植入，不断在工艺美术品、文化旅游体验产品等方面推陈出新。

未来，园区将在成功创建国家级文化产业示范园区的基础上，持续增强经济社会效益，加强优质文化企业的引进和培育，加快推进重大文化产业项目的建成与投入运营，并在全国范围内对依托传统文化资源建设发展中国式现代化文化产业园区发挥示范引领作用。

第六章

提高人民
生活品质

江山就是人民，人民就是江山。中国共产党领导人民打江山、守江山，守的是人民的心。守民心，守的就是人民对美好生活的那份向往。让老百姓过上好日子是我们一切工作的出发点和落脚点，要补齐民生保障短板、着力解决好人民群众急难愁盼问题。

治国有常，利民为本。党的二十大报告提出，要增进民生福祉，提高人民生活品质。为民造福是立党为公、执政为民的本质要求。中国共产党的百年奋斗史就是一部为民造福史。中国共产党始终把为民办事、为民造福作为最重要的政绩，把为老百姓办了多少好事实事作为检验政绩的重要标准。党的十八大以来，我国工资收入分配制度改革稳步推进，城镇就业规模持续扩大，就业结构不断优化，建成了世界上规模最大、功能完备的社会保障体系，卫生健康事业取得了重大发展，以人民为中心的发展思想深入人心，人民生活水平不断提高，人民群众的获得感、幸福感、安全感更加充实、更有保障、更可持续。

我们要实现好、维护好、发展好最广大人民根本利益，紧紧抓住人民群众最关心最直接最现实的利益问题，坚持尽力而为、量力而行，深入群众、深入基层，采取更多惠民生、暖民心举措，着力解决好人民群众急难愁盼问题，切实办好民生实事，健全基本公共服务体系，提高公共服务水平，增强均衡性和可及性，扎实推进共同富裕，在发展中保障和改善民生，鼓励共同奋斗创造美好生活，不断实现人民对美好生活的向往。为此，特别需要不遗余力在收入分配、就业战略、社会保障、健康中国四个方面下足功夫。

完善分配制度

分配制度是促进共同富裕的基础性制度，也是提高人民生活品质的重要保障。谈及共同富裕，一个"共"字彰显了收入分配制度的核心与精髓，即绝不是简单的平均主义，更不是按照全体人口规模的绝对平均分配，而是要坚持按劳分配为主体、多种分配方式并存，构建初次分配、再分配、第三次分配协调配套的制度体系。也就是，要统筹好"做大蛋糕"与"切好蛋糕"这两个在社会再生产中紧密联系的对立统一关系，从而整体推进经济的高质量发展。

一、坚持按劳分配为主体、多种分配方式并存的分配制度

社会主义初级阶段的所有制结构决定了我国实行按劳分配为主体、多种分配方式并存的收入分配制度。社会主义的分配制度由社会主义的所有制决定，二者是内生自洽的。一方面，实行按劳分配，即在社会主义条件下，生产资料公有制实现了人们在生产资料占有上的平等关系，每一个劳动者按照其提供给社会的劳动数量和质量来获得个人报酬。只有坚持按劳分配的主体地位，才能保证公有制主体地位

的最终实现和社会主义基本经济制度的社会主义性质，保证人们相互之间在平等的经济关系基础上建立和谐的经济利益关系，保证向共同富裕这一目标前进。另一方面，公有制实现形式的多样化也决定了分配形式的多样化。发展社会主义市场经济，必须遵循市场经济的规律，各种生产要素（劳动力、土地、资本、管理等）都要有相应的市场评价，这些生产要素的所有者都应得到相应的收入。此外，市场经济中还有风险收入以及通过社会保障获得的收入等。所有这一切，都是社会主义市场经济体制的内在要求。总之，社会主义初级阶段以按劳分配为主体、多种分配方式并存，是多种所有制经济、多种经营方式、市场经济运行的内在机制等诸多因素共同作用的结果。

在实践过程中，若仅实行按劳分配，就会由于无法调动资本、技术等生产要素拥有者的积极性而妨碍生产力的解放和发展。因此，实践要求我们，除了以按劳分配为主体，还需要多种分配方式的并存。只有这样，才能充分调动全社会资源，为社会主义市场经济贡献全部力量。实行这一分配制度，必须坚持按劳分配为主体，资本、技术和管理等生产要素参与分配的原则，处理好资本所得和劳动所得的关系，既要反对平均主义，又要防止收入差距过大，坚持保护合法收入、调节过高收入、取缔非法收入，坚持鼓励先富帮助后富，最终实现全社会共同富裕，使全体人民共享发展成果。

二、提高劳动报酬在初次分配中的比重

初次分配是通过市场机制实现的，劳动、资本等生产要素通过各自贡献获得相应报酬，是最基本、最重要的分配环节，提高劳动报酬在其中的比重关乎收入分配的合理性和劳动价值的充分体现。要持续构建体现效率、促进公平的收入分配体系，一是不断提高居民收入在

国民收入分配中的比重。通过增加劳动者收入，支持扩大服务业、中小微企业、劳动密集型企业等就业空间，扩大就业和提高就业质量。稳定新就业形态、促进灵活就业人员就业增收，突出抓好高校毕业生、农民工等重点群体的就业。二是提高劳动报酬在初次分配中的比重。抵制重资本、轻劳动现象，增加劳动者特别是一线劳动者的劳动报酬，健全劳动者工资决定、合理增长和支付保障机制，健全最低工资标准调整机制，同时完善农民工欠薪治理长效机制。三是增强对劳动者的教育与培训。一般情况下，普通劳动者不具备对自己进行人力资本投资的能力，需要大力发展职业教育，放宽对高等教育、社会办学的限制，鼓励和规范社会力量兴办教育，以培养更多的高素质劳动者和高技能专门人才。与此同时，政府应加大对普通劳动者进行职业培训的投资力度，建立全方位培训联合体系，使劳动者能够不断实现就业和再就业，稳定、优化自己的就业，从而不断提升劳动收入。

三、完善按要素分配政策制度

社会主义初级阶段，按劳分配和按生产要素分配并存，这不是一种随意的制度安排，而是由所有制与其经济利益实现形式之间的内在联系决定的。实行劳动、资本、土地、知识、技术、管理、数据等生产要素由市场评价贡献、按贡献决定报酬的机制，有利于促进生产要素市场的发育与完善。在社会主义市场经济条件下，要充分发挥市场对资源配置的决定性作用，关键是要充分发挥劳动、资本、技术等各种生产要素市场的决定性作用，只有这样，才能促进生产要素平等地参与收入分配。另外，生产要素按贡献大小参与分配是以市场机制为基础，以追求效益为目标，能够激发不同生产要素所有者追求高效率的热情，极大地调动各方面的积极性，从而在更短的时间内创造出更多的财富，为实现共同富裕奠定坚实的基础。

健全各生产要素由市场决定报酬的机制，激发一切要素活力。一是要拓宽财产性收入渠道。不断探索农村集体经济收益分配向当地低收入困难群体倾斜的制度。坚持以农村土地、金融资产为切口，探索利用土地、资本等要素的使用权和收益权等方式提高中低收入群众的要素收入，进而不断拓宽城乡居民财产性收入渠道。深化农村土地制度改革，赋予农民更加充分的财产权益。二是要完善知识、技术要素价格形成机制。进一步规范技术要素定价和产权保护，鼓励符合条件的企业充分利用股权、期权等工具，对科研人员等核心人才进行有效激励。完善职务科技成果转化激励政策，健全科研人员职务发明成果权益分享机制，进一步激发科研人员积极性、主动性和创造性。三是要构建数据要素收益分配机制。随着公共信息内容和访问用户量的不断增长，需要完善相关公共信息开放共享和安全管理办法等，有效促进数据资源配置效率的提升，探索建立合理分配数据要素收益的方法制度，从而推动数字红利共享。

四、突出再分配的福利效应

再分配是指国家在初次分配的基础上，通过财政税收、社会保障等手段对物质财富进行再次调整，从而实现现金或实物在不同群体或区域之间转移的过程。合理的政府再分配政策有助于促进社会公正，并为社会长期稳定、经济持续发展营造良好的社会环境。再分配通过国家权力保障公民基本生存，增强公民抵御社会风险的能力，提升公民的生活质量，既具有保障功能，又具有福利功能，是优化社会分配结构的重要途径。我国的再分配制度充分发挥了其保障效用，解决了十几亿人民的生存保障问题，消除了绝对贫困，这是人类反贫困历史上的一个重大突破，充分证明了我国再分配制度的有效性与科学性。但是，我国再分配过程中依然存在税收调节力度不足、财政转移支付不精准的问题。与发达国家相比，我国社会保障和福利开支占国内生产总值的比重较低，再分配改善国民收入差距的功能也相对有限。此外，虽然有限的社会保障和福利支出多用于解决公民生存与贫困问题，但"重保障，轻福利"的特点仍然十分明显。针对上述问题，我国再分配政策正经历由解决基本生存问题到提升人民幸福感、获得感和安全感的转型。我们的共同富裕目标更加关注再分配的福利效应，要求提升社会整体福利水平，加大税收、社会保障以及转移支付等的调节力度，积极发展普惠型社会福利体系，促进基本公共服务均等化，大力建设社会福利设施，提高社会保险待遇给付标准，同时多渠道增加城乡居民财产性收入，让人民生活更加美好、富足。

五、引导支持有意愿的主体参与公益慈善事业

第三次分配通过慈善、捐赠等方式进行社会救济和社会互助，有利于改善分配结构，是缩小收入差距、实现共同富裕的有益补充。客观地讲，当前我国慈善和捐赠虽然热情日益高涨，但规模与经济总量尚不匹配。构建和完善第三次分配制度，积极引导支持有意愿的主体参与公益慈善事业，有赖于良好社会氛围的营造以及鼓励慈善事业发展的政策体系构建。

一是要健全完善鼓励第三次分配的相关规定。鼓励支持大型企业、高收入人群和中等收入群体、普通人的捐赠和志愿服务热情，扩大慈善事业群众基础；通过在金融、税收、用地、慈善信托等方面给予慈善捐赠主体相应的优惠政策，有效激发市场主体参与慈善捐赠活动的积极性和主动性。二是要建立健全第三次分配的约束机制。制定

分配正义导向的第三次分配主体社会信用规则和公益慈善行业自律规则，明确公益慈善行业从业者职业行为规范、志愿者行为标准和公益慈善组织等级评估标准等，完善慈善财产使用与分配约束机制，完善由政府或第三方机构对慈善组织或受托人的慈善财产使用效益与分配合理性进行的评估，规范慈善财产分配等。三是要完善公益慈善事业政策法规体系，营造慈善事业发展的社会文化环境，加快慈善事业健康发展。大力扶持社会慈善力量，对从事公益性或非营利性活动的非营利组织予以免税；要执行好《中华人民共和国慈善法》《中华人民共和国公益事业捐赠法》《中华人民共和国红十字会法》《中华人民共和国民法典》《社会团体登记管理条例》《基金会管理条例》等，推进相关立法修法工作，不断规范慈善领域法治环境；增强全社会慈善意识。要弘扬中华民族乐善好施、守望相助的优秀传统文化，大力倡导向上向善、关爱社会，努力打造社会各界崇善行善的良好风气。

实施就业优先战略

就业问题对任何一个国家来说都是头等大事，在某种程度上，就业问题就是饭碗问题，饭碗问题解决不好，社会就会滋生不稳定因素。我国有14亿多人口、9亿多劳动力，解决好就业问题，始终是经济社会发展的一项重大任务。党的二十大报告明确提出，要实施就业优先战略。这为劳动者端好"饭碗"注入了强大力量，也为在新征程上进一步做好就业工作指明了前进方向。实施就业优先战略，必须强化就业优先政策，促进高质量就业，健全终身职业技能培训制度。

一、强化就业优先政策

将就业置于经济社会发展的优先位置，让人们能就业、就好业，这与我们党执政为民的理念是高度一致的，充分彰显了我们党以人民为中心的发展思想。各部门、各地区都要贯彻落实好就业优先政策，健全就业公共服务体系，完善重点群体就业支持体系，形成促进高质量就业的强大合力。

坚持就业优先政策。千方百计扩大就业，切实把就业指标作为宏观调控取向调整的依据，及时提供财政、金融、投资、消费、产业等政策支持。经济稳，就业就稳，要坚持经济发展就业导向，不断扩大就业容量。加强各方面宏观政策支持就业的导向，加快落实退税减税降费、缓缴社保费等助企纾困政策，给市场主体提供更多支持以稳定就业岗位。通过阶段性免除经济困难高校毕业生国家助学贷款利息，减轻毕业生负担；通过推进创新创业创造、新型城镇化和乡村振兴战略实施，增加更多就业岗位，稳定就业；促进新经济发展，释放新产业新业态促就业潜力，以催生新岗位新职业；对新业态灵活就业人员给予政策支持和保障。

健全就业公共服务体系。就业公共服务体系的建立健全对于我国实施就业、失业管理和落实就业政策具有重要意义。党的十八大以来，我国就业公共服务体系逐渐得到完善健全，我国就业态势呈现明显向好趋势，但仍然存在均等化不足、信息化不强、精准化不够等问题。针对新形势新任务新要求，要持续打造覆盖全民、贯穿全程、辐射全域、便捷高效的全方位就业公共服务体系。一是要完善公共就业服务制度。要推进基本服务均等化，突破体制、部门、地域等限制，全面提升城乡公共服务能力，以缩小公共就业服务水平和质量在不同区域之间的差距。二是要促进就业信息和数据互通共享。要建立全国统一信息系统，强化信息共享，加快推进信息数据互联互通，实现供求双方即时匹配、智能匹配。注意推进重点群体服务精准化，根据不同劳动者的自身条件和服务需求，以精准识别、精细分类、专业指导为原则，提高对重点群体服务的精准性。三是要推进服务主体多元化，鼓励引导更多社会力量广泛深入参与就业服务，探索建立志愿队伍，如创业指导、就业指导等志愿者团队，为劳动者提供多渠道、专业化服务，全面提升服务水平。

完善重点群体就业支持体系。稳住了重点群体，就稳住了就业基本盘。加强对困难群体的兜底扶持，就是要聚焦高校毕业生、农民工等重点群体，坚持市场化社会化就业与政府帮扶相结合，促进多渠道就业创业。一是做好高校毕业生等青年就业工作。今后一个时期，我国高校毕业生仍是高存量、高膨胀状态。在创造更多适合毕业生的创新技术型就业岗位的同时，要引导大学生树立正确的就业观；在优化供给上下功夫，增强毕业生适应市场和企业实际需要的能力；集中开展专项活动，对离校未就业高校毕业生开展实名制帮扶，健全困难高校毕业生就业援助机制，帮助毕业生更好择业、更快就业。二是积极促进农民工就业。农民工是我国产业工人的主体，是国家现代化建设的重要力量。要做好新时代农民工工作，完善农民工权益保障强化工程；积极发挥工会的职能作用，帮助农民工解决实际困难；加强跨区域劳务协作，引导农民工有序外出求职就业。三是扎实做好退役军人就业工作。增强职业技能培训实效性，给予政策支持，提升退役军人就业能力。四是健全困难群体就业援助制度。建立失业登记、职业介绍、职业培训等联动机制，并有针对性地提供"不断线"服务，拓宽并畅通失业人员求助渠道，促进失业人员尽快实现就业。

二、促进高质量就业

高质量就业体系是激发劳动者劳动积极性，通过诚实劳动创造财富，获得公平报酬，以及扩大中等收入群体的关键所在，也是扎实推进共同富裕的关键渠道。在"十四五"乃至更长一段时期内，高质量发展仍是我国经济社会发展的主要方向，要坚持以高质量发展促进高质量就业，并在保障劳动力市场稳定及弹性的前提下健全人力资本体系，从而实现高质量就业的稳步推进。

强化经济发展的就业导向。发展是解决问题的根本，要促进经济发展与扩大就业的良性循环。党的二十大报告指出，"高质量发展是全面建设社会主义现代化国家的首要任务"，"必须完整、准确、全面贯彻新发展理念，坚持社会主义市场经济改革方向，坚持高水平对外开放，加快构建以国内大循环为主体、国内国际双循环相互促进的新发展格局"。必须坚持以推动高质量发展促进高质量就业，构建有利于扩大就业的现代化产业体系，培育和壮大新经济，发展新动能。加紧开发创造多元就业岗位，以更体面的工作、更高的工资水平、更全面的社会保障、更好的发展机会、更平衡的工作生活、更和谐的劳动关系等促进更高质量就业。

健全人力资本体系。在数字经济背景下，加大对人力资源的投入力度，是应对这一变化最有效的方法。要想解决结构性就业问题，就必须通过劳动力市场的供求双方的合作来实现。但是，从本质上说，还必须要对劳动力市场的供给侧进行改革，构建有利于提升人力资源水平和实现其优势转化的体制机制。一是要加大基础教育投入力度。增加基础教育投资，持续大力促进义务教育均衡发展，加大对欠发达地区人力资本的投入力度，不断缩小城乡和区域之间在人力资本水平上的差距。二是要不断推进教育体制改革、优化教育结构、提高教育质量，增强高等教育与职业教育对经济发展与劳动力市场变化的适应能力，提高创新人才特别是拔尖创新人才的培养水平，更好地促进以高校毕业生为主体的青年就业。加快推进职业教育改革，职业教育是提升低技能劳动者人力资本水平的最重要渠道。三是要坚持以市场需求为导向，深化职普融通、产教融合、校企合作，推动专业设置与社会需求、学习内容与职业标准、教学过程与生产过程的对接。切实提升普通劳动者特别是新生代农业转移人口的技能水平，并使职业教育贯通人的全部成长阶段。

保持劳动力市场的稳定及弹性。要进一步推进要素市场化配置改革，强化统一大市场建设，提高劳动力市场的灵活性，使市场在劳动要素配置中起到基础性和决定性作用。要持续推进户籍制度改革，统筹城乡就业政策体系，打破限制劳动力流动的体制和政策弊端，消除影响平等就业的不合理限制和就业歧视，畅通劳动者社会性流动渠道，使人人都有通过勤奋劳动实现自身发展的机会。当前，灵活就业人员的就业稳定性较低，要健全维护劳动者权益和利益的体制机制，持续推进相关劳动法律法规的修订工作，加强新就业形态劳动者权益保障，使包括其在内的灵活就业人员更好地享受改革发展成果，为实现全体人民共同富裕奠定更加坚实的基础。

三、健全终身职业技能培训制度

立足新时代，要实现我国技能人才规模持续壮大、素质大幅提高，使高技能人才数量、质量、结构与实现社会主义现代化的要求相适应，须进一步强化终身职业技能培训理念、丰富终身职业技能培训模式、健全终身职业技能培训制度，建设知识型、技能型、创新型劳动者大军。

强化终身职业技能培训理念，为技能人才高质量就业营造社会氛围。一方面，各级政府应充分发挥主导引领作用，注重新时代劳模精神、劳动精神、工匠精神的培育和职业道德的养成，将终身职业教育摆在促进经济社会发展的重要位置，并加大财政投入力度。另一方面，加大职业技能培训宣传力度，开展技能展示交流，宣传技艺传承成果，不断提升职业技能培训的吸引力，广泛宣传优秀技能人才先进事迹，大力弘扬劳动光荣、技能宝贵、创造伟大的时代风尚，营造劳动光荣的社会风尚和精益求精的敬业风气，树立技能就是财富、技工也是人才的鲜明导向，激励引导广大劳动者尤其是青年人树立正确的就业观、职业观、人才观，走技能成才、技能报国之路。

丰富终身职业技能培训模式，为技能人才高质量就业提供技术保障。职业技能培训是全面提升劳动者就业创业能力、解决结构性就业矛盾、提高就业质量的根本举措，是适应经济高质量发展、培育经济发展新动能、推进供给侧结构性改革的内在要求。一是大力推进智慧型技能人才培养模式。合理制定技能人才培养方案，以数字技术赋能技能人才发展；支持企业联合资本、技术、管理等要素探索智慧办学，根据技工操作流程设计教学内容，培养能够适应战略性新兴产业需求的高素质技能人才。二是广泛开展校企合作，推行校企双元主体育人、现代学徒制等培养模式。鼓励职业院校与企业、行业协会等共建技能人才培养基地，促进企业需求与职业教育深度融合，用"工学并举、理论实践并重"取代单纯的经验学习，培养知识结构合理的高素质技能人才。三是积极推广"互联网＋就业＋职业创新培训"模式。鼓励开展新产业、新技术、新业态培训，拓展专业性强、与产业衔接度高的线上职业培训资源，培养锐意创新的高素质技能人才。

建立终身职业技能培训制度，为技能人才高质量就业提供制度支持。终身职业技能培训制度，其突出特点就是"终身"，即职业技能培训要贯穿劳动者学习和职业生涯全过程。要聚焦"培训什么""谁来培训""怎么培训"，持续深化改革和探索，以满足我国高质量发展对人才培养的需求。一是推进职业技能培训市场化、社会化、多元化。优化整合政府、企业、社会等各类培训资源，健全培训资源共建共享机制，支持社会力量大力发展民办职业技能培训。鼓励支持各类社会团体发布行业人才需求、就业状况分析、培训指导等工作，不断提高培训市场化社会化供给能力和水平。二是大力推行职业技能评价取证。突出考证取证，加强职业技能等级认定机构建设。构建以行业为主体、以职业学校为基础、社会力量积极参与的高技能人才培养体系，加快建设与国家职业资格制度相衔接、与终身职业技能培训制度相适应、与各地区技能人才培养相匹配的技能等级评价体系，全面实行职业技能等级制度。三是改革优化职业技能培训内容。推动技能人才培养与制造业高质量发展、现代服务业培育壮大、全面推进乡村振兴等深度融合，加大产业紧缺技能人才、企业关键岗位技能人才培训力度，实现培训和使用一致、供给与需求匹配，不断提高技能培训质量。

第三节

健全社会保障体系

社会保障关乎人民最关心最直接最现实的利益问题，社会保障体系是提升人民生活品质的基本保障，社会保障体系的健全意味着人民与国家的鱼水关系得到巩固。满足人民日益增长的美好生活需要，扎实推动共同富裕，稳健国家运行，必须有针对性地解决新时代社会保障体系建设面临的突出问题，不断健全社会保障体系，促使社会保障制度走向成熟和定型，为广大人民群众提供更可靠更充分的保障。

一、构建多层次社会保障体系

党的十八大以来，中国特色社会主义进入新时代，必须时刻关注到我国社会主要矛盾已经转化为人民日益增长的美好生活需要和不平衡不充分的发展之间的矛盾这一客观事实，并根据这一变化不断完善已有的社会保障体系，进而不断推动经济社会发展朝着更高质量、更有效率、更加公平、更可持续的方向前进。

全面建成多层次社会保障体系，必须坚持问题导向，多措并举推动制度改革不断深化。政府负责或主导的法定基本保障是整个社会保障体系的主体构成，直接决定着市场或社会主导的其他保障层次的发展空间与功能定位。必须通过全面深化改革加快优化现行法定保障制度安排，为多层次社会保障体系的发展创造条件。同时，要厘清主体各方的责任边界和均衡各方的责任负担，明确各级政府责任边界（包括中央与地方的权责关系）和均衡各方责任负担。政府负责的社会保障项目，如社会救助、法定福利和对弱势群体的保障与救助，要坚持全覆盖、多层次、可持续、立体化的精准救助保障，让所有人享有底线保障；政府主导的社会保障项目，如社会保险与面向不同群体的社会福利及相关服务，重在提供基本保障，调动用人单位、个人及家庭分担责任的积极性与主动性，保基本是合理的政策取向。

全面建成多层次社会保障体系，必须贯彻共建共享原则，强化互助共济效应。逐步均衡政府补助、单位缴费与个人缴费的筹资责任，探索职工与居民医保制度整合，真正构建起城乡一体的社会救助与社会福利制度体系，提高各保障项目的统筹层次，这是使整个社会保障制度在更高层次、更大范围实现共建共享与互助共济的必由之路。另外，在深化社会保障制度改革的过程中，应按照权责清晰的原则，明确政府、用人单位和个人家庭的责任，明确社会保障各项目的职责定位，优化制度设计，以增强互助共济性。同时，应按照共建共享的原则，明晰社会成员的权利义务，积极倡导互助共济文化。

全面建成多层次社会保障体系，必须抓住骨干项目下功夫。尽快实现基本养老保险全国统筹，在完善筹资参保，建立规范化、统一化的医疗保障待遇清单和动态调整机制的基础上，尽快统一全国的医疗保障政策，加快改革以低保制度为核心的综合型社会救助制度，构建综合救助格局，立足社区，通过公建民营、民办公助、鼓励连锁等方式加快优化养老服务体系，通过公私并举、合理布局的方式发展儿童福利并确保所有儿童均能够享受普惠、公平的福利服务，减轻居民家庭育儿负担，实现人口均衡增长的目标。

二、扩大社会保险覆盖面

扩大社会保险覆盖面，是民生福祉得以增进、人民生活品质不断提高的有效手段。作为人民生活的"安全网"和社会运行的"稳定器"，社会保障体系对于增进民生福祉、不断实现人民对美好生活的向往具有重要意义。其中，社会保险项目可以有效减少不确定性对经济活动的影响，是社会保障体系的重要组成部分，也是人民安居乐业的基础。

不断扩大社会保险覆盖面，一是要加大宣传力度，强化激励机制。开展社保扩面政策"进企业、进工地、进社区、进村入户"活动，围绕"养老保险的账怎么算"等群众关心的切身利益问题，常态化开展政策宣传，鼓励引导非公企业员工、灵活就业人员和新业态从业人员等群体积极参保，不断提高参保率；进一步摸清各项社会保险应参保人数，明确重点人群和重点行业，提高重点人群的参保率；通过微信公众号、抖音等新型媒体平台不定期推送社保扩面相关政策知识，形成全社会共同关注社会保障工作的氛围。二是要加强执法，严格规范参保行为。建立信息共享机制，提取企业纳税数据，与社保系统中参保单位进行对比，对税务系统显示有纳税行为却未参保的企业进行筛选，精准定位扩面资源；加大对企业负责人有关社会保障法律法规的宣传力度，提高企业遵守社会保障法律法规的主动性和自觉性，维护劳动者合法权益；联合执法，对拒不参加社会保险的用人单位，将核查的扩面重点单位信息移交至人社局劳动监察大队并由其依法实施行政处罚，督促用人单位及时参保缴费，进一步规范用人单位社会保险参保缴费行为。三是要实施帮扶行动，持续巩固脱贫攻坚成果。扎实落实边缘户、低保特困人员、重度残疾人员等困难人员城乡居民养老保险每人每年代缴政策，将达到居民基本养老保险待遇领取年龄的人员全部纳入待遇发放人员中。开展缴费困难人员精准识别，加强与扶贫、民政、残联等部门的信息共享，及时做好缴费困难人员的信息动态调整并逐人建立台账。定期比对排查未参保人员，采取电话告知、上门服务等方式，逐人宣传告知政府代缴政策。

三、加快建立多维复合型住房制度

住房作为实现人民美好生活需要的必要条件，始终是党中央高度关注的重点问题。对此，党的二十大报告指出，要坚持房子是用来住的、不是用来炒的定位，加快建立多主体供给、多渠道保障、租购并举的住房制度。要坚持培育新型住房供给主体，拓宽保障范围和保障渠道，促进租赁市场持续发展。

培育新型住房供给主体。加强住房供给主体监管，是促进房地产行业高质量发展、增加市场有效供给的途径之一。通过优化现有供给主体的供给质量，增加住房有效供给，是促进多主体供给的途径之一。加强对现有住房供给主体的监管，由政府限制部分开发商过高的房屋制定价格，上级考核地方保障性住房建设绩效时增加入住率、满意度等指标，搭建直租交易平台，减少中间、中介环节，从而增加市场房源数量，使供给主体不但数量多，而且质量优。

强化基本住房保障。基本住房保障对象主要为低收入和部分中等偏下收入的城镇户籍低保、低收入住房困难居民。对特困人员、低保及低保边缘家庭应保尽保，对残疾人、重点优抚对象、计生困难家庭、见义勇为人员等特殊群体优先保障。一是建立完善住房保障政策和管理制度，包括保障性住房的准入、使用、退出、运营管理机制，确保让需要帮助的住房困难群众能够真正受益。二是健全完善基本住房保障政策体系，制定出台一系列实施办法，如基本住房保障资金筹措使用办法、税费优惠政策，强化基本住房保障的监管、验收制度等。三是强化资金保障，建立基本住房保障基金账户，将其纳入政府公共财政支出预算，由基本住房保障管理机构集中统筹使用管理。

持续推进租购并举的住房制度建立。建立统一的住房租赁交易服务监管平台，将各类租赁住房房源有序纳入平台交易，提供真实、透明、便捷、安全的租赁信息服务，减少中间收费环节，强化住房租赁信用管理和市场监测，引导市场合理定价，逐步实现租赁房源全覆盖、租赁环节全打通、公共服务全纳入。建立住房租赁纠纷调处机制，切实保障租赁利益相关方合法权益。加快制定住房租赁管理政策法规，大力培育租赁住房供应主体，支持专业化、机构化住房租赁企业发展。鼓励发展长期租赁，支持房地产开发企业、金融保险机构、房地产经纪机构、物业服务企业等拓展住房租赁业务，调动各类主体建设筹集租赁住房的积极性，多渠道增加租赁住房。

推进健康中国建设

人民健康是民族昌盛和国家强盛的重要标志。推进健康中国建设，增进人民健康福祉，事关人的全面发展、社会全面进步，事关第二个百年奋斗目标的实现，必须优化人口发展战略，不断深化医药卫生体制改革，在全社会营造文明健康的生活风气。

一、优化人口发展战略

党的二十大报告提出，要优化人口发展战略，建立生育支持政策体系，降低生育、养育、教育成本。着力破解"不想生、不敢生"难题，要牢固树立以人民为中心的理念，推进实施新时期人口发展战略。促进建立生育支持政策体系，完善生育保障基本制度的顶层设计和研究，实施积极应对人口老龄化国家战略，科学应对低生育率，推动实现适度生育水平，促进人口长期均衡发展。

建立生育支持政策体系。必须提升优生优育服务水平，完善生育休假和待遇保障机制。要改善优生优育全程服务，建立包括婴幼儿照护、生殖健康服务、生育保险、女性就业促进等内容的生育支持政策体系，增强生育政策包容性，推动生育政策与经济社会政策配套衔接，减轻家庭生育、养育、教育负担，释放生育政策潜力。要倡导积极婚育观念，强化住房、税收等支持措施，构建生育友好的社会环境。完善以"一老一小"为重点的全生命周期健康服务。特别是要补齐民族地区、欠发达地区在人口健康服务、婴幼儿照护、学前教育方面的短板，提升所有家庭和个人的发展能力，并增加普惠托育服务供给、降低托育机构经营成本、提升托育服务质量等。必须加强优质教育资源供给，加快推进提高学前教育普及普惠水平、提高义务教育均衡发展水平等措施。

实施积极应对人口老龄化国家战略。要加强党对老龄工作的全面领导，坚持党委领导、政府主导、社会参与、全民行动相结合，将老龄事业发展纳入"五位一体"总体布局和"四个全面"战略布局。坚持党政主要负责人亲自抓、负总责，把积极老龄观、健康老龄化理念融入经济社会发展全过程。加大制度创新、政策供给、财政投入力度，健全完善老龄工作体系，强化基层力量配备，加快健全社会保障体系、养老服务体系、健康支撑体系。进一步完善多层次养老保障体系，健全基本养老保险制度，逐步提高养老保障水平，加快发展第二、第三支柱养老保险，着力构建老年友好型社会。加快健全养老服务体系，大力发展居家和社区养老服务，提升机构养老服务质量，优化城乡养老服务供给。大力发展"银发经济"，推动老龄产业高质量发展，加强老龄产业规划、标准等基础性工作。积极发展养老事业和养老产业，推动实现全体老年人享有基本养老服务，使其成为扩大内需、拉动消费、构建新发展格局的重要产业。

二、深化医药卫生体制改革

党的十八大以来，在党中央的坚强领导下，医药卫生体制改革全面推进，取得了重大阶段性成效。但医改与人民群众的期盼相比还有不小差距，"看病难""看病贵"的问题还没有从根本上得到解决。要不断深化医药卫生体制改革，全面建立中国特色基本医疗卫生制度，努力用中国办法破解医改世界性难题。

健全医疗网络体系。医疗救治体系的健全完善是提升医疗救治能力、满足群众就医需求的必要手段。深化医药卫生体制改革，一是推动医疗资源提档升级。依托现有的强大医疗资源优势，多措并举引进优质人才，带动公立医院医疗技术水平提升；大力推进医院等级评审，实现县域内三级甲等医院全覆盖。二是全力推进基本公共卫生服务提质增效。持续推进分级诊疗和优化就医秩序，组织制定疾病分级诊疗技术方案和入出院标准，引导有序就医。三是大力推动医疗联合体建设，提高就医质量。积极完善市、县、乡、村四级联动的服务体系和管理机制，推进"一般病在市县解决，头疼脑热在乡镇解决"，助力医"路"畅通。

提升医疗服务水平。党的十八大以来，经济社会迅速发展，人民对健康的需求呈现个性化、差异化、多层次的特征。为此，要始终坚持以人民健康需求为主线，加强智慧医疗建设，创新医疗服务手段，不断满足人民群众对健康的服务需求，提升医疗健康服务水平。一方面，要加快推进卫生健康信息化项目，利用信创技术，依托健康医疗大数据，打造标准统一、互联共享的基于信创技术的区域智慧医疗体系，满足人民群众多层次、多样化的健康需求。另一方面，要实施精准化管理，实施个性化服务。聚焦群众普遍关心、重点关注的问题以及综合化、个性化的需求，深入开展医疗卫生优化服务行动，大力推进医疗健康的优化服务，推动便民惠民措施全面落地，构建和谐医患关系，不断提升群众安全感、获得感和幸福感。

推进医药卫生高质量发展。一要完善分级诊疗体系。完善利益联结机制，推动市（区）级公立医院优质资源扩容延伸到镇街卫生院，做实医共体"三通"建设，促进优质医疗资源均衡布局；加快标准化镇街卫生院等级医院建设，强化镇街卫生院综合医疗能力，构建整合型医疗卫生服务体系，努力实现"小病不出镇、大病不出区"。二要推动医院高质量发展。全力推进智慧医疗平台搭建，促进医疗信息互联共享，提升医疗卫生管理服务能力；加强医院学科建设，吸引人才聚集，推进等级医院建设，深化市、区医院合作，提升区域公共服务能力。三要强化全域医疗保障。强化医保资金监管，加大对违规使用医保基金行为的查处力度，坚决打击欺诈骗保行为。

三、倡导文明健康生活方式

普及健康生活方式是推动实施健康中国战略的必然要求。现代化最重要的指标还是人民健康，这是人民幸福生活的基础。把这件事抓牢，人民至上、生命至上应该是全党全社会必须牢牢树立的一个理念。深入开展爱国卫生运动，促进全社会养成文明健康生活方式。着眼于构建有利于新时代爱国卫生工作的体制机制，深化改革，务实举措，狠抓落实，更好助力健康中国目标实现。

坚持以人民健康为中心。着力改善人居环境，有效防控传染病和慢性病，提高群众健康素养和全民健康水平，是实现健康中国目标的坚实基础。将爱国卫生工作纳入法制化管理轨道，健全法律法规，将爱国卫生工作实践中行之有效的好经验、好做法凝练提升为法律制度，推进各地制定完善相关地方性法规规章和技术标准，促进工作规范化、标准化。加强健康教育和健康知识普及，树立良好饮食风尚，开展控烟限酒行动，坚决革除滥食野生动物等陋习，推广分餐公筷、垃圾分类投放等生活习惯，持续营造爱祖国、讲卫生、树文明、重健康的浓厚文化氛围，加快形成文明健康、绿色环保的生活方式，全面提升文明素质、弘扬时代新风，用健康体魄建设美丽家园，拥抱幸福生活，共享健康中国。

坚持预防为主的健康策略。爱国卫生运动是将卫生工作与群众运动相结合的伟大创举，要义在于预防为主、全民参与。深入开展爱国卫生运动，应坚持以人为本的卫生发展观和预防为主的方法论，推动健康关口前移，激发广大人民群众的积极性主动性创造性，进而减少疾病发生，以较低的成本实现较高的健康绩效。结合形势变化、针对季节更替、聚焦不同群体开展健康宣传教育，举办知识讲座、健康知识竞赛等形式多样的活动，广泛普及健康知识，倡导文明健康绿色生活方式，将健康理念根植于人们心中。充分发挥互联网的作用，为群众提供方便可及的健康咨询等服务。将爱国卫生运动与基层治理相融合，探索实施"网格化分片管理"，将区域环境治理责任落实到人，并建立爱国卫生先进个人评议激励机制，发挥先进模范的感召作用，推动形成爱国卫生人人参与、健康生活人人共享的良好局面。

做好结合文章。结合乡村振兴，深入推进农村生活垃圾专项治理行动，规范农药包装物、农膜等废弃物处理，并加强生活垃圾和污水处理设施建设，引导广大村民自觉形成比干净、比文明、比美丽的乡村乡风。结合城市功能与品质提升，大力开展城市市容环境专项治理，着力提升市容环境，重点解决乱扔乱倒、乱贴乱画、乱搭乱建、乱停乱放等脏乱差问题，加快推进城市生活垃圾分类。结合精神文明创建，大力倡导文明健康绿色环保生活方式，充分利用传统媒体、新媒体、文化墙等载体，大力开展公共卫生宣传，并切实将健康教育纳入国民教育课程体系中，使学生从小养成文明卫生习惯。

📖 **延伸阅读**

贡献住房保障"杭州经验" *

　　住房是最大的民生。在"八八战略"的指引下，杭州紧紧把握住房保障工作新发展阶段的新特征，在全国率先建立起了公共租赁住房制度。经过十多年的发展和完善，逐步形成了具有杭州特色的以公租房、保障性租赁住房和共有产权房为主体的多元化住房保障体系。截至2023年8月，杭州已累计筹集房源约16.4万套，其中已交付使用4.97万套，累计保障住房困难家庭35万余户，托起在杭青年人、新市民的"城市梦""安居梦"。

　　2007年8月，《国务院关于解决城市低收入家庭住房困难的若干意见》出台，要求切实加大解决城市低收入家庭住房困难的工作力度，标志着强化住房保障的新阶段到来。2009年，杭州住房保障和房产管理局在前期需求调研的基础上，结合住房保障工作中出现的城市中低收入家庭、大学毕业生、创业人员阶段性、过渡性住房困难问题，出台《杭州市区经济租赁住房管理办法（试行）》，在全国率先建立了公共租赁住房制度。同年12月，杭州乃至全省首个集中建设、规模最大的公共租赁住房项目田园公租房开工建设。2011年起，杭州在全国范围内突破户籍限制，将新就业大学毕业生和创业人员纳入公租房保障制度中，并推出环卫工人、公交司机专项公租房。

　　2013年，田园公租房小区交付入住，杭州正式步入"公租房时

---

　　* 参见《打造高水平住有所居，贡献住房保障"杭州经验"》，载《杭州日报》2023年8月8日。编者对内容有所修改。

代"。同年，杭州开始探索公租房货币补贴模式。2015年，杭州试点公共租赁住房货币补贴，也是这一年，杭州迎来公租房交付入住高峰期。蒋村西溪人家等8个项目交付入住，加上田园公租房，共约8500套房源分到了住房困难群体手里。2016年，杭州正式建立公共租赁住房实物配租与货币补贴并举的住房保障模式。

与此同时，为拓宽保障对象覆盖面，杭州逐年放宽公租房准入标准，收入准入标准已经由最初的人均可支配收入不低于48316元，放宽至68666元。货币补贴的保障标准也持续提高，与2016年的每月每平方米12元相比，2022年的公租房货币补贴标准已经提高至每月每平方米24元，廉租房货币补贴标准也由原来的每月每平方米30元提高到每月每平方米60元。

杭州住房保障和房产管理部门兜稳兜牢城镇中低收入住房困难家庭基本住房需求，不断织密住有所居"保障网"。目前，杭州已经逐渐形成"广覆盖、分层次、多元化"的具有杭州特色的住房保障体系，有效缓解了各类家庭的住房困难。

杭州走在前列，积极探索贴合实际的公租房制度体系，率先推动形成多元化住房保障体系，形成了住房保障高质量发展市域样板的"杭州经验"。

第七章

促进人与自然
和谐共生

促进人与自然和谐共生是中国式现代化的本质要求，也是我国现代化战略布局的重要内容。要以人与自然和谐共生谋划发展，为全面建设社会主义现代化国家奠定生态基础，为中华民族伟大复兴贡献生态力量。

党的二十大报告全面系统地总结了新时代十年我国生态文明建设取得的举世瞩目的重大成绩，深刻阐述了促进人与自然和谐共生是中国式现代化的本质要求，尤其是党的二十大报告第十部分以"推动绿色发展，促进人与自然和谐共生"为主题，对新时代新征程深入贯彻落实习近平生态文明思想、贯彻新发展理念、构建人与自然和谐共生的美丽中国作出了战略谋划和部署。

　　党的二十大报告指出，必须牢固树立和践行"绿水青山就是金山银山"的理念，站在人与自然和谐共生的高度谋划发展。这是立足于我国开启全面建设社会主义现代化国家新征程、向第二个百年奋斗目标迈进的新发展阶段，对谋划人类社会发展提出的新要求。习近平总书记在2021年全国两会上提到了"生态总价值"和"绿色GDP"，这是"人与自然和谐共生的现代化"的重要概念，并指出"生态本身就是价值"，"这里面不仅有林木本身的价值，还有绿肺效应，更能带来旅游、林下经济等"。以"人与自然和谐共生"为主要目标的生态文明建设是新时代中国特色社会主义现代化建设"五位一体"总体布局的有机组成部分，既是我国现代化的重要特征，又反映了人类实现现代化的共同趋势。

第一节

加快发展方式绿色转型

资本主义生产方式的发展历史已经向我们证明，杀鸡取卵、竭泽而渔的发展方式从来都不符合人类社会发展规律，只有顺应自然、保护生态，正确处理经济发展和生态环境保护之间的关系，在自然资源和生态环境可承受范围内进行人类的经济活动，才能推动人类社会永续发展。从根本意义上讲，加快发展方式绿色转型，就是要尽快彻底摒弃工业时代先破坏、后治理，以牺牲生态环境为代价换取一时一地经济增长的发展思路。绿色低碳的生产方式和生活方式的变革，是从根本上破解经济发展需求与资源环境约束矛盾的重要举措。

一、推动产业结构调整优化升级

产业结构优化升级是关乎全局、整体、长远的大事。能否顺利实现产业结构优化升级，形成新的增长动力和比较竞争优势，直接关系到我国能否在世界现代化进程中、在世界百年未有之大变局背景下掌握国际竞争的主动权。加快产业新旧动能转换，用好国内国际两个市场的资源，为促进市场经济建设、丰富市场供给、带动产业结构转型升级、培育国际竞争新优势、全面提升综合国力创造了条件。

加快产业新旧动能转换。近年来，我国医药制造、航空航天器及设备制造、电子及通信设备制造、计算机及办公设备制造、医疗仪器设备及仪器仪表制造、信息化学品制造等六大类高技术制造业企业数量持续增加，相比之下，采矿业、黑色金属冶炼和压延加工业，以及电力、热力、燃气及水生产和供应业等传统企业数量逐渐减少。在传统产业转型升级的同时，还要抓住以智能化为主要特征的第四次工业革命的历史机遇，积极培育新的经济增长点，在战略性新兴产业、高技术产业、现代服务业中融入人工智能科技手段。立足资源优势，调整优化能源结构，把促进新能源和清洁能源发展放在我国现代化战略布局更加突出的位置。探索太阳能发电、风力发电等能源生产新模式，建设一批光能源、氢能源、硅能源等多能互补清洁能源基地，促进能源技术与新材料和先进技术的融合，使高技术制造业和战略性新兴产业成为"十四五"时期经济发展的新引擎，推动生态环境保护和经济社会发展协调共进。

调整优化经济结构。保持第一产业平稳增长、加快第二产业创新升级、推动第三产业蓬勃发展是支撑国民经济健康发展的基本举措。世纪疫情使百年变局加速演进，发展的不确定性、不稳定性急剧上升。深入推进供给侧结构性改革，加快推动经济结构调整和转型升级，积极主动扩大对外开放，着力推动高质量发展，是从源头推动发展方式绿色转型的重要任务。抓住产业结构和布局调整这一关键，化解产能过剩的矛盾和风险，避免低水平重复建设，寻找新的增长动能。加快传统产业改造升级，从源头上减少旧污染物排放，控制新增污染物排放，推进污染物深度治理，持续降低碳排放强度。有力提升我国生产要素质量和配置水平，加快国内油气等资源的勘探开发，增强油气供应能力，提高国内大循环的效率。大力推进生物质能的开发利用和转化存储，推进生物质能多元化利用，使发展的可持续性和协调性显著增强。推动交通运输绿色发展和高质量发展，推进交通工具清洁化，以中长途货物运输"公转铁""公转水"提高交通运输工具能效水平，拓展交通工具多式联运模式。提高沿海港口集装箱铁路集疏港比例，加快充电桩等新型基础设施建设，鼓励新能源汽车生产和消费，为加快构建以国内大循环为主体、国内国际双循环相互促进的新发展格局提供有力支撑。

二、推进各类资源节约利用

加快资源利用方式的根本转变、推进节约集约利用是加快发展方式绿色转型的有效途径，也是满足人民美好生活需求的必要举措。工业革命以来，人类社会对于自然界的摄取和掠夺达到了前所未有的地步，伴随着人类认识世界、把握世界的工具愈加丰富，人类活动造成了诸如生态破坏等不可挽回的工业文明之殇。进入21世纪，人类在现代化进程中面临着前所未有的能源危机、生态环境危机等多重挑战，由此引发了第四次工业革命，人类社会进入了智能化时代。生产方式变革最主要的表现是自然要素投入向绿色要素投入转变，并向整个人类社会扩散，这就要求我们将节约资源作为现代化建设的重要战略。

落实最严格的耕地保护制度，把保护耕地、守住红线作为政治责任落实，强化建设用地总量和供应强度"双控"管理。一要明确耕地的使用目的，坚持最严格的节约用地制度，坚决遏制耕地"非农化"，严格管控耕地"非粮化"，调整建设用地结构，降低工业用地比例，使建设用地和农业用地相平衡，防止随意调整用地布局，推进低效用地再开发和工矿废弃地复垦。二要保持耕地本体健康，即耕地土壤能够维持良好的肥力和自净能力。三要保证耕地作为作物生长的母体能支持作物全生命周期健康生长，提高耕地健康的源头管控能力和整体系统的认知能力，保证农产品质量安全。四要确保耕地作为受体抵御外界侵害的能力，对耕地属性及质量状况进行匹配分析，使耕地能够抵抗外界水、肥、药、沉降物等的侵害。五要维护耕地作为支撑作物和人类生存的重要生态系统，更加科学地指导耕地资源保护、利用和治理，确保耕地在物质能量循环的过程中不会产生对自然环境有害的物质。

实行最严格的节约用水制度。党的十八大以来，以习近平同志为核心的党中央统筹推进水资源、水环境、水生态协同治理，取得了一系列重大成就。习近平总书记在推进南水北调后续工程高质量发展座谈会上的讲话中指出："完整、准确、全面贯彻新发展理念，按照高质量发展要求，统筹发展和安全，坚持节水优先、空间均衡、系统治理、两手发力的治水思路，遵循确有需要、生态安全、可以持续的重大水利工程论证原则，立足流域整体和水资源空间均衡配置，科学推进工程规划建设，提高水资源集约节约利用水平。"①水是生存之本、文明之源，在对待用水的问题上，既要发挥主观能动性，相信人定胜天，又要充分尊重客观规律，推进人水和谐。坚持运用系统观念，用系统思维分析水资源的运用问题，正确处理开源和节流、时间和空间等的关系，增强农业用水效果、减少工业用水排放、降低生活用水损耗，做到各领域用水效益最大化。建立水资源刚性约束制度，严格水资源用途管制，完善取水许可制度，暂停水资源超载地区新增取水许可。

_____

① 《习近平在推进南水北调后续工程高质量发展座谈会上强调　深入分析南水北调工程面临的新形势新任务　科学推进工程规划建设提高水资源集约节约利用水平》，载《人民日报》2021年5月15日。

制定最严格的高能耗行业管理制度。严格控制钢铁、化工、水泥等主要用煤行业的煤炭消费，增强绿色低碳产品供给。以先进的科学技术手段促进工业领域节能，因地制宜开发利用生物质能，推广节能和提升能效的工艺、技术、装备，加快绿色工业发展，形成绿色制造体系。强化建筑、交通节能，实施更加严格的能耗限额标准和排放标准，在持续推进城镇既有建筑和市政基础设施节能改造的同时，大力发展绿色智能船舶、零碳建筑等新生事物。加强商品过度包装治理，推进快递包装减量化、标准化、循环化，推行"逆向回收"等模式，推动数据中心绿色化环保改造。加快构建废弃物循环利用体系，践行循环经济理念，推动各种废旧物资的集中处理和资源化利用，提高资源循环利用效率，实现生产系统和生活系统循环链接。推进我国生产生活方式逐步有序向全面绿色低碳转型，使绿色成为高质量发展的鲜明底色。

三、倡导绿色生产和消费理念

践行绿色生产和消费理念是加快发展方式绿色转型，从而推动高质量发展的关键。贯彻绿色生产和消费理念，不仅需要在制度方面加快建立绿色生产和消费相关的法规、标准、政策体系，还要在技术方面促进源头减量、清洁生产、资源循环、末端治理，更要在消费需求上扩大绿色产品消费，在全社会推动形成绿色生产和消费方式。只有在重点领域、重点行业、重点环节全面推行绿色生产和消费方式，才能全面提升我国绿色发展水平。

以制度创新为绿色生产和消费提供保障。当前，以绿色理念引领的发展已经成为世界现代化发展的大趋势，各国将绿色发展纳入现代化战略布局，并出台关于绿色制度创新、绿色产业政策等方面的制度，以促进绿色生产和消费，推动经济社会发展全面绿色转型。我国已进入新发展阶段，国家发展改革委、司法部出台《关于加快建立绿色生产和消费法规政策体系的意见》等政策，进一步完善与健全我国绿色生产和消费相关的法规及标准。加快完善支持绿色生产和消费的财税、金融、投资、价格政策及标准体系，通过建立绿色产业、绿色技术创新等方面的政策体系，提升绿色政策体系对绿色生产和消费行为的导向、促进与调控作用。各地区应结合具体实际制定促进本地区绿色生产和消费的法规、标准、政策，鼓励试点地区先行先试，做好经验总结和成果推广。各级财政、税收、金融等部门要持续完善绿色生产和消费领域的支持政策。各级宣传部门要组织媒体通过多种渠道和方式，加大相关法律法规、政策措施的宣传力度，使绿色生产和消费理念深入人心。

以技术创新为绿色生产和消费注入动力。技术创新和应用是促进绿色生产和消费、加快发展方式绿色转型的重要动力。技术创新对绿色生产和消费的促进作用主要体现在两个方面：一是推动产业绿色化，也就是对生产环节进行绿色技术改造；二是推动绿色产业化，也就是对消费环节进行绿色供给保障。就产业绿色化而言，以个性化、差异化、绿色化生产方式代替传统标准化生产方式，以绿色技术的广泛应用弥补传统技术劳动生产率和资源利用率低的不足，能够有效促进生产要素一体化、生产环境精细化、生产过程绿色化，提高绿色生产研发能力。就绿色产业化而言，以高创新性和强渗透性为主要优势的绿色技术成为行业间新的纽带，能够实现产业链上下游的重组，形成新的生产部门和门类，产生外延辐射效应，打造一批绿色新产品、新业态、新模式，提高绿色消费供给能力。

以培育需求为绿色生产和消费创造条件。绿色消费要求绿色生产，即用需求侧倒逼供给侧改革，当绿色生产与消费者多样化的消费需求相契合时，能够有效刺激绿色生产和潜在的绿色需求。从文化基础来看，绿色生产和消费是勤俭节约这一中华优秀传统文化的现代性转化和创新性发展。从市场配置资源来看，以绿色需求为导向，能够更大限度地激发绿色发展的内生动力，引导和推动企业生产方式绿色转型。从实践角度来看，消费结构变化是生产结构调整的基础性动因，因而要进一步引导大众形成对绿色消费的广泛社会认同，倡导个人在衣、食、住、行、用等方面向绿色消费模式转变，推动企业生产向简约适度、绿色低碳、文明健康的方向转变，使生活方式绿色化倒逼生产方式绿色化转型。鼓励推行绿色衣着消费、绿色有机食品消费、绿色家具消费、绿色文化和旅行消费，在全社会形成勤俭节约、环保选购、循环使用、适度消费的生活新风尚。

健全现代环境治理体系

现代环境治理体系是国家治理体系的重要组成部分，是实现人与自然和谐共生的现代化的重要内容，是推进生态文明建设的基础支撑。党的二十大报告中明确提出"健全现代环境治理体系"，这既是新时代贯彻新发展理念、建设美丽中国的必然要求，也是实现国家治理体系和治理能力现代化的内在要求。新时代以来，人民群众对美好生活的向往中对于良好生态环境的诉求从"有没有"转向了"好不好"，这要求从新发展阶段的战略布局和中国式现代化的基本特征出发，健全现代环境治理体系。

一、充分调动环境治理主体积极性

中共中央办公厅、国务院办公厅于 2020 年印发的《关于构建现代环境治理体系的指导意见》明确提出，到 2025 年，形成导向清晰、决策科学、执行有力、激励有效、多元参与、良性互动的环境治理体系。要持续完善生态环境法律和制度体系，推进精准、科学、依法治污，充分调动各类主体参与环境治理的主动性，在全社会形成环境治理的良好秩序。生态环境部、国家发展改革委等七个部门于 2022 年联合印发的《减污降碳协同增效实施方案》也明确提出要"突出协同增效"。针对当前人民对优美生态环境的需要与人的生存和发展的现实需求，以及政府、企业、社会、公众等主体在责任落实方面存在的体制机制不协同、统筹协调主体不清晰等短板，亟须落实各主体责任，推动多主体共治，构建政府主导、企业主体、社会组织和公众参与的现代环境治理大格局，完善环境治理一体谋划、一体部署、一体推进、一体考核的制度机制。因此，要加快构建现代环境治理体系，助力高质量发展。

在党的领导下，推动政府、企业、社会、公众之间的良性互动，使各主体能够各尽其力、各担其责。一是充分发挥政府的主导作用。以习近平新时代中国特色社会主义思想为指导，以我国现代化建设中的生态文明建设目标为抓手，落实各级政府推动现代环境治理的责任，履行过程监管义务、风险沟通义务、信息公开义务等，构建中央统筹、省市负责、县区落实的环境治理格局。二是充分调动企业的积极性。建立健全企业推进现代环境治理的激励机制，落实企业环境治理的责任和义务。以相关法律法规引导企业践行绿色生产方式，构建企业责任体系，加强企业环境治理责任制度建设和环境信息公开，形成企业推进环境治理的内在动力和压力。三是充分依靠社会组织的力量。大力发挥行业组织的作用，将环境保护纳入国民教育体系，使环境保护在全社会蔚然成风。四是努力提升公众共同参与的意愿。发挥环保志愿者的作用，在广大人民群众中传递环境保护和环境治理的理念，引导公众形成简约适度、绿色低碳的生活方式。到2025年，建立健全环境治理的领导责任体系、企业责任体系、全民行动体系，形成导向清晰、决策科学、执行有力、激励有效、多元参与、良性互动的现代环境治理体系。

二、综合运用多种环境治理手段

健全的法律是生态治理的根本保障，保护生态环境必须依靠制度、依靠法治。针对生态环境治理领域法律法规存在的该硬不硬、该严不严、该重不重的问题，习近平总书记指出："只有实行最严格的制度、最严密的法治，才能为生态文明建设提供可靠保障。"[1]统筹生态治理法律法规的立改废释，用最严格的制度、最严密的法治保护生态环境，解决违法成本低、惩处力度轻等问题，既要继续强化行政手段在现代环境治理中的作用，又不能忽视非行政手段的作用。

将系统思维贯穿于环境治理手段的协同增效中。一是充分发挥法治手段的作用，推动相关制度与核心制度的全联动，健全覆盖生产生活各领域、各环节、各区域的环境保护法律法规，注重实现相关环境管理制度的协同增效；另外，对有关部门污染防治和生态环境保护执法的具体内容、职责分工和队伍结构等加以整合，实行统一管理的执法制度。二是充分发挥市场手段的作用，现代环境治理市场主要包括碳排放权市场、水权市场、碳汇市场等，要规范环境治理程序，根据风险最优分配原则、风险收益对等原则和风险有上限原则，合理进行风险分配，积极引导各类企业和资本参与环境治理，逐步形成以市场手段推动现代环境治理的动力机制。三是充分发挥信用手段的作用，建立健全企业环保信用评价和考核制度，并依照法律章程逐步向全社会公开，在环境治理的市场上形成竞争机制，激励各企业之间取长补短，从而在全社会形成环境治理相互学习和借鉴的良好氛围。逐步完善治理方式、治理内容、治理手段等，使非行政手段与行政手段相互

---

① 《习近平谈治国理政》，外文出版社2014年版，第210页。

配合，构筑一条通过健全现代环境治理体系推动绿色转型进而实现人与自然和谐共生的现代化链条。

三、不断加强环境治理能力建设

环境治理能力建设是国家治理体系和治理能力现代化的重要内容，也是坚持和完善生态文明制度体系的具体要求，为推进现代环境治理、实现2035年美丽中国建设目标提供有力保障。一是建立健全稳定的中央和地方环境治理财政资金投入机制，从资金和技术两方面为环境治理提供保障，同时进一步激发社会资本参与环境治理的活力，充分发挥社会资本的优势，引入社会资本参与环境治理、生态修复的项目，通过社会资本自主投资、政府和社会资本合作、社会资本公益参与等方式进行环境治理，使社会资本充分竞争。二是加大核心环保技术研发力度，针对绿色低碳技术集成等重点领域，推进技术问题识别、技术成果转化和工程化运用；同时，深入贯彻创新发展理念，通过资源节约集约、循环利用等方式进行环保技术改造，用环境治理科学技术的创新带动和支撑我国经济社会发展全面绿色转型。三是提高生态环境的数据化管理技术水平，运用环境大数据提升生态文明建设现代化水平，推动构建涵盖环境各要素的生态环境动态监测网络，构建"互联网＋"数据生态，全方位覆盖和全过程监测生态环境治理，实现生态环境数据的互联互通和开放共享，确保生态环境监测数据真实、准确、全面。四是全方位培养、引进、用好人才，加强环境治理人才队伍建设，投入资金引进高素质专业化人才，完善和落实环保专业人才引进制度体系，深化环保专业人才发展体制机制改革，加大环保专业人才的培养力度，为人才培养提供技术上的支持，将人才培养指标纳入环境治理评价体系，打造高水平的人才队伍。

第三节

提升生态系统良性循环

党的二十大报告对我国生态文明建设作出了战略部署，明确了提升生态系统多样性、稳定性、持续性的战略任务和重大举措，为新时代我国生态文明建设提供了根本遵循。生态系统内部的各个要素之间相互依存、相互促进、相互制约，其中蕴含着复杂多变的能量和物质转化关系。因此，生态治理是一项复杂的系统工程。推进生态系统的运行和完善，要遵循生态系统的内在规律，兼顾其整体性、系统性，不能顾此失彼、因小失大。要根据生态系统的特征统筹考虑自然生态的各项要素，并对自然生态进行整体保护、系统修复、综合治理，增强生态系统的良性循环，维护生态平衡。

一、提升生态系统的多样性

工业革命以来，西方先污染、后治理的现代化模式在创造高度的物质文明的同时，也付出了巨大的生态代价，在世界范围内引发了生物多样性锐减等生态危机，不仅背离了人类社会现代化的初衷，更威胁到人类社会的生存与发展。生物多样性是人类赖以生存和发展的重要基础，在生物多样性日益减少的全球危机与现实挑战面前，人类必须谋求与自然和谐共生的发展道路。

我国是世界上生物多样性最丰富的国家之一。党的十八大以来，习近平总书记多次明确指出人与自然命运与共的基本关系和顺应自然规律的基本原则，强调"山水林田湖草是一个生命共同体""生态兴则文明兴，生态衰则文明衰"，只有取之有度、用之有节，自然才会馈赠人类，为人类社会发展提供可持续的物质和资源。因此，我们必须像保护眼睛一样保护自然和生态环境，必须打破西方现代化的模式，跳出西方现代化的固定思维，从根本上转变无止境地向自然索取、肆意破坏生态平衡的错误行径，站在全球生物多样性的新起点，用中华优秀传统文化中蕴含的独特智慧解决生态问题，秉承以自然之道养万物之生的生态观，在保护生态多样性中寻求绿色发展新机遇。坚持可持续发展，将维护生物多样性上升为国家战略，出台相应政策法规，推行一系列有力措施，持续强化生物遗传资源保护和监管，对珍稀濒危物种展开抢救性保护，加强珍稀物种栖息地保护，积极推进生物多样性保护和自然保护地体系建设，严厉打击乱捕滥猎野生动物、破坏野生动植物资源等行为，创新开展生态保护红线划定工作，在全社会形成保护生态多样性的强大合力，共建共治共享万物和谐的美丽世界。

二、维护生态系统的稳定性

生态系统的稳定性就是生态系统具有的保持或恢复自身结构的能力。在全球生态系统面临巨大危机的背景下，生态系统长期维持其自身功能，并为人类社会提供生存基础，有赖于其稳定性的维系。习近平总书记在福建考察时强调，建立以国家公园为主体的自然保护地体系，目的就是按照山水林田湖草是一个生命共同体的理念，保持自然生态系统的原真性和完整性，保护生物多样性。要坚持生态保护第一，统筹保护和发展，有序推进生态移民，适度发展生态旅游，实现生态保护、绿色发展、民生改善相统一。[①]这一重要论述明确了提升生态系统稳定性的具体路径。

山水林田湖草等生态系统的各个要素，具有不同的内在结构、具体功能，遵循不同的变化规律，但是又与系统中的其他要素相互耦合、相互促进、相互影响。治山、治水、治林、治田、治湖、治草等任何一个环节的动作，都会影响其他环节，乃至影响生态系统全局。因此，维持生态系统稳定性的重要举措之一就是补齐生态系统的短板。必须坚持问题导向，聚焦水土流失、缺林少绿等突出的生态短板，加强对土地荒漠化、石漠化的综合治理，因地制宜地实施植物耕种、工程推进等措施，根据不同地区的不同生态短板，采取不同的治理措施。例如，东北地区加强黑土地保护，推广保护性耕作技术，满足"粮仓"生产需求；北方防沙带地区加强防护林种植，确保生产生活建设活动有序进行，确保生态系统持续稳定。

三、增强生态系统的持续性

生态系统的持续性主要是指生态系统对社会经济的持续发展所具有的生态适应性。以绿色发展理念为主导，增强生态系统的持续性，要求人类在经济、政治、文化、社会等的发展过程中注重维护生态系统的长期发展，以保证人类活动可持续顺利进行。也就是说，发展要

---

① 《习近平在福建考察时强调　在服务和融入新发展格局上展现更大作为　奋力谱写全面建设社会主义现代化国家福建篇章》，载《人民日报》2021年3月26日。

以生态环境的承载力为基础，不能超出生态系统的更新能力。

提升自然保护地的可持续性。生态系统的持续性要求我们在从事经济活动和社会活动时，遵守生态系统演进规律，坚持宜林则林、宜灌则灌、宜草则草、宜湿则湿、宜沙则沙，保持自然资源及其开发利用程度与自然环境承载力之间的平衡，统筹考量生态系统整体的功能状态。生态系统的持续性寻求的是生态环境的最佳状态，既包括时间上的可持续性，又包括空间上的可持续性，还包括资源优化上的可持续性，以满足人类对于美好生活的生态需求。

提升气候治理的可持续性。建立完善的气候观测制度，构建全方位的气候观测体系，加强对全球气候变化对于我国自然环境承受力相对脆弱地区影响的观测，最大限度地预防极端天气的发生。加强对青藏高原等生态脆弱区、气候敏感区、监测资料稀疏区的生态环境动态观测，扩大其观测覆盖范围，利用遥感观测等现代技术手段，对影响气候的重要变量展开综合科学观测和灾害预警示范。对于生态环境薄弱的地区，还要加强科学研究，利用大数据技术开展气候与生态系统观测数据融合分析，探索气候变化的规律，把握生态环境的变化趋势，分析生态脆弱的成因，探索气候变化与生态系统相互作用的内在机理和规律。针对全球气候变暖的生态趋势，开展国家和地区间的广泛合作，既要实现及时的信息共享，又要加强广泛的技术交流，为全球气候治理的可持续性发展贡献中国智慧和中国力量。

第四节

稳妥推进碳达峰碳中和

党的十八大以来，以习近平同志为核心的党中央坚持新发展理念，积极推进生态文明建设，将碳达峰碳中和纳入生态文明建设整体布局，开启了一场广泛而深刻的经济社会系统性变革。党的二十大报告指出，实现碳达峰碳中和是一场广泛而深刻的经济社会系统性变革。这一论断深刻体现出中国共产党对"双碳"工作规律性、艰巨性、重要性的认识达到了新高度。实现"双碳"目标，不仅是把握新发展阶段、贯彻新发展理念、构建新发展格局的内在要求，还是关乎中华民族永续发展的重要战略部署，更是我国对国际社会的庄严承诺，为我国在经济发展中促进绿色转型、在绿色转型中实现更大发展提供了坚实的保障。

一、确保能源发展与能源安全的统一

党的十八大以来，习近平总书记将统筹发展和安全上升到治国理政基本原则的高度，多次强调"坚持统筹发展和安全，坚持发展和安全并重，实现高质量发展和高水平安全的良性互动"①。党的二十大报告强调要深入推进能源革命。能源为人类文明进步提供了物质力量和发展基础，是我国 2030 年前实现碳达峰、2060 年前实现碳中和目标的主战场。

进入 21 世纪，全球能源供给不确定性不稳定性因素明显增加，使得各国在能源领域的战略博弈愈演愈烈，全球能源治理体系深度调整。作为全球最大的能源消费国，我国能源需求对外依赖度较高，能源安全始终是我国安全问题的重中之重。因此，要统筹能源发展与能源安全，既要保证能源持续稳定供应，保持原油和天然气稳产增产，又要提高风险管控能力，做好煤制油气战略基地规划布局和管控，逐步降低能源对外依赖度，提高国内能源产量的比例；扩大油气储备规模，兜住重要能源自产自给的战略底线，从能源大国迈向能源强国，增强应对世界百年未有之大变局下能源周期性波动的能力；多元拓展能源进口渠道，打造战略通道，维护关键节点安全，有效防范外部风险。

二、提升生态系统碳汇能力与生态系统修复治理的统一

实现"双碳"目标的重要举措之一就是提升生态系统碳汇能力。实现"双碳"目标，不仅要从排放端入手实现节能降碳，更要扩大碳汇规模、增强碳吸收。提升生态系统碳汇能力是新时代推进美丽中国建设、实现人与自然和谐共生的现代化的必然要求，相较于直接减排，生态系统碳汇能力的提升更为复杂和系统。习近平总书记指出，生态环境问题归根到底是发展方式和生活方式问题。党的十八大以来，习近平总书记提出了诸多关于推进碳达峰碳中和、实现人与自然

①《习近平谈治国理政》（第四卷），外文出版社 2022 年版，第 390 页。

和谐共生的重要论述，其中，"绿水青山就是金山银山"的理念，既是关于我国发展的重要理念，又是推进人类社会现代化的重要原则。"绿水青山就是金山银山"理念中蕴含着关于完善生态系统的重要的辩证思维，要求我们改变传统意义上的"大量生产、大量消耗、大量排放"的生产和消费方式，寻找化石能源消费的替代品，加快构建低碳节约的产业结构、生产模式和生活方式，逐步转向碳排放总量和强度"双控"模式，实现生态系统碳汇能力的持续增强，走出一条在创新、协调、绿色、开放、共享的新发展理念引领下的生产发展、生活富裕、生态良好的发展道路，在全球碳交易框架下加快建立统一规范的碳排放统计核算体系。森林碳汇作为一种具有普遍性的、最有效的提升碳汇的方式，在提升生态系统碳汇能力中发挥了重要作用，在百年未有之大变局背景下的国际碳交易中占有重要地位，在我国"双碳"工作中的地位也不断凸显。提升森林碳汇能力，要求我们不断扩大国土绿化行动的覆盖面，持续巩固退耕还林还草成果，强化森林资源保护修复，持续增加林地面积，设立碳中和等生态修复基地，巩固生态系统已有的碳汇能力、提升生态系统新的碳汇增量，力争在"十四五"时期种植和恢复一定数量的林地。

加强生态系统修复治理是解决我国生态环境问题、推进人类社会现代化的基础之策。生态系统包括自然生态系统、农田生态系统、城镇生态系统、矿山生态系统、海洋生态系统等领域，覆盖生产、生活的方方面面。对各种类型生态系统进行保护修复是推进碳达峰碳中和的重要举措，要推进生态系统修复治理，丰富延续生物多样性，筑牢生态安全屏障，持续改善生态环境，统筹推进生态修复，推动能源清洁低碳高效利用。对于生态系统受损退化严重、生态修复遗留问题较多、生态修复资金投入不足的地区，要特别兼顾生态系统的整体性和生态要素的关联性，要动员全社会力量全方位参与生态系统修复治理。

形成和完善社会资本参与机制，鼓励社会资本全过程参与生态保护修复，开展生态产品研发、完善生态产业发展、实现生态科技创新、加强生态技术服务等，对生态系统修复治理进行全生命周期运营和管护。

三、统筹能源开发与环境保护的统一

我国能源的"富煤、贫油、少气"等特征，和生产生活中的"弃水""弃光""弃风"等现象，要求我国在高质量发展中统筹能源开发与环境保护。核能、风能、太阳能等清洁能源开发在我国能源转型和高质量发展进程中，以及在现代化战略布局中发挥了重要作用。习近平总书记提出："深入推进能源革命，加强煤炭清洁高效利用，加大油气资源勘探开发和增储上产力度，加快规划建设新型能源体系，统筹水电开发和生态保护，积极安全有序发展核电，加强能源产供储销体系建设，确保能源安全。"①党的二十大报告中提出的"双碳"，是新时期我国清洁能源开发建设的目标牵引。以清洁能源替代传统的化石燃料，既能满足城市人口生活需求，又能节约煤炭等不可再生资源，更能实现生态环境保护，是实现人民美好生活的具体体现和重要举措。此外，持续严格控制高耗能、高排放项目，合理淘汰落后产能，积极安全有序发展光能源、氢能源，探索能源生产与消费新模式，利用先进制造技术开发风能、太阳能、地热能、潮汐能等清洁能源，代替煤炭、石油等传统化石能源，为我国作为能源消耗大国，缓解能源压力、满足能源需求提供了新路径。

---

① 习近平：《高举中国特色社会主义伟大旗帜　为全面建设社会主义现代化国家而团结奋斗——在中国共产党第二十次全国代表大会上的报告》，人民出版社2022年版，第51—52页。

📖 **延伸阅读**

白鹤滩水电站再创世界新纪录*

2022年12月20日，随着白鹤滩水电站最后一台机组顺利完成72小时试运行，世界上最大的"清洁能源走廊"板块的最后一块拼图归位，我国刷新了世界勇闯水电"无人区"的新纪录。这是一条跨越1800多公里的绿色能源长龙，"单机容量100万千瓦""地下洞室群规模""圆筒式尾水调压井规模""无压泄洪洞群规模""300米级高拱坝抗震参数""300米级特高拱坝中，首次全坝使用低热水泥混凝土"6项关键技术指标的"世界第一"，表明我国攻克了一系列世界级技术难题。

我国的水电开发工程在半个世纪内取得了举世瞩目的成就，从万里长江第一坝——20世纪80年代葛洲坝工程开工建设，到全世界规模最大的水利枢纽工程——新世纪三峡工程蓄水发电，再到现如今白鹤滩水电站全面投产发电，"西电东送"工程的推进和扩大使我国建成了世界上最大的清洁发电体系，在构建人与自然和谐共生的现代化战略布局过程中发挥了重要作用。

白鹤滩水电站全部机组的投产，连接了乌东德、白鹤滩、溪洛渡、向家坝、三峡、葛洲坝，贯通了长江干流上的6座巨型梯级水电站，构成了世界范围内最大的"清洁能源走廊"，同时形成了"生态保护走廊"，进一步保障了长江流域防洪安全、航运安全、生态安全、水资源安全和能源安全。这一工程对我国新时代统筹水电

---

* 参见《绿电延绵贯西东——我国建成世界最大"清洁能源走廊"综述》，新华网，2022年12月20日。编者对内容有所修改。

开发、提高大型水电开发核心能力具有特殊的意义，体现了中国式现代化连续性和创新性的统一。

清洁能源照亮万家灯火，综合效益日渐凸显。白鹤滩水电站建成后，长江干流6座水电站实现联合统一调度，总库容达919亿立方米的梯级水库群和战略性淡水资源库有效缓解了长江中下游地区用水紧张的局面；高达7169.5万千瓦总装机容量的总计110台水电机组的协同运行缓解了华中、华东地区及川、滇、粤等省份的用电紧张局面，凸显了在防洪、发电、航运、旅游、水资源利用和生态安全等方面的综合效益。

第八章

维护国家安全和
社会稳定

国家安全是民族复兴的根基，社会稳定是国家强盛的前提。走好中国式现代化道路的新征途，保证国家安全和社会稳定始终是"头等大事"。健全国家安全体系、增强国家安全能力、强化公共安全治理、完善社会治理体系是维护国家安全和社会稳定的重要抓手。

"于安思危，于治忧乱。"党的二十大首次将"推进国家安全体系和能力现代化，坚决维护国家安全和社会稳定"以专章形式写入大会报告，强调"必须坚定不移贯彻总体国家安全观，把维护国家安全贯穿党和国家工作各方面全过程，确保国家安全和社会稳定"，这为我们做好维护国家安全和社会稳定工作指明了前进方向、提供了根本遵循。党的百年奋斗历程和新时代十年党和国家取得的历史性成就、发生的历史性变革充分证明，没有安全和稳定，发展和繁荣便无从谈起。国家安全是安邦定国的重要基石，维护国家安全是全国各族人民根本利益所在。统筹好发展和安全，才能更好推动中华民族伟大复兴进程。

　　当前，世界之变、时代之变、历史之变正以前所未有的方式展开。一方面，世界大变局加速演进，新一轮科技革命和产业变革深入发展，国际力量对比深刻调整，我国发展面临新的战略机遇。另一方面，逆全球化思潮抬头，单边主义、保护主义明显上升，世界经济复苏乏力，局部冲突和动荡频发，全球性问题加剧，世界进入新的动荡变革期，我们面临的国家安全问题的复杂程度、艰巨程度明显提升。在以中国式现代化全面推进中华民族伟大复兴的新征程上，必须坚持统筹发展和安全两件大事，既要善于运用发展成果夯实国家安全的实力基础，又要善于塑造有利于经济社会发展的安全环境。

第一节

健全国家安全体系

　　2014年4月15日，习近平总书记提出了"总体国家安全观"的概念，他指出，要"构建集政治安全、国土安全、军事安全、经济安全、文化安全、社会安全、科技安全、信息安全、生态安全、资源安全、核安全等于一体的国家安全体系"①。由此，"国家安全体系"作为"总体国家安全观"下的一个重要概念，被正式纳入了国家安全的理论中，与此同时，健全国家安全体系成为国家安全战略的重中之重。通过完善高效权威的国家安全领导体制、完善国家安全体系以及构建全域联动、立体高效的国家安全防护体系，一个完整、科学的国家安全体系得以健全。

一、完善高效权威的国家安全领导体制

　　党政军民学，东西南北中，党是领导一切的。中国特色社会主义的本质特征和最大优势就是坚持中国共产党的全面领导，中华民族伟大复兴的基本前提和根本保障也在于坚持党的全面领导。苏联之所以

①《习近平谈治国理政》，外文出版社2014年版，第201页。

解体，就是因为没有始终坚持党的领导和马克思主义，国家安全受到巨大威胁。党的领导在国家安全方面极为重要，必须始终坚持党对国家安全的绝对领导和全面统领，充分发挥党总揽全局和协调各方的作用，通过一系列制度的设置，将党的领导贯穿于国家安全体系的全过程、全方面。

现如今，国家安全体系初步建立，但在领导体制方面依然存在着层级分割、部门壁垒及沟通不畅等问题。层级分割、部门壁垒及沟通不畅都容易导致国家安全体系"各自为营"，各部门存在沟通障碍，在政策实施上不能做到及时、迅速，这直接导致国家安全领导体制的高效性及权威性受到影响，必须加以解决。因此，必须加强国家安全协调机制的建设，完善重要专项协调指挥体系，确保党的领导既高效又权威，既集中又统一。应当把坚持党对国家安全工作的全面领导，当成做好国家安全工作的重要原则。要坚持党中央对国家安全工作的集中统一领导，完善高效权威的国家安全领导体制。坚定不移贯彻中央国家安全委员会主席负责制，在国家安全工作中深刻领悟"两个确立"的决定性意义，增强"四个意识"、坚定"四个自信"、做到"两个维护"，把党中央关于国家安全工作的决策部署落实落细。

完善高效权威的国家安全领导体制，应当在党的领导下设置一系列高效、科学的国家安全制度，建立系统的国家安全制度保障体系。国家安全制度是国家安全的重要保障，应当在广泛调查、深刻研究的基础之上，结合当今国际安全以及国内安全形势，制定系统的国家安全制度。现如今，由《中华人民共和国国家安全法》规定的相关制度和机制有：一是统分结合、协调高效的国家安全制度与工作机制，包括建立国家安全领域的工作协调、督促检查和责任追究、跨部门会商、协同联动、决策咨询等机制。这解决了部门壁垒问题，促进了部门联动，有利于党的全面领导。二是情报信息制度。这解决了各个部门沟通不畅的问题，推动了各个部门之间的协调工作。三是风险预防、评估和预警制度。这从根源上实现了对重大安全风险的防范化解，有利于维护党的领导。四是审查监管制度。这实现了党对各部门各工作环节的监督，防止国家安全体系运作时出现疏漏、不足及腐败等问题。五是危机管控制度。这有利于我们在党的领导下迅速发现、迅速处理危机，大大提升了国家安全工作效率。六是国家安全战略的制定、实施和监督制度。这从战略层次维护了国家安全体系，保证在党的领导下制定科学的国家安全战略，做到各项工作有据可循，有利于更为得心应手地处理国家安全问题。七是建立健全国家安全保障体系，增强维护国家安全能力。这从体系方面系统、综合、科学地健全了国家安全保障的内容，大大提高了国家处理安全危机的能力，同时也更好地维护了党对国家安全工作的领导。以上七项制度和机制在党的领导下充分保障了国家安全领导体制，为国家的安全工作作出了极大的贡献。

二、完善国家安全体系

党的二十大报告指出，要完善国家安全法治体系、战略体系、政策体系、风险监测预警体系、国家应急管理体系。法治体系为国家安全提供了法律和制度保障；战略体系为国家安全提供了科学的综合布局；政策体系为国家安全工作提供了严格科学的执行标准；风险监测预警体系为国家防范化解重大风险、充分掌握国家安全工作的主动权、维护国家安全稳定提供了坚实的基础；国家应急管理体系为突发安全事件中维护国家安全利益、保障人民生命安全提供了坚实的保障。以上各个安全体系的建设与完善，是国家安全工作的重要载体，也是国家防范化解重大危机、提升应急应激风险管控能力、维护社会长治久安的重要载体，更是维护国家安全、地区安全乃至世界安全的重要载体，有力提升了国家安全治理效能，对于促进国家安全治理体系和治理能力现代化有着不可或缺的作用。

以上几大体系是健全国家安全体系的关键内容，必须运用系统观念加以综合把握。党的二十大报告指出，要统筹外部安全和内部安全、国土安全和国民安全、传统安全和非传统安全、自身安全和共同安全。这充分说明，建设国家安全体系，应当坚持系统观念、运用系统思维，进行综合管理、统筹建设。与此同时，总体国家安全观中所突出的"总体"二字，也充分体现了运用系统思维把握国家安全的重大意义。当今的世界局势，安全问题层出不穷。正因如此，国家安全所面临的各种风险及危机，比历史上任何时候都要丰富得多，而且国家安全问题各种领域交杂，涉及领域极为宽广，系统观念的重要性不言而喻。在总体国家安全观的视域下，国家安全是一个系统的概念，是涉及国家的政权、主权、统一和领土完整、人民福祉、经济社会可持续发展以及国家其他重大利益等各方面的综合概念。正因如此，在总体国家安全观的引领下，针对以上几大国家安全体系，应当运用系统观念、战略思维加以把握。统筹把握以上几大体系，有利于明确国家安全体系的重要内涵，从而把握国家安全体系建设的当务之急以及重中之重。在统筹把握中，同步推进几大国家安全体系的建设，将国家安全体系贯穿于国家安全维护以及国家安全工作的全方位和全过程，对确保国家安全和社会长治久安有着深远的影响。

三、构建全域联动、立体高效的国家安全防护体系

党的二十大报告指出，要构建全域联动、立体高效的国家安全防护体系。当今世界正经历百年未有之大变局，"黑天鹅"和"灰犀

牛"事件层出不穷。任何一个方面、一个领域的疏漏，都可能导致全盘皆输。无论是国家政权安全、制度安全、意识形态安全，还是粮食、能源资源、重要产业链供应链等领域的安全，都是不可忽略的。实践证明，全域联动、立体高效地进行国家安全排查和预警防护是十分有必要的，事前预防，而非事后处置和解决，对于从根源上规避国家安全问题有着重要的意义。面对世界百年未有之大变局和中华民族伟大复兴的战略全局，如何全面贯彻落实总体国家安全观，既维护本国的安全，也实现本国的发展，于变局中开新局，于危机中育新机，从而为国家富强、民族复兴营造总体安全的大环境，是我们亟待解决、迫在眉睫的重大问题。正因如此，构建全域联动、立体高效的国家安全防护体系显得极为重要。

全域联动、立体高效的国家安全防护体系，顾名思义，就是在全国范围内、在各个领域构建国家安全防护体系，做到不漏一个死角，做到全方位、多层次、宽领域。这对于我们统筹发展与安全，有力应对新风险新挑战，有着极大的保护及支持作用。全域联动、立体高效的国家安全防护体系，是在党的集中统一领导下，全国人民共同参与、共同建设的安全防护体系，汇聚了全国人民的强大不竭力量。要"全域联动"，坚持在全国范围内进行安全防护，对新型安全风险早预警、早处置。同时，要坚持"立体高效"，在各个领域、各个层级，维护国家政权安全、制度安全、意识形态安全以及粮食、能源资源、重要产业链供应链安全，充分做好压力测试和效率测试，夯实国家安全和社会稳定的制度基础、人民基础，在各个层面及时高效地化解各类风险隐患，从而确保国家在全领土和各领域的安全。这样的国家安全防护体系，既充分发挥了党集中领导的优势，也充分发动了人民群众，也正因如此，这样的防护体系是极为安全、牢不可破的。

第二节

增强国家安全能力

国家安全能力是衡量一个国家防范化解重大安全、危机问题能力的重要尺度。国家安全能力是否合格，直接决定着一个国家能否维持国内稳定、能否在世界上处于绝对安全位置。党的二十大报告指出，要"增强维护国家安全能力。坚定维护国家政权安全、制度安全、意识形态安全，加强重点领域安全能力建设，确保粮食、能源资源、重要产业链供应链安全，加强海外安全保障能力建设，维护我国公民、法人在海外合法权益"，"筑牢国家安全人民防线"。由此可见，增强国家安全能力，应当从以上几大方面入手，充分发挥人民群众的力量，全方位努力，共同构筑国家安全屏障。

一、坚定维护国家政权安全、制度安全、意识形态安全

政治安全是指一个国家由政权、政治制度和意识形态为要素所组成的政治体系，相对处于没有危险和不受威胁的状态，以及面对风险和挑战时能够及时有效地防范、应对，从而确保国家拥有良好、安全的政治秩序。政治安全是我国国家安全的根本，其核心就是政权安全和制度安全。

政权安全是指国家的政权、政治秩序等方面免受威胁、侵犯、颠覆、破坏。现如今，我国的国家政权并不处于绝对的安全之中，总有一些西方资本主义国家为了自身利益，企图颠覆我国国家政权，如一些国家在中国周边挑起争端，企图对中国政权稳定构成威胁。同时，国内一些民族极端组织也对我国的政权安全造成了一定的威胁，"藏独""东突""台独""港独"等势力都对我国的政权安全带来了一定的影响。政权安全关系到一个国家的生死存亡，如果不加以重视，那么国家都可能将不复存在。

制度安全的核心是中国共产党的领导和执政地位的安全，以及中国特色社会主义制度的绝对安全。中国共产党的领导地位和中国特色社会主义制度是符合历史发展规律的，也是符合我国国情的，是我国人民的历史选择，因此，必须维护其绝对安全。除此之外，制度安全还包括一系列政治制度安全。中国政治制度是由人民代表大会制度这一根本政治制度，中国共产党领导的多党合作和政治协商制度、民族区域自治制度、基层群众自治制度等基本政治制度，以及选举制度、决策制度、监督制度、政务公开制度、协商民主制度等具体政治制度组成的，是经过实践得来的客观的、科学的、有利于我国发展的制度，这些政治制度的安全也应当加以维护。

意识形态工作是党的一项极端重要的工作。做好意识形态工作，既事关党和国家的前途命运，又事关国家和社会的长久稳定，更事关民族团结和人民幸福。因此，意识形态安全是国家安全的重要组成部分。意识形态安全可以被界定为，一个国家的主流意识形态相对处于没有危险和不受内外威胁的状态，以及有保障持续安全状态的能力。现如今，以美国为首的西方资本主义国家不断在世界范围内强行推行其"普世价值"，这对我国的意识形态安全构成了极大的威胁。在我国，维护意识形态安全，主要就是全面落实马克思主义在意识形态领域指导地位的根本制度，同时防止以美国为首的西方资本主义国家的意识形态渗透。

二、确保粮食、能源资源、重要产业链供应链安全

粮食安全、能源资源安全以及重要产业链供应链安全，事关国计民生，是国家安全的重要组成部分。有了粮食安全，农业才能够得到稳定发展，人民才能够不饿肚子；有了能源资源安全，工业才能够得到长足发展，人民才能够富强；有了重要产业链供应链安全，我们才能够确保各行各业的物资供应不断，维持各个行业的稳定发展。

保障国家粮食安全，大力实施乡村振兴战略。完善强农惠农政策，持续抓紧抓好农业生产，加快推进农业农村现代化。保障国家粮食安全是实现经济发展、社会稳定以及国家安全的重要基础。由于我国人口众多，"三农"问题永远是我国的头等大事，确保粮食安全，让人民能吃饱饭，是极为重要的工作。现如今，在一系列专门针对"三农"问题的政策影响下，我国粮食等农产品产量均能够实现稳步增长，基本实现了谷物的自给，粮食安全得到了最大限度的保障，这是值得充分肯定的。

然而，我国的粮食安全问题依然面临着一些挑战，例如，个别粮食品种过于依赖进口；个别种粮技术不能充分掌握，不能达到世界领先水平；土地耕地资源有限；国际大环境大形势的不断影响；等等。

从国内来看，诚然，我国的粮食品种较为丰富，然而一些粮食品种不得不依赖国外进口的问题依然存在，这大大限制了我国粮食生产的自主性。与此同时，我国虽然掌握着较高的种粮技术，但是个别种粮技术依然被一些国家所遏制，技术的自主性遭到了一定程度的打压。除此之外，我国耕地资源较为有限，人均耕地占有量仅为世界平

均水平的2/5，这直接导致我国的粮食生产受水土资源的约束越来越紧。在这个约束下，我们实现粮食增产的难度也直线上升，这直接导致了我国粮食供求的不平衡，有些能够实现自主生产的粮食也不得不从国外进口。

从国际来看，目前，世界正在经历百年未有之大变局，国际粮价发生了巨大的波动。而中国的一部分粮食不得不依赖国外进口，这就导致了资金流出；同时，中国向外国出口的粮食价格也受到了较大的影响，这间接影响了国家的经济安全及民生安全。正因如此，要在国际社会上更加主动，掌握国家安全的主动权，实现人民的吃饱穿暖、国家的安全稳定，必须把粮食安全牢牢把握住，在国际社会上赢得粮食安全的自主权。在粮食安全的问题上，我们必须提高认识，充分认识到粮食安全的重要性和紧迫性，牢牢把握住粮食安全的主动权。实现粮食安全的自主，应当充分坚持独立自主、立足国内、面向国际、确保民生、完善技术、把准市场，为国家安全以及中国特色社会主义事业提供坚实的粮食安全保障。

能源资源安全是关系到国家经济社会发展的全局性及战略性问题。能源资源安全对国家繁荣富强、社会长治久安以及人民安居乐业都极为重要。能源资源安全直接决定着工业发展以及人民日常生活的水平状况。纵观世界，现如今，我国已经成为世界上最大的能源和战略性矿产资源生产国与消费国，一系列亟须解决的能源资源安全问题也随之产生。

近年来，国际能源体系发生了重大转变和深刻变革，绿色低碳转型深入推进。同时，由于地缘政治因素影响，全球能源危机不断加剧，各国对能源的需求量也日益增多，僧多粥少，由能源导致的争端层出不穷。就我国来看，我国目前在经济社会发展中依然对能源有着较大的需求量，与此同时，我国积极推进碳达峰碳中和，也对能源清洁低碳转型提出了更高的要求。除此之外，我国在经济社会、国防军事的发展中，对战略性矿产资源的需求量依然较大，能源资源安全稳定供应仍面临着较为严峻的现状。以上的风险挑战让我们不得不深刻研究能源资源安全保障问题，只有更好地统筹能源资源发展和安全、开发和保护、当前和长远、发展与减排问题，系统地提升能源资源安全和保障水平，才能更好地保障经济社会发展所需的能源资源，实现国家的能源资源安全。为此，应当扎实立足我国能源资源的供需情况，深入推进能源产供销储体系建设，进一步提升煤电油气供应保障能力，并在此基础上逐步形成煤炭、电力、石油、天然气、新能源、可再生能源全面发展的能源供给体系，以此维护国家的能源资源安全。

产业链供应链安全稳定是大国经济必须具备的重要特征。因此，确保产业链供应链安全稳定是提升国家安全能力的重要环节。我国制造业增加值总量连续多年位居全球第一，我国作为世界第一制造大国的地位当仁不让。正因如此，不断巩固、完善产业体系，提升产业链供应链的安全稳定，从而增强产业结构转换能力以及对经济社会发展的重要服务保障作用，是极为重要的一项任务。作为一个大国，我们必须在关系到国计民生以及国家经济命脉的重点产业领域形成完整而有韧性的产业链和供应链，尤其要加快建设现代化产业体系。围绕制造业重点产业链，集中优质资源合力推进关键核心技术攻关。加强重要能源、矿产资源国内勘探开发和增储上产。

与此同时，我们应当深刻认识到，在世界百年未有之大变局的影响下，我国经济发展面临着较为严峻的国际环境和较为复杂的国内环境，在此环境下，产业链供应链的安全稳定运行仍然存在着不少风险挑战。正因如此，只有着力提升产业链供应链稳定性和产业综合竞争力，才能充分维护产业链供应链安全，筑牢经济安全基础，为构建现代化产业体系、推动高质量发展提供坚实的安全保障。

三、维护我国公民、法人在海外合法权益

增强国家安全能力，除了维护广大公民在国内的安全，还应维护我国公民、法人在海外的合法权益，这彰显了我国的大国担当及人民至上的伟大情怀。众所周知，我国始终坚持以人民为中心，坚决维护人民的安全利益。而广大海外公民的合法权益，也包含在人民的实际利益之内。

事实上，在党的坚强领导下，我们始终坚持人民至上、生命至上，时时刻刻关心着海外同胞的切实安全利益。近十年来，我国共组织实施近20次紧急撤离我国海外公民的行动，处理各类领事保护案件50多万起，涉及中国公民数百万人。紧急撤侨工作的复杂性有目共睹，外事部门必须协调各方、谋划到细，不然就会差之毫厘，失之千里，正是在以人民为中心的核心思想指引下，我国对所有同胞负责，并让所有同胞感受到了强大祖国的温暖怀抱。与此同时，在过去十年，外交部设立了全球领事保护与应急服务热线12308，共接听各类来电咨询300多万通。为了维护我国公民、法人在海外的合法权益，外交部深入推进领事服务的转型升级，大幅下调中国公民办理领事证件的费用，打造"智慧领事平台"，完善"中国领事"App功能，合理利用信息技术，通过线上与线下相结合，为在海外的公民和法人切实提供便利。这一系列的做法，充分彰显出我国对海外同胞的关心，并且切实维护了我国公民、法人在海外的合法权益，大大增强了国家安全能力。

四、筑牢国家安全人民防线

江山就是人民，人民就是江山，人民群众是国家安全的智慧源泉和不竭动力。人民安全是国家安全道路的方向与根基，只有充分保障人民的生命和财产安全，才能真正实现国家安全。1840年鸦片战争之后，一直到1949年新中国成立之前，由于"三座大山"的压迫，中国社会长期动荡，广大人民群众的生命安全及财产安全受到了极大的损害。若人民最基础的安全保障无法实现，国将不国。与之相对的是，新中国成立后，在党的坚强领导下，我国政府坚持以人民为中心，把解决人民的生存权和发展权的问题摆在首位，充分赢得了人民的拥护和支持。历史的经验告诉我们，无论是哪个政权，只要把人民放在首位，充分保障人民的安全，那么必然得到人民的拥护。当今，在世界百年未有之大变局和中华民族伟大复兴的战略全局中，中国发展的历史条件和国际国内形势都发生了较大的变化，我们更应当把人民安全当成国家安全的宗旨，把人民的安全利益放在首要位置。

与此同时，我们应当充分筑牢维护国家安全人民防线，让全民更有实实在在的安全感和参与感。国家所有的安全问题，归根结底要由人民来参与解决；国家的安全，应当由人民共同维护；国家是否安全，最终的评价权也在人民。在新时代，中国经历的若干安全危机，都是在人民的共同维护下得以安全度过。例如，在国家安全领域，广大人民充分发挥力量，不断与敌特组织作斗争，将潜伏于境内的特务组织逐一破获；在社会安全领域，广大人民组成的志愿者组织时刻保持警惕，及时发现社会的不安定因素，为社会的安全稳定作出了重大的贡献。正是在广大人民群众参与维护国家安全的过程中，我国的国家安全才得以不断维护。

近几年来，几乎每年的政府工作报告都会提到国家安全观的贯彻问题，足见国家安全观对维护国家安全的重要意义。因此，应当使广大人民群众深刻认识到，国家安全不是遥不可及的概念，而是就在人民身边的议题，每个公民都有义务维护国家安全。应当广泛开展全民国家安全教育，使得广大人民群众将总体国家安全观内化于心、外化于行，自觉把维护国家安全当作工作生活中的一部分，以此来共同为国家安全出一份力，从而使得我国的国家安全屏障越来越牢固。

第三节

强化公共安全治理

党的二十大报告指出，要建立大安全大应急框架，完善公共安全体系，推动公共安全治理模式向事前预防转型。公共安全关乎人民群众最直接的切身利益，是国家安全和社会稳定的重要一环，也是实现人民群众对美好生活的向往的重要保障。在新时代，强化公共安全治理，提升维护公共安全的综合能力，有百利而无一害。应当树立忧患意识，坚持安全第一、预防为主，同时提升广大人民群众对公共安全的认知，利用群众力量共同维护公共安全。

一、坚持安全第一、预防为主

"凡事预则立，不预则废。"公共安全问题具有一定的特殊性，往往一旦爆发，便会产生严重的后果。因此，必须充分认识到这个问题，从根源上解决，做到安全第一、预防为主。当今世界，不稳定因素诸多，由此带来的经济、政治、社会问题层出不穷，这些都对公共安全带来了一定的挑战，如果不处理好，人民的公共安全权益必将受到较大的威胁。任何一个细小的安全隐患都可能导致较大的安全问题。因此，应当充分保持忧患意识，不忽略任何一个细小的问题。在新形势下，我国面临复杂多变的发展和安全环境，各种可以预见和难以预见的风险因素较以往明显增多，必须始终保持高度警惕，提高风险化解能力。面对世界百年未有之大变局，应当充分统筹发展和安全，在确保国家安全的前提下进行最大限度的发展。应当充分分析世界局势和国内局势，充分认识到国际与国内环境的重大变化和我国面临的风险挑战，着力防范化解重大风险，在危机中育先机、于变局中开新局。在工作中，我们应当充分考虑人民群众的安全问题，坚持从人民群众根本利益出发，以人民安全为宗旨，以政治安全为根本，以经济安全为基础，以军事、文化、社会安全为保障，以促进国际安全为依托，充分统筹外部安全和内部安全、国土安全和国民安全、传统安全和非传统安全、自身安全和共同安全，综合统筹以上几部分安全，防患未然、未雨绸缪。

二、加强个人信息保护

公共安全治理，除了国家、政府推行一系列政策，人民群众也应当在国家的指导下，时刻树立个人防护意识。个人信息对公民来说是十分重要的，一旦遭遇泄露，很可能会对个人造成较为严重的损害，如个人隐私泄露、个人经济损失、个人名誉受损等。尽早发现侵害个人信息的风险，防患于未然，将风险消灭在个人信息泄露所导致的一系列后果之前，因而从根源上加强个人信息保护十分必要。国家统一领导，个人时刻警醒，两者相结合，方能确保公共安全。个人信息保护属于公共安全治理的重要一环，同样需要注意安全第一、预防为主。相较于发生个人信息安全问题之后再进行补救，事前预防可以将公共安全治理的经济成本和政治成本降到最低，也可以使得公共安全资源得到更加合理的配置，从而提升公共安全治理的效率，为实现公共安全治理能力和治理体系的现代化作出重要贡献。第十三届全国人民代表大会常务委员会第三十次会议通过的《中华人民共和国个人信息保护法》第十一条规定：国家建立健全个人信息保护制度，预防和惩治侵害个人信息权益的行为，加强个人信息保护宣传教育，推动形成政府、企业、相关社会组织、公众共同参与个人信息保护的良好环境。这说明，我们国家法律明文指出了个人信息保护制度的重要性，也为个人信息保护指明了道路。此外，在法律层面，我们国家还通过一系列的法律，如《民法典》《个人信息保护法》等，规定了人格权、请求权以及特别针对个人信息保护的同意撤回权，大大保障了个人信息主体的合法权益，使得广大人民群众最大限度规避了个人信息安全的风险。在近年来，我们国家还通过一定的网络信息技术，有效推进了个人信息保护工作。例如，各地公安机关通过抖音、微信公众号等线上平台实时宣传个人信息保护的相关知识，在全国范围内推广安装"国家反诈中心"小程序，通过一系列高科技手段，远程打击电信网络诈骗，预警并劝阻遇到电信网络诈骗的人民群众……这些举措都有效保护了个人信息安全，并有效提升了公共安全治理水平。

三、确保安全生产

安全生产是国之大事，不仅事关民生福祉，更事关经济发展大局，是公共安全的重要组成部分，因此，一丝一毫都不能放松。安全生产重于泰山，应当大力推进安全生产风险专项整治，并加强重点行业、重点领域的安全监管，以此筑牢安全生产的重要防线。现如今，我国对安全生产极为重视，从两方面提升安全生产水平。一方面，从思想根源上抓好广大生产者的安全意识。号召各部门严格落实监管主体责任，并且提升部门的安全生产使命感、责任感，在全社会加强安全生产教育警示，引导广大人民群众牢固树立安全生产意识，克服麻痹思想，提升综合安全素质，让安全生产理念内化于心、外化于行。另一方面，强化业务素质、提升监管能力，推动各责任主体履行好安全生产职能。安全生产离不开安全监督，从政府管理部门监管，到行业内部监管，安全监管延伸到生产的方方面面，有效地避免了一系列重大事故的发生。

第四节

完善社会治理体系

党的二十大站在推进国家安全体系和能力现代化的战略高度，对完善社会治理体系作出了重要论述。完善社会治理体系是以习近平同志为核心的党中央从推进国家安全体系和能力现代化，坚决维护国家安全和社会稳定的战略高度提出的一项重大任务，必须深刻领会、把握社会治理体系的内涵。

一、畅通和规范群众诉求表达、利益协调、权益保障通道

人民群众的利益是社会的重要利益。通过人民群众的诉求表达，我们可以充分了解群众所想、所需，并根据实际情况协调群众利益，从而保障群众的切实利益。畅通和规范群众诉求表达、利益协调、权益保障通道应当从以下几个方面入手。

第一，畅通诉求表达机制。完善诉讼、仲裁、行政复议等法定诉求表达机制，发挥人大、政协、人民团体、社会组织、基层群众自治组织以及新闻传媒等的群众诉求表达渠道作用，依法按照政策及时妥善处理群众的合理诉求。这有利于我们较为直接地聆听到广大人民群

众的切身利益诉求，并根据人民群众的诉求来及时调整社会治理的法规政策，从而获得切实将人民群众的切身利益放在心上并落到实处的效果。

第二，规范利益协调机制。完善公共决策社会公示制度、公众听证制度、专家咨询论证制度；健全民主决策程序，凡是推出涉及人民群众切身利益的重大决策，都要把社会风险评估作为前置程序、刚性门槛，使重大决策的过程成为党委和政府倾听民意、改善民生、化解民忧的过程。这有利于我们从社会公共决策层面，协调广大人民群众的利益，通过规范利益协调机制，实现社会治理程序的规范化、听取民意程度的最大化，从而获得切实实现社会各方利益最大化的效果。

第三，规范群众利益和权益保障机制。要坚决防止和纠正因违法或行政行为不当而损害群众利益；通过改革行政复议体制、健全行政复议案件审理机制，维护好群众在土地征用、房屋拆迁、企业改制、劳动关系、教育医疗、社会保障、环境保护、安全生产、食品药品安全、城市管理等方面的切身利益。这有利于我们从社会治理层面直接维护广大人民群众的切身利益，通过规范群众利益和权益保障机制，以及在各个环节、各行各业设立一些科学的制度，并规范行政复议体制，使得人民群众在利益受到损害之时，能够及时、高效地通过正规程序来维护自身合法权益。

二、建设人人有责、人人尽责、人人享有的社会治理共同体

"人人有责、人人尽责、人人享有的社会治理共同体"的提出，体现了我们党对人类社会发展规律以及现代社会治理规律的充分认识和深刻把握，具有鲜明的现实性、科学性及实践性，为新时代的社会

治理提供了重要的方法论。

第一，建设人人有责的社会治理共同体。习近平总书记指出："新时代属于每一个人，每一个人都是新时代的见证者、开创者、建设者。"①这一重要论述告诉我们，新时代是属于大家的，每一个人都是新时代的建设者，每一个人都是新时代的实践者。社会治理共同体，需要广大人民群众共同承担起建设责任。

建设人人有责的社会治理共同体，必须坚持"人民至上"，并充分尊重人民主体地位。社会治理共同体，是全体人民的共同体，任何人都不能被排除在外。《共产党宣言》指出："过去的一切运动都是少数人的，或者为少数人谋利益的运动。无产阶级的运动是绝大多数人的，为绝大多数人谋利益的独立的运动。"②在社会治理共同体中，我们也同样应当尊重人民主体地位，做到从群众中来，到群众中去，并充分发动广大人民群众的力量来进行社会治理共同体建设。在社会治理中，无论是农村还是城市，无论是规划还是建设，都应当始终坚持人民至上，始终回应人民群众最真实的需求。应当根据广大人民群众的需要，想人民所想、急人民所急，充分满足人民群众的物质生活和精神生活需求，在为人民群众创造良好的居住生活环境的同时，为人民群众的精神世界营造良好的氛围，大力提升人民群众的参与度、获得感和幸福感，充分满足人民群众对美好生活的向往。这就要求我们在工作中要广泛调查、深入研究，及时准确地掌握人民群众的利益诉求和精神需求，重点解决广大人民群众关注的重大问题，例如住房、就业、子女教育、食品安全、退休养老、医疗卫生、环境污染

---

① 习近平：《在第十三届全国人民代表大会第一次会议上的讲话》，载《人民日报》2018年3月21日。

② 《马克思恩格斯文集》（第二卷），人民出版社2009年版，第42页。

等。鼓励广大人民群众积极投入社会治理及社会建设，让广大人民群众在此过程中收获充分的参与感，并成为建设社会治理共同体的最大受益者。除此之外，应当在社会治理政策方面充分尊重人民主体地位，必须把民主选举、民主协商、民主决策、民主管理、民主监督的实践贯穿于社会治理的全过程和各方面，增强人民群众对社会治理共同体的认同感和归属感。

第二，建设人人尽责的社会治理共同体。社会治理共同体，顾名思义，就是全国人民共同参与的社会治理体系，在这个共同体中，每个人的作用都是巨大的。建设社会治理共同体，需要每个人尽到责任义务，共同努力、奋发向前。

建设人人尽责的社会治理共同体，需要加强城乡社区自治。城乡社区是人民群众安居乐业的幸福家园，也是社会治理的基本单元。城乡社区为人人尽责的社会治理共同体提供了重要的实践平台。城乡社区对于社会治理的重要性不言而喻。习近平总书记指出："社会治理的重心必须落到城乡社区，社区服务和管理能力强了，社会治理的基础就实了。"①由此可见，在城乡社区这个平台上，社会治理得以大有作为，同时，社区服务和管理能力也正是在城乡社区这个平台上得以加强。

建设人人尽责的社会治理共同体，需要推进协商共治。协商共治，就是要通过各种途径、各种渠道、各种方式就国家发展、社会改革、人民生活等与人民群众息息相关的重大问题开展大范围的协商，将人民群众的切实利益与国家社会利益相统一。习近平总书记指出："要发挥社会各方面作用，激发全社会活力，群众的事同群众多商

---

① 《习近平在参加上海代表团审议时强调　推进中国上海自由贸易试验区建设　加强和创新特大城市社会治理》，载《人民日报》2014年3月6日。

量，大家的事人人参与。"①由此可见，社会治理不是一个人的小事，而是所有社会成员共同参与的大事。而协商共治，有利于将社会成员集中组织起来，通过社会治理共同体这个中介，形成社会发展的合力。在社会治理共同体中，每个人都是参与者，同时，每个人都是责任人。虽然在社会治理共同体中，各个主体权责分明，职责各有不同，但是每个人都应该在各自职责范围内尽忠尽责，以此实现社会治理现代化，从而维护国家安全和社会稳定。

第三，建设人人享有的社会治理共同体。习近平总书记指出："生活在我们伟大祖国和伟大时代的中国人民，共同享有人生出彩的机会，共同享有梦想成真的机会，共同享有同祖国和时代一起成长与进步的机会。"②由此可见，中国的发展是广大人民群众共同努力的成果，与此同时，广大人民群众也有权利享有祖国发展的红利。在社会治理上亦是如此，在社会治理共同体中，广大人民群众共同参与社会的治理，同时，也人人享有社会发展的成果。

建设人人享有的社会治理共同体，首先从受益范围维度来看，强调的是社会治理共同体成果享有的全民性。共享发展是人人享有、各得其所，不是少数人共享、一部分人共享。就社会治理共同体建设成果的享有范围来看，应当是人人享有，不落一人。"共享"是新发展理念的重要组成部分之一，正是"全民共享"，社会主义制度的优越性才得以突出彰显。实现社会治理共同体成果的全民共享，需要坚持人民至上，始终从人民的根本利益和集中需求出发，在社会治理共同

①《习近平在参加上海代表团审议时强调　践行新发展理念深化改革开放　加快建设现代化国际大都市》，载《人民日报》2017年3月6日。

② 习近平：《在第十二届全国人民代表大会第一次会议上的讲话》，载《人民日报》2013年3月18日。

体建设的过程中，努力解决与广大人民息息相关的重要问题，维护广大人民的共同利益，并在此基础上，最大限度将社会发展红利惠及广大人民，使得全民共享社会发展成果，实现人民群众对美好生活的向往。除此之外，在建设人人享有的社会治理共同体的过程中，应当认真引导，使得广大人民群众充分认识到人人有责、人人尽责的重要性。社会治理共同体首先需要人民群众共同建设，在此基础之上才能实现社会治理现代化，并最终实现人人享有的社会治理共同体的建成。应当坚守底线、突出重点、完善制度、加强引导，让人民群众充分树立起参与社会治理的责任意识，勠力同心，共同努力，共建良好、安全、幸福、安康、和谐的新时代社会。在此基础之上，应当制定一系列的社会法规，切实维护每一位社会治理参与者的切身利益和合法权利，确保人人都能共享社会治理现代化的发展红利，使得社会发展成果更加高效地惠及全体人民。

建设人人享有的社会治理共同体，从成果范围维度来看，强调的是社会治理共同体建设成果享有的全面性。社会的发展不是单独一方面的发展，而是覆盖全方面的发展。正因如此，人人享有的社会治理共同体，应当也满足全面的需求。人人享有是共享社会治理共同体建设所有领域的发展成果。习近平总书记指出，"共享是全面共享"，"共享发展就要共享国家经济、政治、文化、社会、生态各方面建设成果，全面保障人民在各方面的合法权益"。①延伸到社会治理方面，就要求我们在社会治理共同体建设的同时，切实、全面地保障人民群众人人享有社会发展的红利。除此之外，应当注重将共享发展的全面性贯穿于社会发展的各个环节。人人共享，并非单独一个环节的共

---

① 习近平：《在省部级主要领导干部学习贯彻党的十八届五中全会精神专题研讨班上的讲话》，载《人民日报》2016年5月10日。

享，而是社会发展全环节的共享。因此，在推进社会治理共同体建设的过程中，应当从全过程、全环节入手，不断完善各个环节的规章制度，确保每一个人在每一个环节都能共享其合法权益，从而实现人民群众对美好生活的向往。

■ 延伸阅读

用新时代"枫桥经验"打好维护国家安全人民战争*

2023年是毛泽东同志批示学习推广"枫桥经验"60周年，是习近平总书记指示坚持和发展"枫桥经验"20周年。长期以来，国家安全机关坚持以人民安全为宗旨，坚持把人民作为一切工作的根本出发点和落脚点，创造性运用"枫桥经验"，不断筑牢国家安全屏障。

"枫桥经验"形成于社会主义建设时期，发展于改革开放和社会主义现代化建设新时期，创新于中国特色社会主义新时代。1963年，浙江省诸暨市枫桥镇的干部群众创造了"发动和依靠群众，坚持矛盾不上交，就地解决，实现捕人少，治安好"的"枫桥经验"，成为我国基层社会治理的样板和旗帜。毛泽东同志于当年亲笔批示："要各地仿效，经过试点，推广去做。"

2003年11月，时任浙江省委书记习近平同志在纪念毛泽东同志批示"枫桥经验"40周年暨创新"枫桥经验"大会上指出，要充分珍惜"枫桥经验"，大力推广"枫桥经验"，不断创新"枫桥经验"。2023年9月，习近平总书记在浙江考察时指出，要坚持好、发展好新时代"枫桥经验"，坚持党的群众路线，正确处理人民内部矛盾，紧紧依靠人民群众，把问题解决在基层、化解在萌芽状态。11月6日，习近平总书记在北京人民大会堂亲切会见全国"枫桥式工作法"入选单位代表，向他们表示诚挚问候和热烈祝贺，勉励他们再

---

* 参见《用新时代"枫桥经验"打好维护国家安全人民战争》，国家安全部微信公众号，2023年11月7日。编者对内容有所修改。

接再厉，坚持和发展好新时代"枫桥经验"，为推进更高水平的平安中国建设作出新的更大贡献。60载栉风沐雨，60载春华秋实，"枫桥经验"早已走出浙江、走向全国，从全国政法战线的一面旗帜，发展成推进中国式现代化的重要利器。

一切为了人民，是"枫桥经验"的不变初心、核心内涵。以人民安全为宗旨，是国家安全工作的根本立场。国家安全部成立40多年来，坚持把维护人民安全贯穿国家安全工作始终，坚定履行党和人民赋予的神圣使命，为人民创造良好生存发展条件和安定社会生活环境。国家安全机关广泛动员全社会力量，紧扣"4·15"全民国家安全教育日等重要节点，依托主流媒体和新媒体平台，开展形式多样、丰富多彩的国家安全宣传教育活动，开创国家安全人人有责、人人尽责的工作新局面。国家安全机关坚持专群结合，开通12339举报受理电话和互联网举报受理平台，开通国家安全部微信公众号举报受理渠道。近年来，越来越多人民群众及时通过各种方式，积极反映危害国家安全的可疑情况，为国家安全机关依法发现、防范、制止和惩治各类危害国家安全活动提供了有力支持。

发动和依靠群众是"枫桥经验"的精髓所在、灵魂所在。国家安全工作坚持一切为了人民，一切依靠人民。历史和现实充分证明，人民越有安全感，国家安全就越有依靠；国家越平安，人民就越有安全感。要把人民作为维护国家安全的基础性力量，让维护国家安全成为每个公民的自觉行动，建立起强大的国家安全人民防线，汇聚全民维护国家安全的磅礴力量。

第九章

开创国防和军队现代化新局面

如期实现建军一百年奋斗目标，加快把人民军队建成世界一流军队，是全面建设社会主义现代化国家的战略要求。在实践中必须始终坚持党对人民军队的绝对领导，坚持新时代建军强军治军方略，推进人民军队治理能力现代化，巩固提高一体化国家战略体系和能力。

"兵者，国之大事，死生之地，存亡之道，不可不察也。"纵观人类社会发展史，国家之间在军事领域内的斗争向来关乎自身的生死存亡、兴衰胜败。特别是当今世界正经历百年未有之大变局，世界格局"东升西降"之势已然锐不可当。党的十八大以来，在以习近平同志为核心的党中央坚强领导下，党和国家事业取得历史性成就、发生历史性变革，中华民族迎来了从站起来、富起来到强起来的伟大飞跃，实现中华民族伟大复兴进入了不可逆转的历史进程。总体来看，当前和今后一个时期是我国实现由大向强发展的关键阶段，外部敌对势力企图打压和遏制我国全面发展的野心只会愈发猖獗，未来一个时期内我国所面临的安全形势必定更加严峻。面对日益复杂的国际局势和巨大的外部压力，只有建设同我国国际地位相称、同国家安全和发展利益相适应的巩固国防和强大军队，才能为实现中华民族伟大复兴提供可靠的战略支撑。

党的二十大报告明确指出要"如期实现建军一百年奋斗目标，加快把人民军队建成世界一流军队"。而确保到2027年实现建军一百年奋斗目标，是我国国防和军队现代化新"三步走"战略安排的第一步，更是关系我军未来发展全局的关键一招，在推进国防和军队现代化整体进程中具有重要战略意义。在未来发展道路上，只有始终做到坚持党对人民军队的绝对领导，坚持新时代建军强军治军方略，持续推进人民军队治理能力现代化，不断巩固提升我国一体化国家战略体系，才能顺利实现这一宏伟目标，开创国防和军队现代化新局面。

第一节

强化党对人民军队的绝对领导

坚持党对人民军队的绝对领导，确保"枪杆子"永远听党指挥，是我们党在领导中国革命、建设和改革时期在探索解决军队领导权和指挥权归属问题上所得出的正确结论，并且成为中国特色社会主义制度的显著优势之一。党对人民军队绝对领导的根本原则和制度，觉醒于大革命失败，这使我们党首次认识到抓住"枪杆子"的重要性；发端于南昌起义，通过设立前敌委员会、在团级以上军事单位创建党组织等，将军队行动统一纳入党的领导之下；奠基于三湾改编，创造性地提出将"支部建在连上"的重大举措；定型于古田会议，确立思想建党、政治建军原则。历史和实践证明，坚持党对人民军队的绝对领导，是人民军队不断从胜利走向胜利的法宝，更是新时代强军事业得以正确开展并不断迈上新台阶、取得新成就的核心保障。新征程上，我们要继续坚持党对人民军队绝对领导的根本原则和制度，确保我国国防和军队现代化事业始终沿着正确历史方向前进，为实现中华民族伟大复兴提供最为可靠的战略支撑。

一、健全贯彻军委主席负责制体制机制

军委主席负责制是我们党在总结长期建军治军宝贵经验和传承发扬人民军队建设优良传统基础上作出的科学制度设计，是坚持党对人民军队绝对领导的根本制度和根本实现形式，是确保军魂永驻、长城永固的"定海神针"。围绕如期实现建军一百年奋斗目标，加快把人民军队建成世界一流军队，首先必须做到健全贯彻军委主席负责制体制机制。要深入推进国防和军队现代化改革，持续完善新型军队领导指挥体制，巩固"军委管总、战区主战、军种主建"新格局。要持续细化、完善"请示报告、督促检查、信息服务"工作机制，推动军委主席负责制不断走深走实，实现对国防和军队现代化建设的各环节、全方位覆盖。要加强全面深入贯彻军委主席负责制立法工作建设，开创贯彻军委主席负责制法制化、规范化、程序化新局面。

二、深化党的创新理论武装

运用科学的指导思想引领强军事业发展是如期实现建军一百年奋斗目标，加快把人民军队建成世界一流军队的根本保障。要在全军范围内持续深入开展习近平新时代中国特色社会主义思想学习活动，坚持用习近平强军思想武装全体官兵，加快建立新时代思想政治教育体系，科学化、系统化开展理论学习和政治教育工作，做到让全军官兵始终铭记党和人民赋予的新时代使命任务。要强化忠诚教育，引导全军官兵严守政治纪律和政治规矩，努力将理论自觉转化为行动自觉，在实际行动中坚决做到听习近平主席指挥、对习近平主席负责、让习近平主席放心。要开展"学习强军思想、建功强军事业"教育实践活

动，做到理论学习与实践教育相统一，注重发挥好军营、演训场、边防哨所等鲜活教学场景作用，讲好富有强军特色的"大思政课"；着重突出官兵主体地位，调动其积极性、主动性、创造性，引导其将个人理想自觉融入新时代强军事业，努力在练兵备战谋打赢的强军兴军实践中实现自身价值。要加强军史学习教育，继承发扬红军优良传统，使人民军队坚决听从党中央、中央军委和习近平主席指挥，永葆人民子弟兵本色。繁荣发展强军文化，以中华优秀传统文化、革命文化和社会主义先进文化为依托，讲好中华民族5000多年来积淀形成的军事文化，特别是人民军队的红色文化；优化多方资源力量配置，强化专业人才队伍建设工作，增加精品强军文化成果产出；加大基础性、群众性文化活动平台建设力度，推出官兵喜闻乐见、易于共情的强军主题文化作品；综合运用先进科学技术手段，宣传好强军文化。强化战斗精神培育，增强全体官兵敢于斗争、敢于胜利的血性本色，巩固人民军队的战斗队底色。

三、建强人民军队党的组织体系

组织的强大力量是党战胜一切风险挑战的"压舱石"，更是党领导人民军队战胜一切强敌的"撒手锏"。要优化军队党组织体系结构，找准各级各类党组织职能定位，丰富组织设置类型，健全符合现代作战方式的制度机制，创新平时和战时相协调的领导方式，发挥各级党组织主观能动性，制度化、常态化开展党支部组织学习活动，增强各级党组织的领导力、组织力、执行力，加快适应新形势任务变化发展和军队体制编制改革；深入贯彻落实军队党组织内部的民主集中制，重点强化基层队伍党小组战斗先锋队、作战攻坚队的模范带头作用。要加强军队干部和专业人才队伍建设工作，始终坚持政治标准第一位原则，严格遵守党管干部、党管人才、组织选人的根本要求。坚持抓住领导干部这个关键少数，强化军队领导干部特别是高级领导干部的政治责任和使命担当意识，发挥好自身"头雁"作用，带头践行并积极引导广大官兵全面深入贯彻军委主席负责制，做到坚决听从党中央、中央军委和习近平主席指挥。加快制定好干部评价标准，严格按照对党忠诚、善谋打仗、敢于担当、实绩突出、清正廉洁的标准选拔人才，着重培养具有马克思主义信仰、共产主义远大理想和以实现中华民族伟大复兴为己任的军队时代新人，持续壮大建设强军事业的中坚力量。

四、推进政治整训常态化制度化

政治整训是我军从政治上加强自身建设的传统法宝，是新时代我军加强政治建设、提高政治能力、防范政治风险的重要途径，更是党加强对人民军队绝对领导、提升部队敢打必胜能力的关键性举措。要推进政治整训常态化制度化，持续巩固党的十八大以来政治整训的理论成果、实践成果和制度成果，深入贯彻整风精神，严明政治纪律和政治规矩，做到始终发扬党的优良传统，确保全体官兵在思想上绝对纯洁、政治上绝对忠诚、行动上绝对可靠。要强化军队领导干部队伍政治理论学习，推进政治整训学思行一体化建设，常态化开展政治能力训练，加快提升训练的科学化、制度化水平，着重在重大风险挑战、突发事件、急难险重任务中考验干部政治素养、心理素质、领导指挥能力，做到不断提高政治判断力、政治领悟力、政治执行力，确保全军在任何时候任何情况下都坚决听从党中央、中央军委和习近平主席指挥。

五、持之以恒正风肃纪反腐

作风优良是反映人民军队宗旨、性质、本质的集中体现，严明纪律是保证军队战斗力水平的必要举措，反腐倡廉是永葆党的组织生命力、强化军队战斗意志和战斗能力的核心要求。要始终坚持贯彻落实中央八项规定精神、军委十项规定以及相关配套性文件要求，永久性开展整治"四风"工作，着重纠治军队内部的形式主义、官僚主义作风，打好这场新时代强军兴军在作风建设方面的攻坚战，做到始终如一严守人民军队的初心本色。要常态化、制度化开展军队纪律教育，严格、不打折扣地执行党纪军纪，将纪律的无私性、有力性牢固树立于全体官兵心中。要加快转变治军方式，按法定职责权限履职用权，依据条令条例和规章制度开展工作，将依法治军、从严治军方针贯彻到底，坚持用法治理念为军队强筋健骨，努力将人民军队打造成一支能实现止战与胜战相统一的英雄军队。要持续、毫不留情地绞杀军队内部的腐败思想和行为，重点查处经济腐败背后的政治腐败，坚持重遏制、强高压、长震慑，坚持受贿行贿一起查，加大重点行业领域、军地交叉地带问题和基层"微腐败"整治力度，严格做到遏制增量与清除存量相统一。要强化纪检监察、巡视巡察、审计监督、司法监督，走开军内联合监督、军地融合监督路子，构建科学、严谨、高效的反腐监察监督体系。

第二节

坚持新时代建军强军治军方略

坚持新时代强军兴军事业建设总体布局，坚定不移贯彻落实新时代建军强军治军方略，是确保如期实现国防和军队现代化，把人民军队全面建成世界一流军队的具体战略举措和基础性工程，更是坚持走中国特色社会主义强军之路的生动体现。必须持之以恒，久久为功，始终以"愚公移山"般的拼劲、韧劲、干劲，持续推进新时代建军强军治军方略走深走实，不断开创国防和军队现代化新局面。

一、以政治建军为总抓手

政治建军是我军的立军之本，更是最为独特的政治优势。人民军队作为执行党的政治任务的武装集团，从诞生之日起就必然要毫不动摇坚持党的绝对领导，行使党的意志和主张，为实现中华民族伟大复兴提供最为可靠的战略支撑。必须首先从思想上政治上强化党对军队的领导，持续用习近平新时代中国特色社会主义思想铸魂育人，始终做到用习近平强军思想武装军队，推动全体官兵认真、系统学习领会习近平总书记系列重要讲话精神和党的二十大精神，注重学以致用、知行合一，坚决筑牢全体官兵忠诚核心、拥戴核心、维护核心的深层思想政治根基。坚持用红色文化教育、滋养全军，注重发扬红军优良传统，传承好人民军队的红色基因，永葆老红军本色。要全面加强党的领导和党的建设工作，坚持用党的理论武装官兵头脑，切实巩固党对人民军队绝对领导的权威地位，重点抓住领导干部这个"关键少数"，发挥以上率下、带头做表率的示范作用，使人民军队严格做到听从党中央、中央军委和习近平主席指挥，确保"枪杆子"牢牢掌握在对党绝对忠诚的人手中。持续强化军队党的组织体系建设，重点优化现有军队党的组织结构，以军级以上党委和营级以下基层作战单元党委建设为两条主线，完善和创新党的组织领导结构，使党的组织力量最大限度地转化为战斗力。加强军队党的组织学习体制机制建设，常态化开展战斗精神培育、战斗素养形成、战斗意志锤炼等专项学习活动，让党员官兵始终发挥战斗先锋、训练尖兵、政治宣传员作用，助力提升部队实战化战斗力水平。要严把军队党员选拔标准，坚持政治标准第一位原则，注重将政治过硬、战斗素养高、理论和实践知识储备深厚的一线战斗员和各类专业技术人员发展成为党员。

二、以改革强军、科技强军、人才强军为主干

实施改革强军战略是加快推进国防和军队现代化，把人民军队全面建成世界一流军队的关键一招。要坚持推进军队组织形态现代化改革，在深入研究战争形态演变、精准洞悉战争制胜机理的基础上，继续探索创新军兵种建设战略方案；注重改革的系统性、整体性、协同性，把握好改革举措的关联性和耦合性；打通改革"最后一公里"，确保各项改革举措落地生效，充分激发赋能我军现代化建设的潜在要素活力，加速向全要素战斗力生成方向发展。

科学技术是第一生产力，更是战胜方在军事对抗中把握战争先

机、赢得战略主动的核心武器。从全世界近几十年发生的局部战争、冲突来看，先进科技在军事领域中所具备的颠覆性、压倒性优势，往往是决定战争胜负的核心因素。它在现代军事战争中所展现出的极端重要性，决定了我们在强军之路上必须要坚定不移实施科技强军战略。必须始终将创新作为推动军事科技发展的第一动力，坚持把科技创新的引擎全速发动起来，增强科技认知力、创新力、运用力；深入推进高水平科技自立自强，加快关键核心技术攻关，加快战略性、前沿性、颠覆性技术发展，发挥科技创新对我军建设战略支撑作用。

习近平总书记强调："人才是推动我军高质量发展、赢得军事竞争和未来战争主动的关键因素，对实现党在新时代的强军目标、把我军全面建成世界一流军队具有重大现实意义和深远历史意义。"[1]坚持实施新时代人才强军战略，必须把党对军队的绝对领导贯彻到人才工作各方面和全过程，必须把能打仗、打胜仗作为人才工作出发点和落脚点；要统筹全局、突出重点，全面推进人才培养、使用、评价、服务、支持、激励等各项工作，以重点突破带动整体提升。要在党和国家人才工作大盘子中谋划推进我军人才工作，坚持军事需求导向，搞好规划对接、政策对接、工作对接，形成我军人才工作高效推进的良好局面；要坚持把政治标准作为人才选用的第一位标准，做好铸魂育人和政治考察工作；要坚持走好人才自主培养之路，坚持军地联合培养模式，强化军事院校的人才培养工作，坚持以理论和实践相结合的方式锻造强军人才；要坚持分类施策，抓好联合作战指挥人才、新型作战力量人才、高层次科技创新人才、高水平战略管理人才的培养使用；注重把握军事人才成长规律，把握各类人才发展特点要求，创新管理理念和方式方法，加强专业化、精细化、科学化管理。

---

① 《习近平谈治国理政》（第四卷），外文出版社2022年版，第382页。

三、以依法治军为核心保障

法治化是体现国家治理体系和治理能力现代化的核心特征之一。在国防和军队建设方面，全面依法治军是一个现代化国家持续加强军队建设的核心保障。在推进我国国防和军队现代化建设的过程中，必须完整、准确、全面贯彻落实依法治军战略，全面深化治军的科学性、严明性和效能性，有效实现依法治军和从严治军的融合统一，为确保军队最强大战斗力的生成和发挥提供根本制度保障。必须坚持贯彻习近平强军思想和习近平法治思想，坚持把依法治军纳入全面依法治国总盘子，加快构建中国特色军事法治体系。必须下大力气整治在军队领导指挥方面长期存在的"人治"现象，加快在带兵打仗管理理念上的法制化转变，常态化开展军队内部的普法教育活动，让全体官兵在思想上认识上树立依法训练、依法办事、依法行动的正确观念，要抓住军队领导干部这个"关键少数"，让领导干部牢固树立法治框架下的权力观，确保权力运行在法定程序和法定权限之内。要深化军事立法工作，打好政策制度改革攻坚战，提高立法质量，增强立法系统性、整体性、协同性。要做好法规制度实施工作，落实联合作战法规制度，深化依法治训、按纲施训，强化我军建设规划计划刚性约束，严格依法加强部队管理。要强化法规制度执行监督工作，明晰责任主体和评估标准，健全监督机制，严格责任追究，确保法规制度落地见效。要加强涉外军事法治工作，统筹谋划军事行动和法治斗争，健全军事领域涉外法律法规，更好地用法治维护国家利益。

第三节

推进人民军队治理能力现代化

"全面加强军事治理"是党的二十大报告中提出的全新命题和科学论断，是党在新形势新任务条件下为加快推动国防和军队现代化建设，早日实现把人民军队全面建成世界一流军队而作出的重大战略决策，是党全面深入推进国家治理体系和治理能力现代化的重要举措。必须毫不动摇贯彻落实全面加强军事治理重大决策，为我国在与世界不同国家之间的军事竞争斗争战争中赢得战略主动，实现止战和胜战，提供重要战略保障。

一、坚定"政"治，巩固党在人民军队中的绝对领导地位

"思想建党、政治建军"是我军在古田会议时期就正式确立的重大建军原则。人民军队的发展史充分证明了只要有党的坚强领导，就能够战胜一切强敌、赢得战争的胜利这个颠扑不破的真理。全面加强军事治理，首先必须强调治理的政治底色。要强化人民军队的思想武装建设工程，坚持用习近平强军思想铸魂育人，加强军队学风建设，坚持边学习、边训练、边思考，注重学思用、知信行相统一，培育巩

固对党绝对忠诚的政治品格，同时更要引导全体官兵善于将我军的政治优势转化为强大物质战斗力，充分发挥党的领导的战斗力"倍增器"效用。要健全贯彻军委主席负责制体制机制，严格落实"请示报告、督促检查、信息服务"工作机制，持续推进贯彻军委主席负责制法制化规范化程序化运行，推进相关法律法规的制定和完善工作。要坚持深入推进政治整训，坚持用党的理论和党的百年光辉历史滋养、培育人民军队，将红军本色深植新时代人民军队魂体之中。要维持军队内部正风肃纪反腐的高压态势，狠纠"四风"，对于享乐主义、奢靡之风要穷追猛打，对于形式主义、官僚主义要时刻警惕；要严明军队纪律，对于违反军队纪律条例的人和事必须做到严肃处理、绝不姑息，对于领导干部和基层官兵的违纪事实要坚持一视同仁；要持续开展军队内部的反腐行动，始终坚持不敢腐、不能腐、不想腐一体推进，严格确保军队的纯洁性，做到永葆人民军队的初心本色。

二、瞄准"战"治，全面聚焦战斗力唯一标准

战斗力永远是衡量一支军队生命力的唯一标准。全面加强军事治理，实现加快提升人民军队整体现代化水平，必须牢固树立战斗力这个唯一的根本的标准，始终坚持一门心思谋打仗、打胜仗，将军队的一切工作重心和各项建设主题，紧紧围绕于战斗力生成这个中心。要加强国防和军队建设重大任务战建备统筹，坚持以问题为导向，强化建军治军过程中的备战打仗意识，务必做到三者相互配合、同时发力，全力提升我军战的能力、建的质量、备的水平，形成战、建、备一体推进的良好局面。要加快建设现代化后勤，持续改革完善我军后勤保障体系，制定领导和指挥、平时和战时、通用和专用相协调的供给保障策略，建立与联合作战指挥体制相匹配，以联勤保障部队为主

力、军种为重要补充，统分结合、通专两线的后勤保障体制，完善指挥协调、规划计划、供应保障、监督检查等工作机制，最大限度释放联合保障效能。要优化保障布势，始终紧盯远程投送、物资补给等重难点问题，着力构建应急性好、综合性强的保障力量体系，通达性好、联合性强的立体投送体系，实用性好、防护性强的仓储物流体系，确保与实战需要相适应。要加快推进联战联训融合力度，坚持前后一体联合训、紧盯短板弱项训、结合重大任务训，全面锤炼后勤综合保障能力。要强化军民融合，深化拓展联储联供、物资采购、医疗救治、战场建设、人才培养等传统领域融合，加快推动网络信息技术、高端运载装备、人工智能设备和新材料等新兴领域融合，持续提升后勤供应保障体系系统化、协调化的发展广度和深度，确保发挥军队战斗力生成最大化的核心作用。要全面、深入实施国防科技和武器装备重大工程，坚持以自主创新为唯一发展战略基点，坚持机械化信息化智能化融合发展战略，努力探索、开发和转化具有战略性、前沿性、颠覆性特点的科学技术，加快提高在军事领域中的应用速度、广度和深度，最大限度发挥科学技术在现代军事领域中作为最活跃、最具革命性因素的关键作用，加速科技向战斗力转化，确保我国在与世界各军事强国和大国之间的军事竞争斗争战争中取得并持续扩大相对优势，始终牢牢稳居战略主动地位。

三、注重"人"治，全方位培养能够担当强军重任的军事人才

要深化军队院校改革，彻底纠正过去长期存在的官本位思想，牢固树立师生主体地位，建立院校教学、行政监督反馈机制，建立师生生活保障和监督反馈机制，下大力气建设各类重点、专项实验室，改

革完善师生学习、科研、教学激励和保障制度，持续优化完善军队院校公开招标、采购、监察监督制度机制，加强院校知识库、智囊库建设工作，从根本上提升军队院校的教学、科研水平和实力，更好发挥立德树人、为党和军队培养强军人才的根本作用。要改进新时代军事教育方针，建强新型军事人才培养体系，实现在军事人员能力素质、结构布局、管理方式等方面的彻底性转变。要创新军事人力资源管理，持续改进和完善人才治理的理念和方式方法，不断推进军事人力资源政策制度体系科学化、协调化、人性化发展。要提升军事人才招收力度和广度，根据新时代人才成长规律和特点，制定和改进人才招收办法和措施，真正实现聚天下英才而用之。

四、强调"法"治，全面促进军队整体战斗力生成

法治化是确保军队在未来作战较量中胜出的核心因素之一。在现代战争中，战场空间已然向多维全域化方向转变，各作战要素之间高度融合、相互渗透，战斗战役战争节奏急剧加快，作战谋划更加精准具体，各军兵种之间协同配合、联合行动难度空前提升，战争过程日益科学化、理性化。如果没有一整套科学可靠的法规制度来强力约束和高效引导作战指挥和作战力量，将各战斗力系统、要素进行有机融合，必然会使作战指挥陷入混乱、作战力量丧失效能，无法实现既定战略意图。我军若想在未来战争中实现胜战、谋求打赢，就必须通过依法治军形式来保障实现全要素战斗力生成的最大化。要加强依法治军机制建设和战略规划。加快建立一整套符合我军发展特点、具有我军成长特色的现代化、科学化军事组织模式、制度设计和运转管理方式。要加快构建中国特色军事法治体系，形成系统完备、严密高效的军事法规制度体系、军事法治实施体系、军事法治监督体系、军事法

治保障体系。要加强转变治军方式，实现从单纯依靠行政命令的做法向依法行政的根本性转变，从单纯靠习惯和经验开展工作的方式向依靠法规和制度开展工作的根本性转变，从突击式、运动式抓工作的方式向按条令条例办事的根本性转变。要引导全体官兵加快树立法治理念，在实际中坚持领导干部带头示范、亲自做表率，确保做到党委依法决策、机关依法指导、部队依法行动、官兵依法履职。要充分发挥法治在调节军事关系、规范军事实践、保障军事发展等方面的关键作用，全面提升军队整体工作的法治化水平。

五、突出"效"治，全面提升战略管理水平

现代化战争在作战形态和理念方面已经发生深刻变化，体系化、精锐化、信息化、智能化趋势更加凸显，这对于军队的战略管理能力提出了新的更高要求。必须完整、准确、全面贯彻质量第一、效益优先理念，坚持以效能为核心、以精准为导向推进军事管理革命，加快推行"法治＋德治＋智治"的新型治理模式，注重发挥先进技术手段在军事治理中的巨大优势，将法治的强力性、德治的引导性和智治的科学性进行有机融合，充分发挥法治保障作用、德治教化作用、智治支撑作用，提高军事系统运行效能和国防资源使用效益。

第四节

巩固提高一体化国家战略体系和能力

"国家战略体系是为实现国家利益而形成的有机战略系统。它是由国家总体战略、国家发展战略和国家安全战略构成的有机整体。"①其中，国家总体战略由国家发展战略和国家安全战略组成，分别代表推动国家繁荣发展的"民"本战略体系和维护国家安全稳定的"军"本战略体系，下辖多个层面的具体战略。"国家战略能力是主权国家运用国家战略资源达成国家战略目标的能力。"②组织构建国家战略体系是为获得强大的战略能力以实现国家的战略意愿。从这个意义上讲，"国家战略体系和能力是一个有机整体，是国家战略意愿与战略能力的统一"③。一体化战略体系是指现代化发展体系和安全体系的协调统一，一体化战略能力是指推动繁荣发展的战略能力和维护国家安全的战略能力的协调统一。努力构建一体化国家战略体系和能力，是为了统筹协调安全战略的体系和能力与发展战略的体系和能力之间的关系，致力于在国家各个战略层面上消除军民二元分离结构，彻底改变各个战略单打独斗现状，全力打通国家综合实力向先进

---

①②③ 周碧松、杨钧：《巩固提高一体化国家战略体系和能力》，载《解放军报》2022年12月27日。

战斗力、体系对抗力的转化路径，确保在最大限度上维护国家战略利益，更好实现国家战略目标。而在具体层面上，主要是指统筹推进现代化经济和国防体系建设，用强而有力的现代化国防力量支撑经济社会发展，与此同时，用显著的经济建设成果进一步促进国防和军队现代化建设。继党的十九大报告中首次提出"构建一体化的国家战略体系和能力"之后，党的二十大报告中强调要"巩固提高一体化国家战略体系和能力"。这一重大战略决策是我们党基于我国在当前和今后一个时期内可能遇到的战略安全风险和挑战，为积极赢取战略主动地位而作出的，对于推进实现建军一百年奋斗目标具有十分重要的意义。

一、加强军地战略规划统筹、政策制度衔接、资源要素共享

发展和安全是我国在进行社会主义现代化建设过程中必须解决好和协调好的两大核心主题。要实现巩固提升一体化国家战略体系和能力，就必须牢牢遵循国防建设保障经济建设、经济建设促进国防发展的核心理路，注重强化顶层设计。要统筹推进经济和国防建设，始终引导经济社会发展战略、目标、政策与国防和军队建设需求相结合；同时，在军队制定中长期发展战略、具体任务规划时，要兼顾国民经济发展战略目标、不同区域经济实际发展水平和各产业行业发展特点等。加快制定和完善军民需求对接机制，强化政策制度衔接，推动重点区域、重点领域、新型领域融合发展，提高在海洋、航空航天、新能源、交通、医疗卫生、气象等领域内的综合竞争力，努力打造多维一体、系统推进、合力发展的融合发展布局。聚焦关键领域，支持军民在部分领域内进行资源技术的共建共享，积极打造军民融合发展的

品牌工程、利民工程，加快提升部分技术、人才军转民用、民为军用的速度、力度、广度，更好地服务于国防和军队现代化建设，服务于军队战斗力生成。

二、优化国防科技工业体系和布局，加强国防科技工业能力建设

要强化国防科技工业服务强军胜战导向，优化体系布局，创新发展模式，增强产业链供应链韧性。要持续深化国防科技工业体制改革，坚持巩固完善小核心、大协作、专业化、开放型的武器装备科研生产体系，创新装备研发、批产的生产组织模式。建立开放的军品采办市场和军品配套产品市场，扩大军工供给来源，建立民口企业配套核心军品的认定和准入标准，提升供给端的专业化精细化现代化水平，全面提高军民在国防科技工业领域内的融合力度，提升我国国防科技工业能力。

三、深化全民国防教育

国防教育是提升人民国防意识、危机意识、军事斗争意识的核心教育手段，对于巩固和维护国家安全具有重要意义。要建立健全新时代全民国防教育体系，注重顶层设计，坚持系统谋划，优先以中小学生、本科生和研究生为国防教育对象，建立涵盖大学、中学、小学三个教育阶段的校园国防教育体系。制定和完善以国防教育为主题的时代化大众化系列宣传资料，探索建设国防科普教育参观场馆和一体化军事训练体验中心。制定全民国防教育法规体系、标准体系、考评体系，完善全民国防教育学科体系建设，增设相关二级学科和教学科研

岗位编制。提升新技术新手段在全民国防教育中的运用比例，加强互联网、虚拟现实、增强现实、5G、人工智能、区块链、大数据、云计算、数字孪生等先进技术与传统全民国防教育模式的融合力度和创新力度，充分发挥海量数据和多样化应用场景优势，大幅提升全民国防教育水平和质量。要坚持全民国防教育的军民一体化发展战略，注重深化军地协同配合，坚持依托军队自身有利条件，深入开展全民国防教育宣传体验活动，加大专业资源投入力度，全力支持地方开展全民国防教育活动，鼓励地方人民积极参加拥政爱民活动，深化军队官兵与地方人民的"鱼水情"。

四、加强国防动员和后备力量建设，推进现代边海空防建设

人民战争思想是我们党在长期的革命斗争中形成的科学理论，加强国防动员和后备力量建设，发挥民众在平时作为生产员、在战时作为战斗员的双重角色，是新时代我们党贯彻落实人民战争思想的鲜明体现。要构建现代化国防动员体系，持续推动国防动员体制改革，制定国防动员平时领导管理规定和战时组织指挥办法，建立科学合理、高效协调、军地联合的国防动员和后备力量体系，持续提升国防动员的能力、创新国防动员的模式、拓宽国防动员的领域，进一步提升先进技术手段在后备力量建设中的应用比例，加大后备力量储备力度。要加大现代边海空防建设投入力度，坚持新型新质武器装备优先配发边海空防部队，不断加强国家边海防力量、边海防后备力量、戍边群众队伍建设，构建强大的边海防防御体系，持续完善现代人民防空体系。

五、加强军人军属荣誉激励和权益保障，做好退役军人服务保障工作

军人是推动新时代强军兴军事业发展的主体，在推进国防和军队现代化方面发挥了决定性作用。要完善军人荣誉激励相关规定，加快制定军属荣誉激励施行办法，构建军人军属权益保障体系，让军人军属在生活、工作、教育、医疗、住房方面得到充分照顾和保障。要持续完善退役军人服务保障体系，严格做到依法保障退役军人合法权益，健全完善退役军人作用发挥机制，为退役军人提供专业技能培训、工作推荐、定额无息创业资金贷款等方面的帮助，制定和完善困难退役军人救助帮扶机制，将帮扶资金纳入本级政府财年预算，加快建立专项社会保障福利政策，切实保障退役军人自身利益和家庭幸福。

六、巩固发展军政军民团结

军政军民团结是我党我军特有的政治优势。部队要牢记初心使命，永葆人民军队本色，自觉服从服务于党和国家工作大局，注重加强军地联系，积极开展爱民助民活动。地方党委、人大和政府要坚持定期组织领导干部和群众代表进军营展开慰问工作，积极为驻地部队解决随行军属在生活、工作方面遇到的困难，积极开展"双拥"先进模范单位、个人评比工作，努力发挥"双拥"先进模范的带头示范作用，积极营造爱军爱民、军政军民团结的良好社会氛围。

"军旗猎猎迎风展，战鼓催征勇向前。"新时代新征程的强军事业宏伟蓝图已经擘画，全面实现国防和军队现代化的战略安排已然明

晰。我们要坚持以习近平强军思想为核心指导，坚持用"愚公移山"的韧劲、"只争朝夕"的拼劲、"改革开放"的闯劲，持续走好新时代强军兴军事业的长征路，确保如期实现建军一百年奋斗目标，不断开创国防和军队现代化新局面，为实现中华民族伟大复兴提供战略支撑。

📖 **延伸阅读**

三军虎贲尽锐出，攥指成拳锻精钢*

海天之际骇浪惊，神兵猛士动九天。为加快贯彻落实党的二十大提出的强军战略与目标，南部战区海军某登陆舰支队海南舰官兵重点聚焦"优化联合作战指挥体系，推进侦察预警、联合打击、战场支撑、综合保障体系和能力建设"目标需求，全方位开展实战化体系化多要素联训演练和科学复盘行动，有效提升了部队遂行两栖作战任务的整体效率和能力。

海南舰作为融合多种作战要素的先进战斗力量投送平台，具备集水平登陆和垂直登陆能力于一身的立体登陆作战实力，是现代战争形态下执行两栖作战任务的攻坚利器。在打赢未来战争需求牵引下，为最大限度开发新装备和人员之间的协同作战潜能，海南舰全体指战员坚持发扬我党我军光荣传统，始终敢于斗争、善于斗争，持续弘扬"一不怕苦、二不怕死"的战斗精神，积极开展集体攻关，进行科学演训复盘，坚持在训中思、练中学，显著提升了我军打赢现代化战争能力。例如，在实战化训练实践中，该舰航空长张尚新组织骨干对舰载直升机起降训练进行复盘分析，优化舰机指挥调度，有效提升了战位配合、专业协作、舰机协同等能力，使舰载直升机出动速度大幅提高。在演训过程中，甲板保障兵于舰载直升机降落之际，快速完成了航空器保障及维护工作，与此同时，海军陆战队成员携作战装具迅疾登机，两栖攻击舰同步劈浪疾驰，指挥

---

* 参见《海军某登陆舰支队海南舰探索联合训练方法路子——体系练兵锤炼"两栖先锋"》，载《解放军报》2023年4月12日。编者对内容有所修改。

人员时刻紧盯战场动态、尽掌人员装备信息，等等。

"海军陆战队某旅兵力指挥顺畅、衔接有力，保证编队按时抵达滩头；航空兵某旅结合舰艇和飞机的功能特性，深入研究火力与情报双向支撑的体系；气垫艇部队官兵革新装甲车辆固定链，有效提高装卸载效率，缩短突击登陆时间……不同兵种的官兵在海南舰上聚到一起，产生的'化学反应'让人欣喜。"全舰官兵与各要素兵力集智攻关，顺畅作业流程网络，优化协同指挥调度，将不同作业流程协同融入作战体系，发挥出每个作战单元的最大优势和效益，并且在此基础之上，不断突破现有战斗力极限，寻求体系化作战能力的"全局最优解"。

纵观海南舰的体系化练兵备战探索实践，不难发现，当前我军训法练法更具时代化、实战化特征，军事理论现代化、军队组织形态现代化、军事人员现代化、武器装备现代化水平更加凸显，我国国防和军队现代化建设更加深入，以国防安全支撑经济建设的国家战略能力更加强大。

第十章

坚持完善"一国两制"和推进祖国统一

"一国两制"是中国特色社会主义的伟大创举，解决台湾问题、实现祖国统一是实现中华民族伟大复兴的必然要求。要在中国式现代化进程中坚持完善"一国两制"，推进祖国统一，让包括港澳台同胞在内的全体中华儿女同担民族复兴伟业，同享繁荣昌盛的强国荣光。

历史潮流浩浩荡荡，祖国统一不可阻挡。"一国两制"是中华民族为世界和平与发展作出的卓越贡献，凝结着海纳百川、有容乃大的中国智慧。解决台湾问题、实现祖国完全统一是中国共产党矢志不渝的历史任务，是中华民族复兴的题中之义。党的十九届六中全会明确，坚持"一国两制"和推进祖国统一是新时代中国特色社会主义的伟大成就之一。党的二十大进一步对港澳台工作作出顶层设计和重大部署，强调"坚持和完善'一国两制'，推进祖国统一"，这为香港、澳门继续保持长期稳定和推动祖国完全统一作出了战略擘画，集中体现了新时代中国共产党人的坚定意志，也充分反映了全体中华儿女的共同心声。

实践已经充分证明，"一国两制"符合国家、民族根本利益，符合香港、澳门根本利益，必须长期坚持；实现祖国完全统一是历史必然，是全体中华儿女的共同愿望，必须信心十足。全面准确贯彻"一国两制"方针将为香港、澳门创造无限广阔的发展空间，祖国完全统一的时和势始终在我们这一边。奋进新征程，要深入把握"一国两制"方法论要义，一以贯之坚持和完善"一国两制"，步履坚定推进祖国统一进程，画好两岸"同心圆"，让包括港澳台同胞在内的全体中华儿女同心担当民族复兴伟业，同享繁荣昌盛的强国荣光。

"一国两制"是中国特色
社会主义的伟大创举

　　党的二十大报告指出，"一国两制"是中国特色社会主义的伟大创举，是香港、澳门回归后保持长期繁荣稳定的最佳制度安排，必须长期坚持。"一国两制"是一项具有创造性的伟大事业，在过往的人类政治实践中未曾有过，从设想提出，到实践应用，再到不断完善，在风雨激荡中行稳致远，在迎难度险中傲然矗立，是被实践反复证明了的好制度。

一、"一国两制"具有旺盛生命力与显著优越性

　　"一国两制"是从中国实际出发而提出的实现祖国统一的创造性构想，起初旨在解决台湾问题，后来首先应用于解决香港、澳门问题。历史的指针拨到 1997 年 7 月 1 日零时整、1999 年 12 月 20 日零时整，饱经沧桑的香港和澳门先后回到祖国的怀抱，伴随雄壮嘹亮的国歌声，鲜艳的五星红旗在特别行政区上空高高飘扬，历史翻开了崭新的一页。香港、澳门的回归，完成了实现祖国完全统一的重要一步，"一国两制"伟大构想化为现实。港澳回归以来的实践证明，"一国

两制"是切实维护国家整体安全、发展利益的好制度，是切实保障特别行政区繁荣稳定的好制度，是根本维护特别行政区民生福祉的好制度，是具有深刻历史启发性与世界示范性的好制度。

"一国两制"是中国特色社会主义制度的重大创新，书写了港澳繁荣发展的"回归篇章"。回归以来，在中央政府的强力支持下，香港、澳门成功抵御了亚洲金融危机、"非典"疫情、国际金融危机等一系列冲击，独特地位和优势不断巩固，保持了繁荣发展局面。从发展数据上看，20多年来，香港生产总值年均增长 2.7%，澳门生产总值年均实际增长达到 3.5%；港澳男女居民的平均预期寿命均在 80 岁以上，其中女性居民的平均预期寿命在 87 岁以上，均名列世界前茅。从发展综合态势来看，多年来香港在全球最自由经济体、最佳城市和最具竞争力城市排名上保持全球领先。澳门在回归之前，黑社会势力横行，刑事案件频发，老百姓在恐惧中生活，经济发展停滞不前，曾经人们戏谑道：只要电影里出现澳门大三巴的镜头，就意味着有坏事要发生；回归以来，澳门依法实行高度自治，跃升为世界上最安全的地区之一，经济实现跨越式发展，古老小城焕发勃勃生机。20 余年的发展下，澳门居民获得感、幸福感越来越强，澳门从一个治安混乱的小城转变为一个海晏河清的国际都市。如今金莲花盛开的地方，便是"一国两制"实践的最美盛景。

中国特色社会主义进入新时代，"一国两制"事业也进入了新时代。党的十八大以来，无论是推进粤港澳大湾区建设，还是发布"十四五"规划支持港澳巩固提升竞争优势，党中央在不遗余力地支持港澳融入国家发展大局，为港澳同胞实现人生梦想搭建舞台——推出"大湾区青年就业计划"，向青年提供住房补贴、创业基金等优惠政策，大湾区梦想逐渐照进现实，港澳同胞共享祖国繁荣富强的荣光。尤其是在以习近平同志为核心的党中央掌舵领航下，中央全面管治权得到有效落实，反中乱港势力的浊气被洗涤，香港国安"不设防"的历史被终结，香港局势实现由乱到治的重大转折，爱国爱港爱澳的浩然正气在港澳上扬，港澳工作取得一系列突破性进展、标志性成果，港澳保持繁荣发展良好态势，"一国两制"事业拨开云雾更显灿烂。港澳遭遇的问题及其解决经历深刻地显示，保持港澳长期繁荣稳定，归根结底是要靠完整准确理解和贯彻"一国两制"方针，要自觉增强坚持"一国两制"的战略定力。

"一国两制"是解决台湾问题、推动两岸关系和平进程的最佳方针。港澳的成功实践为解决台湾问题提供了实践样本。在这一基本方针的指引下，两岸打破了彼此隔绝多年的状态，"三通"互动、交融互进的良好局面逐步构建。两岸同胞血浓于水，以"一国两制"实现祖国统一，我们会充分关切台湾实际、充分关切台胞利益、充分尊重两岸各界建议。然而，在推进祖国统一的进程中，"台独"分子罔顾台湾主流民意，蓄意挑动两岸对立，制造两岸同胞隔阂，不断勾结外部势力，严重损害了台湾同胞的利益福祉。乌云遮不住太阳，和平统一大势是任何势力都无法阻止的。习近平总书记反复强调，解决台湾问题、实现祖国完全统一，是中国共产党矢志不渝的历史任务，是全体中华儿女的共同愿望。任何人都不要低估中国人民捍卫国家主权和领土完整的坚强决心、坚定意志、强大能力。铿锵有力的话语让海峡两岸振奋不已，揭示了祖国统一是一切敌对势力无法阻遏的历史大势。

事实雄辩地证明，"一国两制"这一中国特色社会主义的伟大创举具有强大生命力和巨大优越性，"一国两制"完全行得通、办得到、得人心，祖国不仅是港澳抵御风浪的最大底气，亦是欣欣向荣的机遇所在。新时代新发展的集结号已然吹响，新的征程等待着年轻的特别行政区扬帆远航，在党中央的坚强领导下，在全体中华儿女的拥护支持下，港澳台定能实现与内地发展同频共振，定能书写民族复兴的华美篇章。

二、书写"一国两制"实践新篇章

当前,"一国两制"事业踏上了历史新起点,乘风破浪开新局、谋新篇,必须自觉用贯穿习近平新时代中国特色社会主义思想的立场、观点、方法透视"一国两制"新特点、新情况、新图景。

要坚持人民至上与胸怀天下,夯实"一国两制"的价值基础。坚持人民立场是中国共产党治国理政、兴国安邦的根本立场。推动实行"一国两制",根本的价值基点就在于维护好、发展好港澳同胞的民事利益。要始终站稳人民立场,倾听、尊重、合理维护港澳同胞利益关切,最大限度凝聚祖国共识、团结建设力量,要以良好政策导向提高港澳同胞获得感、幸福感,把爱国爱港爱澳的人心争取过来。同时,随着民族复兴与世界变局的相互交织、彼此激荡,特别是中华民族伟大复兴的世界历史意义凸显,"一国两制"的制度实践更加成为可资构建人类命运共同体借鉴的有益经验,要以中国"一国两制"实践引领推动世界"一球两制"发展,以中国智慧、中国经验、中国方案凝聚世界人心。

要坚持自信自立与守正创新,强化"一国两制"制度自信与创新活力。"一国两制"是被实践充分证明的关于港澳回归、发展的"最佳方案""最佳制度安排",也为国际社会有效解决类似问题提供了中国智慧,是人类制度文明上的伟大创造。要坚定"一国两制"制度信心,不断完善"一国两制"制度实践,讲好"一国两制"成功实践的港澳故事,广泛争取国际社会的理解支持。同时,新时代"一国两制"实践已进入深水区,既要自立自信,更要守正创新。"守正"在于守"一国"之正,创新在于创"两制"之新,以守正凝聚创新之魂，以创新激发守正活力，要辩证把握"一国"与"两制"的关系，把坚持"一国"原则和尊重"两制"差异充分结合起来，让祖国后盾更显坚毅、港澳发展更具韧性，不断提升"一国两制"制度适应能力、创新能力。

要坚持问题导向与系统观念，把握"一国两制"实践的方法论。"一国两制"这一具有开创性的伟大实践"正在路上"，前行途中没有现成的金科玉律和公式模板可以遵循，必须增强问题意识，不断破解"一国两制"事业发展中的"迎面难题""拦路问题"。要把问题作为港澳政策制定的风向标、出发点，把化解矛盾、破解难题作为打开局面的着力点、突破口，不断开创"一国两制"事业发展新局面。同时，"一国两制"实践不是仅仅关涉港澳的事情，香港、澳门彼此联结，港澳同内地深度融合，国际局势变幻也会影响港澳发展，这就要求站在全局高度看港澳、整体擘画"一国两制"的港澳新前景。要坚持以系统性思维、全局性谋划、前瞻性思考破解新问题新挑战，不断提升"一国两制"理论与实践的新高度。

第二节

坚持中央全面管治权与特别行政区
高度自治权高度统一

习近平总书记指出："香港回归祖国，重新纳入国家治理体系，建立起以'一国两制'方针为根本遵循的特别行政区宪制秩序。中央政府对特别行政区拥有全面管治权，这是特别行政区高度自治权的源头，同时中央充分尊重和坚定维护特别行政区依法享有的高度自治权。"[1]坚持中央全面管治权和特别行政区高度自治权高度统一，是在"一国两制"成功实践中探索出来的宝贵经验。深入理解这一宝贵经验，对于把握"一国两制"本质规定和内在规律具有重要意义。

一、中央全面管治权与特别行政区高度自治权的关系

中央全面管治权是特别行政区高度自治权的源头。中央对香港、澳门的全面管治权，是中央依照宪法和基本法规定而对港澳特别行政区享有的不可动摇、完全应当的宪制权力。中央政府是国家主权的代

---

① 习近平：《在庆祝香港回归祖国二十五周年大会暨香港特别行政区第六届政府就职典礼上的讲话》，载《人民日报》2022年7月2日。

表，有主权就有治权，有全面主权就有全面治权。1997年、1999年我国政府分别对香港、澳门恢复行使全面主权，这就意味着恢复行使对香港、澳门的全面管治权。在这一问题上必须有清醒的认识与坚定的自信。中央全面管治权与特别行政区高度自治权在本质上是统一的、一致的、不可分割的。全面管治权是授权特别行政区高度自治的根本前提和基础，高度自治权是中央行使全面管治权的具体体现与应用，二者之间是本源与支流、树根与枝叶的关系。

特别行政区高度自治权内容广泛，主要有行政管理权、立法权、司法权和终审权等权力。但是，以上种种权责，并不是特别行政区本身所自有的，而是来自代表国家主权的中共中央政府的特别授权。这种授权，不是权力本身的转移，而是权力行使内容、方式的转移。因而，中央授予港澳特别行政区多少权力，港澳特别行政区就享有多少权力，不存在"权力自有""权力无限""剩余权力"等说法。中央有权授予港澳特别行政区以高度自治权，也有权变更、调整、调适甚至取消、收回特别行政区高度自治权。要牢固树立"一国"意识，坚守"一国"原则，在"一国"基础上推动"两制"落地。在"一国两制"香港实践中，有反中乱港势力罔顾特别行政区高度自治权的"权力限度"，妄图以特别行政区高度自治权否定中央全面管治权，这根本有违宪法、基本法规定，也给国家主权和安全带来了严重危害，必须以"零容忍"的态度予以坚决打击。

二、推动中央全面管治权与特别行政区高度自治权的统一衔接

推动"一国两制"正确实践、全面落地，要做到中央全面管治权与特别行政区高度自治权的统一衔接。习近平总书记特别指出："落

实中央全面管治权和保障特别行政区高度自治权是统一衔接的，也只有做到这一点，才能够把特别行政区治理好。"①

第一，要将特别行政区高度自治权与维护宪法和基本法的宪制基础相衔接。"回归完成了香港宪制秩序的巨大转变，中华人民共和国宪法和香港特别行政区基本法共同构成香港特别行政区的宪制基础。"②宪法具有法定的最高权威，在包括港澳特别行政区在内的全国范围具有最高法律效应。基本法是根据宪法制定的基本法律，规定了"一国两制"的具体法律依据、实施条件。基本法的法律地位和效力根本来源于宪法，其实施根本受制于宪法，不能离开宪法谈基本法，更不能把基本法视为等同宪法的法律。在港澳特别行政区范围内，既要维护基本法权威，更要维护宪法权威，后者是更具本源性的、更具权威性的法律。宪法是整体性地对特别行政区产生效力，不能认为只有宪法个别条文对特别行政区有效力，特别行政区居民有全面尊重宪法、维护宪法的义务。在认同国家宪制的基础上，特别行政区要承担起主体责任，把宪法规定的国家根本制度和特别行政区原有制度相结合，维护中央法定权威，逐步推动基本法的调适、完善，保障国家的统一和国家制度的顺畅运作，保证全国性法律在特别行政区的落地实施。

第二，要将特别行政区高度自治权与维护国家主权和安全相衔接。"一国两制"的根本宗旨是维护国家主权与安全，不能用"两制"划分主权。香港基本法、澳门基本法分别在第一条规定：香港（澳门）特别行政区是中华人民共和国不可分离的部分。港澳特别行政区是中华人民共和国的有机构成，属中华人民共和国的主权行使范

---

①② 习近平：《在庆祝香港回归祖国二十五周年大会暨香港特别行政区第六届政府就职典礼上的讲话》，载《人民日报》2022年7月2日。

围，任何公民或者组织团体，均不得将港澳特别行政区从中国板块中割裂出去、分离出去。维护"国家主权安全"，是包括港澳同胞在内的全体中国人的共同责任，特别行政区政府负有维护国家安全的立法责任、行政责任。必须将中央全面管治权与特别行政区高度自治权有机结合起来，以更好、更充分地维护国家主权和安全。割裂了中央全面管治权和特别行政区高度自治权在维护国家主权和安全上的内在一致，特别行政区法律就可能会存在空白或者空隙，就会为"独立""分离""公投"等危害国家统一的主张和行为留出口子。这样的行为，是根本危及国家主权和安全的行为。要坚决禁止任何危害国家主权安全、利用特别行政区对内地进行渗透破坏的活动。

第三，要将特别行政区政治体制发展与中央主导相衔接。我国是单一制的国家，地方行政区不是政治实体，不具备任何主权特征。特别行政区虽然"特别"，但不是独立或半独立于国家的政治实体，而是直辖于中央人民政府。特别行政区虽然具有高度自治权，但是这个高度自治权是国家主权框架内的自治权。因而，特别行政区作为"特别"（特殊）的地方行政区，无权自行决定其政治体制。港澳特别行政区在政治体制发展问题（比如行政长官的产生办法和立法会的产生办法）上，要坚决维护中央权威，服从中央主导权，要在全国人大常委会的主导下，发展特别行政区政治体制。特别行政区政治体制的发展，不是在特别行政区法律框架下操作的，而是受制于中央和特别行政区的关系，是否发展以及如何发展的决定权不在特别行政区，而在中央。这是由宪法和基本法所确定的基本原则，是全面理解和贯彻"一国两制"的题中之义，不能有丝毫偏废。

第四，要将特别行政区高度自治权与中央监督权相衔接。中央对港澳特别行政区实行由上而下的宪制性管治，对港澳特别行政区高度自治权具有法定的监督权力，这是属于中央直接行使的权力。

中央监督权对特别行政区高度自治权形成有效规范和约束，保障特别行政、立法、司法在合理正确轨道上运行。中央监督权主要包括对行政管理权的监督（特别行政区行政长官要对中央负责，定期向中央述职、报告等）、对立法权的监督（特别行政区立法会的法律要向中央备案、对行政长官的弹劾要提请中央政府决定等）、对司法权的监督（特别行政区法官、检察长任免要向中央备案、全国人大常委会具有特别行政区法律的法律解释权等）、对外事事务权的监督（中央具体授权、批准、特别许可和备案等）等监督权力。要通过中央监督权的运用，使特别行政区高度自治权的运用更具规范性、更具科学性。

第五，要将特别行政区履行主体责任与中央支持保障特别行政区长期繁荣稳定相衔接。中央对特别行政区行使全面管治权，其核心在于确保"一国两制"始终沿着正确轨道前行，最终旨在维护国家主权、安全，促进港澳特别行政区持续繁荣稳定。保障港澳特别行政区长期繁荣稳定，是港澳特别行政区的主体责任，也需要中央的大力支持。中央要支持特别行政区行政长官和特别行政区政府依法行政、积极作为，支持"港人治港""澳人治澳"，保障特别行政区坚持实行行政主导体制，让港澳社会充分感受到中央对行政长官和特别行政区政府的支持。在"一国两制"实践中，逐步形成了特别行政区行政长官向中央政府述职的制度，这是中央监督特别行政区行政长官和特别行政区政府落实管治香港主体责任的重要方式。中央要支持港澳特别行政区积极开展对外交往。按照基本法规定，中华人民共和国外交部设立驻特别行政区特派员公署，负责处理与港澳特别行政区有关的外交事务。同时，特别行政区享有中央授予的缔约权、司法协助权、签发特别行政区护照等对外事务权，中央对港澳特别行政区的这些对外事务权要大力支持并保障实施。另外，中央要支持港澳特别行政区发展融入国家发展大局，要重点推进粤港澳大湾区建设、泛珠三角区域合作等，全面推进港澳特别行政区同祖国内地的交往互通、共同发展。

第三节

牢牢把握两岸关系主导权和主动权

党的二十大突出强调，要牢牢把握两岸关系主导权和主动权，从战略高度对解决台湾问题作出擘画，彰显解决台湾问题的时、势、义都在祖国大陆这边。新时代十年对台工作的最鲜明特征就是牢牢把握两岸关系主导权和主动权，形成了新时代解决台湾问题的总体方略，标注了实现国家统一的认识论和方法论。要以总体方略为引领，把握历史主动，坚定不移推进祖国完全统一。

一、掌握实现祖国完全统一的领导主动权与历史方位

坚持党中央对对台工作的集中统一领导是把握两岸关系主导权和主动权的根本保证。党的十八大以来，习近平总书记反复强调，党政军民学，东西南北中，党是领导一切的，要加强党的全面领导特别是党中央的集中统一领导。这就要求把党的领导贯穿落实到方方面面的工作中，要求保证党中央在重大工作、重大决策、重大事项上始终发挥"总揽全局"的决策领导力、"协调各方"的过程领导力、"令行禁止"的行动领导力。对台工作牵动党和国家事业发展全局，是关系党执政兴国、推动民族复兴的大事要事，必须毫不动摇坚持党中央的

集中统一领导。要坚持把党中央集中统一领导优势转化为对台工作实际效能，坚持中央统筹、总管对台工作，把党中央的对台战略部署、政策主张落实到对台工作的全过程各方面，同时要突出地方对台工作积极性，下好对台工作大棋局。

坚持在中华民族伟大复兴进程中推进祖国统一是把握两岸关系主导权和主动权的历史方位。台湾问题产生于中华民族羸弱之际，必将随着中华民族伟大复兴而得到解决。民族复兴、国家统一，是人间正道、历史大势、民心所盼，任何人任何势力都无法阻逆。没有祖国统一，就没有民族复兴。实现祖国完全统一，是中国共产党自觉肩负的伟大使命，是全体华夏儿女的集体意志，是实现民族复兴梦的必然要求，任何人和任何势力的任何倒行逆施都是螳臂当车、不自量力。我们要进一步明确"国家统一"之于"民族复兴"的重要意义，把台湾问题纳入中华民族伟大复兴的大局，妥善把握台湾问题的大局大势大义，增进台湾同胞民族情感、民族认同、民族自信，积极防范化解台海重大风险隐患，为实现民族复兴营造有利台海环境，让台湾同胞参与到民族复兴的伟大事业中，共享复兴荣光。

二、坚持对台工作大政方针

坚持"和平统一、一国两制"是把握两岸关系主导权和主动权必须一以贯之的基本方针。"和平统一、一国两制"是解决台湾问题的基本方针，也是实现国家统一的最佳方式。这一"基本方针""最佳方式"，既充分考虑到了台湾的民生民心、实际情况，又有利于统一后台湾的长治久安、持续繁荣。坚持和平统一，展现了"两岸血浓于水"的民族大义，是对台湾同胞福祉的充分珍视与坚决维护，体现了对华夏民族和子孙后世负责的深厚感情。"一国两制"在台湾的具体实现形式会充分考虑台湾现实情况，会充分吸收两岸各界意见和建议，会充分照顾到台湾同胞利益和感情。[①]"一国两制"是为应对两岸社会制度和意识形态不同而提出的最具包容性的方案，是和平的方案、民主的方案、善意的方案、共赢的方案，要积极探索"两制"台湾方案，追求两岸同胞的"心灵契合"，开辟"一国两制"发展新境界。

坚持一个中国原则是中国共产党对台大政方针的基石。一个中国原则是两岸关系的政治基础，体现一个中国原则的"九二共识"是关系两岸和平、维护台海稳定的"定海神针"，是须臾不可忘记、须臾不可妥协、须臾不可逾越的红线。海峡两岸同属一个中国，这是不可否认的历史事实，任何一个中国人、任何一个华夏儿女都有维护国家主权和领土完整的责任和义务。要在坚持一个中国原则和"九二共识"的基础上，持续推进同台湾各爱好和平、向往统一的政党、团体、人士的深入交流，进一步共商共议祖国统一的基础和方式。谁坚持一个中国原则，认同"九二共识"，真心维护台海地区和平稳定，我们就跟谁协商对话。既要坚定原则，又要灵活策略，最大限度凝聚海峡两岸社会共识。

三、深化两岸和平发展、融合发展

坚持推动两岸关系和平发展、融合发展是把握两岸关系主导权和主动权的实践途径。维护海峡两岸和平、促进两岸共同发展，是造福两岸同胞的坦途，是祖国和平统一的正道。要和平、要发展，要交

---

① 参见《习近平谈治国理政》（第三卷），外文出版社 2020 年版，第406页。

流、要合作，是两岸同胞的共同心声。当前，既要在"九二共识"的政治基础上推动两岸和平发展，又要深化两岸融合发展，要敞开怀抱对台湾同胞一视同仁，率先同台湾同胞分享发展机遇、提供同等待遇，为两岸合作添活力，壮大中华民族经济，要推动两岸应通尽通，使联结两岸的纽带更厚实、更紧密、更融通，形成休戚与共、命运与共的两岸关系共同体，形成"你中有我、我中有你"的双向融合发展格局。总体上讲，要以深化两岸融合发展夯实祖国和平统一之基础，增进两岸民众的共同利益、国家认同与统一意愿，在经济基础、政治主张、意识形态等方面为两岸和平统一创造条件。

推动两岸和平发展、融合发展的根本目的就在于坚持团结台湾同胞、争取台湾民心。回望历史，台湾并不是孤悬于外的"一叶扁舟"，而是始终同祖国命运与共的，民族复兴大业不能没有台胞的理解、参与、融入。近年来，大陆方面在对台工作中坚决贯彻以人民为中心的发展思想，深切关怀台胞福祉，出台一系列惠台利民措施，展现了对广大台湾同胞最大的善意和关爱，让台湾同胞更多感受乡土热情、同胞情谊，从而使他们更有意愿、更有信心、更有办法投入推进两岸和平发展、融合发展的事业中。实践充分证明，只有依靠强大的祖国，台湾同胞才能获得更多的幸福感、安全感。要坚持做人心工作，重视台胞人心回归，坚持寄希望于台湾人民的方针，深入推进新时代反独促统事业，使两岸同胞携手同心，共圆中国梦，共担民族复兴的责任，共享民族复兴的荣耀。

四、坚决开展反分裂、反干涉斗争

坚持粉碎"台独"分裂图谋是把握两岸关系主导权和主动权的必然要求。"台独"就是"台毒"，这股势力及其分裂活动是两岸关系发展的最大障碍、最大毒瘤，毒害着两岸和平发展。"台独"势力罔顾两岸和合历史，阴谋操弄"去中国化"，宣传灌输"台独史观"，蓄意破坏两岸关系政治基础，竭力抹黑大陆，打压同大陆亲近友好人士，污名化"一国两制"，妄图推进"法理台独""地理台独"。同时，"台独"势力勾连外部势力，为外部势力持续打"台湾牌"张目，妄图推动台湾问题国际化。要敢于对"台独"势力亮剑，用好《中华人民共和国反分裂国家法》的法律大棒，坚决粉碎谋"独"挑衅，做到"露头就打、终身追责"，绝不为任何形式的"台独"势力留下活动空间，坚定捍卫领土和主权完整。

坚持反对外部势力干涉是把握两岸关系主导权和主动权的又一必然要求。台湾是中国的台湾，台湾问题是中国的内政。台湾是中国领土不可分割的一部分，这是国际社会公认的基本事实。解决台湾问题，是中国人自己的事情，容不得外部势力指手画脚，在台湾问题上我们不信邪、不怕鬼、不怕压。一些敌对势力总是试图在台湾问题上铤而走险，一些反华政客妄图通过窜台祸台捞取政治利益，不断纵容和鼓励"台独"分裂势力，这从根本上损害了中国核心利益和中国人民民族情感。任何人都不要低估中国人民捍卫国家主权和领土完整的坚强决心、坚定意志、强大能力。在台湾问题上要积极开展国际斡旋，直面外部挑战，坚决同打"台湾牌"、"以台制华"的丑恶行径作斗争，努力争取国际社会理解与正义力量支持，进一步巩固国际社会"一个中国"共识，尽可能创造有利于两岸关系发展的和平的国际环境。

五、构筑推进祖国完全统一的战略格局

以坚持在祖国大陆发展进步基础上解决台湾问题为推进祖国完全统一的战略途径。一切要靠发展，解决台湾问题也要靠发展，发展是

实现祖国统一、解决台湾问题的真道理、硬道理。从历史上看，台湾的命运始终与祖国的兴衰紧密联结，国家弱乱则台湾分离，国家强大则台湾回归。祖国大陆的发展进步从根本上决定着两岸关系走向。新中国成立以来，特别是改革开放40多年来，尤其是经过新时代十年奋斗，我国经济社会发展取得了巨大进步和翻天覆地的变化，综合国力和国际地位显著提升，中华民族迎来了从站起来、富起来到强起来的伟大飞跃。在两岸实力对比上，祖国大陆已经对台湾形成全面性、压倒性优势，对台湾民众的心理产生极大冲击。要把国家和民族发展放在自己力量的基点上，保持发展势头，进一步增强对台影响力、吸引力、感染力，用发展软硬实力夯实祖国统一的强大根基。

以坚持决不承诺放弃使用武力为推进祖国完全统一的战略支撑。习近平总书记指出，我们决不承诺放弃使用武力，保留采取一切必要措施的选项，这针对的是外部势力干涉和极少数"台独"分裂分子及其分裂活动，绝非针对广大台湾同胞。非和平方式是维护和平统一前景和彻底解决台湾问题的必要手段，在解决台湾问题上，始终存在着和平与武力这两种基本方式。"承诺放弃使用武力"，必然会使大陆方面丧失对两岸关系的主动权、主导权，而且会使"台独"分裂势力、外部干涉势力由于没有硬的约束而更加嚣张，从而使和平统一的前景更趋黯淡。要进一步明确统一必须坚持软硬两手并用，把握好和平与非和平方式的关系，始终做足做好两手准备，确保两手都过硬，为推进统一大业提供更为牢靠的手段。

第四节

完善增进台湾同胞福祉的制度和政策

党的二十大报告明确，要继续致力于促进两岸经济文化交流合作，深化两岸各领域融合发展，完善增进台湾同胞福祉的制度和政策，推动两岸共同弘扬中华文化，促进两岸同胞心灵契合。新时代新征程对台工作要继续致力于促进两岸经济文化交流合作，深化两岸各领域融合发展，坚持以人民为中心的发展思想，像为大陆百姓服务那样造福台湾同胞，不断完善增进台湾同胞福祉的制度和政策，为广大台胞台企融入大陆新发展格局、参与高质量发展提供更多平台，创造更好条件。

一、研究出台更多台胞台企同等待遇政策

党的十八大以来，大陆方面从满足台湾同胞在祖国内地的发展需求出发，不断促进两岸同胞心灵契合，大力推动同等待遇，相继制定出台了"31条""26条""11条""农林22条"等一系列惠台利民的政策举措，在大陆的台胞台企获得感、幸福感、融入感不断增强，他们搭乘大陆"新时代发展快车"，在祖国广阔天地实现人生价值，也为推动两岸交流和融合发展积极贡献力量。要从台胞台企的现实需求

出发，继续在更大范围、更宽领域为台资企业参与本地重大项目提供同等待遇，为台湾同胞来大陆学习、生活、工作、创业提供同等待遇，为台湾同胞广泛参与大陆经济建设、率先分享大陆发展机遇创造便利条件。要落实落细惠台举措，积极主动打通政策"最后一公里"，针对台胞台企普遍关注、急切求解的共同问题，要加快出台可操作的具体细则，使政策落实流程清晰、操作简便、设置科学。

二、进一步支持台商参与"一带一路"建设和国家区域协调发展战略

台商是台胞特殊群体，为中国改革开放作出了突出贡献，壮大了中华民族经济，丰富了民族复兴的物质基础。一段时间以来，有关省市和两岸企业家峰会等创新方式，举办形式多样的涉台经贸活动，为台商台企参加国家区域重大战略、区域协调发展战略搭建平台、提供商机。要进一步推动台商台企融入祖国发展大战略，进一步发挥台商台企在科技制造、信息技术、科技成果转化等方面的优势和特长，发挥他们在强化两岸产业链、供应链纽带中的独特作用。要进一步支持台资企业参与海南自由贸易港建设、粤港澳大湾区建设、长三角一体化发展等区域发展战略和各地自贸试验区建设。支持有产业转移需求的东部地区台资企业优先向中西部和东北地区转移。促进台资企业参与新型和传统基础设施建设。支持台资企业充分发挥优势，与大陆企业共同开发、共享机遇、共建产业，参与大陆5G、人工智能、物联网等新型基础设施的研究、开发、生产和建设。

三、进一步推进两岸共同市场建设

两岸共同市场是在一个中国框架下两岸经济交流与合作的平台，其市场覆盖面极其广泛，涉及两岸关税、贸易、货币、法律法规等的彼此协调。海峡两岸共同市场的建设是一个由低到高、由局部到整体的动态、渐进的过程，最终旨在实现两岸商品和交易的自由流动。两岸经济同属中华民族经济，两者互补性质明显，相互融通、相互联结、相互融入，有利于促进两岸共同繁荣、增加两岸共同利益。我们要充分发挥它们的比较优势，逐步建设共同市场。短期内，要重点完善两岸经济合作框架协议，提高规范化和制度化水平，促进两岸经贸关系自由化。中期内，双方应扩大对亚太地区经济合作的共同参与。从长远来看，要以协调统一的对外经济政策为目标，推进体制经济一体化，向共同市场的目标迈进。总体而言，应逐步建立两岸经济交流融通机制，不断深化两岸经济交流，两岸携手齐心，共同建设两岸共同市场。

四、进一步支持福建探索海峡两岸融合发展新路

福建和台湾有着"地缘近、血缘亲、文缘深、商缘广、法缘久"的"五缘"关系，这决定了福建在两岸关系中的独特地位和作用。这些年来，福建创新推出"66条""42条"具体措施，加快打造台胞台企"登陆"的第一家园，在推进两岸关系和平发展和祖国统一进程中勇立潮头，充分发挥先行先试作用，累积了海量宝贵实践经验。要使福建加快打造往来便捷、合作紧密的第一家园。深入推进闽台产业合作平台建设，推动福建沿海与金马"应通尽通""能通快通"，加快

建设厦金福马"共同生活圈""共同经济圈"。要使福建加快打造政策开放、服务贴心的第一家园。完善台胞在闽各方面制度保障，完善台湾企业权益的协调保障机制，增大台湾青年来闽就业创业的政策服务支持力度，进一步推动打造闽台青年共同"朋友圈"和"事业圈"。要使福建加快打造心灵契合、情感融洽的第一家园。要持续开展寻根谒祖等活动，持续深化闽台教育融合，持续推动闽台基层和青少年交流，架好海峡"连心桥"、共画两岸"同心圆"。

📖 **延伸阅读**

台胞科技特派员助力乡村振兴*

2019 年，福建省漳州市漳浦县以"先行先试"的闯劲，在全国率先推行台胞科技特派员制度，从全县 200 多家台资农业企业中选聘首批 16 名台胞科技特派员。希望引导在漳浦创业的台农台商推广台湾先进的农业技术，引进一些优势农产品品种，促进漳浦当地农户增产增收，以此助力漳浦乡村振兴的发展，推进两岸之间的农业融合。

作为拥有较强科技能力和产业基础的台商人才，台胞科技特派员不仅自己创业，也进田间、入大棚，向大陆农民传授种植养殖经验和技术，积极融入乡村振兴。陈建中正是其中之一。作为漳浦县首批台胞科技特派员之一，陈建中挂钩帮扶漳浦县官浔、湖西、盘陀三个乡镇，也经常深入大南坂镇、旧镇等地指导粮食蔬果的科学用肥，为当地农户提供无偿技术支持，帮助解决农业生产实际问题。

位于盘陀镇上洞村的漳浦县雨淳蔬菜专业合作社是陈建中开展合作式帮扶的农场之一。"陈董经常带技术员到我们基地来，指导我们怎么实验、如何有效合理地进行施肥。我们的蔬菜长势比以前更好，这也就意味着我们节省了不少成本，这让我更有信心进一步扩大水培基地的规模。"合作社负责人林震淳说。陈建中表示，将液体菌肥应用于蔬菜无土栽培，不仅可以节约资源、减少污染，生

---

* 参见《福建漳浦推行台胞科技特派员制度助力乡村振兴——科技心连心　两岸一家亲》，载《农民日报》2023 年 3 月 21 日。编者对内容有所修改。

产出的天然蔬菜也能够"从农场摘下来直接上餐桌"。目前，林震淳生产的蔬菜主要用于供给当地大型酒店，其销售市场也在逐渐拓展至商超等场所，未来成长空间很大。

在长期下乡走访中，陈建中发现，大陆部分农地因长期施用复合肥而土地肥力减弱。为有效改善这一情况，在当地政府的支持下，漳州三本肥料工业有限公司投资建设化验室，实施测土配方。化验室的功能相当于眼睛，能有效检测出土壤中的各项微量元素和重金属含量，继而精准"量身订制"，开发出更加有效的肥料给农户使用，帮助农户实现丰收。

"农民都很实在，他觉得我有帮到他的时候，会一直挽留我、会杀土鸡请我吃。"陈建中用"非常可爱"来形容受到帮扶的农户们。"担任科技特派员对我们来讲其实是一个非常好的机会，让我们的所学在祖国14亿多人口的市场发扬光大。"显然，科技特派员这重身份也带给他莫大的自豪感。

第十一章

推动构建
人类命运共同体

当前，世界之变、时代之变、历史之变以前所未有的方式展开，世界未来之路何去何从？人类发展去向何方？中国共产党带领中华民族和中国人民给出了"中国答案"，那就是要弘扬全人类共同价值，推动构建人类命运共同体。

时代洪流滚滚向前，展现出一幅波澜壮阔的历史图景。如何应对世界之变、时代之变、历史之变？如何顺应历史潮流、时代大势？如何应对霸权主义带来的和平危机、发展困境等诸多挑战？"人类向何处去"的世界之问、历史之问、时代之问横亘在人类社会面前。身在何处、心向何方、行将何向，中国共产党带领中华民族和中国人民给出了"中国答案"，为彷徨求索的世界点亮前行之路。党的二十大报告明确指出，中国始终坚持维护世界和平、促进共同发展的外交政策宗旨，致力于推动构建人类命运共同体。

　　这是关于人类社会发展和全球和平的"中国方案"。这一方案基于习近平总书记深刻把握人类社会发展的历史经验、基于中华优秀传统文化的精神财富、基于中华民族伟大复兴战略全局的统筹规划、基于世界百年未有之大变局的战略思考，体现了中国式现代化的本质要求。构建人类命运共同体，就是每个民族、每个国家、每个人的前途命运都紧紧联系在一起，应该风雨同舟、荣辱与共，努力把我们生于斯、长于斯的星球建成一个和睦的大家庭，推动建设持久和平、普遍安全、共同繁荣、开放包容、清洁美丽的世界，把各国人民对美好生活的向往变成现实。构建人类命运共同体，根本着眼于全人类福祉，既有现实省思，又有未来前瞻；既擘画了美好愿景，又提供了可靠路径。

第一节

推进中国特色大国外交

中国共产党立足本国发展实际，致力于为中国人民谋幸福、为中华民族谋复兴，同时放眼世界，为人类谋进步、为世界谋大同，这不仅是中国共产党的使命目标，更是中国特色大国外交的鲜亮底色和坚定立场。中国共产党始终坚持胸怀天下的世界观，为维护世界和平担当履责、为促进全球发展倾力奉献、为维护国际秩序坚守正道，向世界展现出中国特色大国外交的全球视野、进取精神、大国风范、不凡气度，在新时代不断开创中国特色大国外交的新发展、新局面、新征程。

一、奉行独立自主的和平外交政策

新时代，中国坚持奉行独立自主的和平外交政策有着更加深刻的历史和现实原因。坚持奉行这一外交政策是中国特色社会主义的本质要求，是符合全体中国人民价值标准的共同选择，是蕴含中华优秀传统文化精髓的价值判断，是立足"两个一百年"奋斗目标的现实考虑，是实现中华民族伟大复兴的战略选择。

奉行独立自主的和平外交政策的前提是独立自主，这是中国经历近代以来的沉痛苦难后总结出的深刻历史教训，也是新中国在外交事业发展过程中积累的宝贵历史经验。我们国家的外交工作，必须以捍卫国家独立、主权完整、领土安全、民族尊严为首要前提，不能允许任何外来势力以任何形式来损害我国的国家和人民利益。对于国际事务，中国要有绝对的自主权，从中国人民的根本利益和世界人民的共同利益出发，从事情本身的是非曲直和客观情况出发，不受任何外来压力的影响和胁迫，独立自主地制定外交政策、确立外交方针、实施外交策略。

奉行独立自主的和平外交政策的内核是和平发展，我国坚定不移地走和平发展的道路，既是为我国的发展创造良好的外部环境，也是为世界各国的发展争取和平的稳定局面。"国强必霸"的老路给世界各国包括中国都带来深重的灾难，世界范围内的大规模或局部战争给人类带来的只有流血和牺牲，任何一场国际争斗和国家战争中都没有真正的赢家，热爱和平的国家和人民共同反对动辄使用武力或以武力相威胁来解决争端。我国坚持以谈判对话来解决争端、以和平共赢来弥合分歧、以协商合作来化解矛盾。面向世界各国，不论对方是大国小国、强国弱国、富国穷国，我国以负责任的大国为自我要求，坚定站在历史正确的立场之上、站在人类文明进步的一边，高举和平、发展、合作、共赢的旗帜，坚持促进国家间和谐的良性互动，努力扩大同各国利益的汇合点，在坚持和平共处五项原则的基础上谋求与各国的合作，在友好合作中实现发展和共赢，结成战略合作伙伴关系，建设覆盖全球的"朋友圈"。

二、坚持以和平共处五项原则为基础

和平共处五项原则作为我国在20世纪50年代提出的处理国际关系的准则，有着深厚的历史根源和实践经验。为发展同新兴国家尤其是邻近民族独立国家关系，我国同印度政府就两国在西藏地方的关系问题进行谈判时正式提出和平共处五项原则，后发展成为处理国家与国家之间关系的一般准则，逐步得到世界各国的广泛认可。

互相尊重主权和领土完整作为和平共处五项原则的第一原则，在提出之时首次用整体的眼光看待"主权"和"领土"这两个概念，并将二者有机统一，特别强调对一国领土的侵犯实是对其主权的侵害，主权国家包括其领陆、领海、领空在内的领土完整神圣不可侵犯。

互不侵犯、互不干涉内政作为紧随其后的两条原则，是对互相尊重主权这一原则的必要补充，互相侵犯、干涉内政是侵犯国家主权的新的表现形式。放眼当今世界，经常出现一些国家以解决国际争端或地区冲突为名，干涉其他主权国家的内政，挑战其他国家的主权独立性。这些侵犯其他国家权益的霸权主义、极端恐怖主义行径，我们必须引起重视，在世界范围内形成共识，以任何名义侵害一国主权的行为都是不被支持和允许的。

中国式现代化强调同世界各国互利共赢，各国在主权平等的前提下进行交往合作，在认同人类共同价值的基础之上共同发展，进而推动构建人类命运共同体，努力为全人类的和平、发展、进步作出贡献。西方国家通过战争侵略、殖民掠夺的方式实现现代化，将本国发展建立在对小国、弱国、穷国压迫的基础上，给广大发展中国家带来残酷的剥削和深重的苦难，这是中华民族在发展过程中不可能也绝对不会复制的老路，也是中国式现代化发展中要坚决抵制和反对的方式。中华民族自古以来就奉行和而不同、善待友邦的传统，明朝年间郑和下西洋，就生动体现了儒家"泛爱众而亲仁"的思想内核——中国即便拥有当时世界上最强大的海上力量，也不会以霸权征战为目的侵略其他国家，不以侵略侵占为支持自身发展的残酷手段，相反，中国是以自己强大的实力成为维护地区和平、带动他国发展的强大力量，并成为捍卫地区乃至世界和平安宁的可靠力量。近代以来，中国不幸遭受西方列强的奴役压迫，深受西方列强为自身发展而侵犯他国主权利益的巨大压迫。"己所不欲，勿施于人"，我们始终坚定地站在人类大义、发展大势、文明大潮正确的一边，不走侵略扩张的西方现代化发展的老路，而是坚持同世界各国互利共赢，走和平发展的新型现代化发展道路。中国作为负责任的大国，将以维护区域稳定为出发点，以推动全球发展为着眼点，通过本国经济高速、稳定、持续的发展，为周边和广大发展中国家带来更多的发展红利，让中国发展的成果惠及其他国家，从可持续发展的角度出发，从世界共同发展的格局着眼，不以片面追求本民族、本国的利益为目标，而是为国际体系提供更多有益的公共产品，在全球发展过程中承担更多的义务和责任。

要真正实现和平共处，国际社会应积极致力于构建、遵守和维护世界范围内公正合理的制度和秩序，以制度引领发展，以秩序规范行为，而非以经济利益作为裁断国际事务的标准。我国始终坚持与各国相互尊重、平等协商，以对话弥合分歧、以谈判化解争端、以发展解决矛盾，反对一切形式的霸权主义、强权政治，推动各国共同走和平发展道路，以和平争取稳定，以稳定赢得发展，以发展带来共处，以共处创造共赢。

三、继续坚持对外开放的基本国策

中国将对外开放作为基本国策，并且在党的二十大报告中明确提出，这表明在新的历史发展阶段，中国共产党仍坚持带领全国人民坚定不移地走对外开放的外交之路。在全球政治风云变幻、经济遭受巨大挑战的大背景下，中国仍然坚持打开国门，将自己置身于全球发展的浪潮中，担当起大国责任、展现出大国担当、发挥出大国作用。

随着中国对外开放水平的不断提高，中国已经成为世界市场不可分割的一部分，占有的世界市场份额与日俱增，从1978年中国货物贸易进出口总额仅为355亿元，仅在国际市场份额44375亿元中占0.8%，在全球货物贸易中位列第29位，到2022年，我国进出口总值首次突破40万亿元人民币关口，在2021年高基数的基础上继续保持了稳定增长，进出口规模再创历史新高，连续6年保持货物贸易第一大国地位。中国能形成如此惊人的发展增速和发展局面，与我国始终坚持对外开放的基本国策密切相关，与我国从改革开放以来形成的更大范围、更宽领域、更深层次的对外开放格局密切相关。可以说，社会主义市场经济的改革方向、发展需求、动力源泉，都与高水平的对外开放息息相关。

特别是新时代以来，习近平总书记在深刻认识世界发展时代潮流的形势后提出了一系列的新理念、新思路、新倡议。其中影响范围最大、受益国家最多、发展潜力最强的，莫过于共建"一带一路"的重大倡议，我国"同149个国家和32个国际组织相继签署合作文件"[①]，逐步实现与合作各国的政策沟通、设施联通、贸易畅通、资金融通、民心相通，这种全方位、多维度的交流互通为我国对外开放工作打开了全新的局面，在全球范围内带来了广泛且深远的影响。"一带一路"建设展示出我国在对外开放水平、视野、理论、实践中的重大创新，为世界发展提供了以互联互通互融推进新型全球化的新范式，为世界各国带来了以共商共建共享为原则推动发展的新契机。共建"一带一路"已成为深受欢迎的国际公共产品，已成为吸引世界各国踊跃加入的国际合作平台，在新时代形成了质量更高、范围更广、影响更深的对外开放新举措、新样貌、新生态。

[①]《党的二十大报告辅导读本》，人民出版社2022年版，第137页。

第二节

维护国际关系基本准则

国际关系基本准则是世界范围内各国在交流交往的过程中，达成共识、普遍遵循、处理问题的权威准则，它来源于古代各国处理国际问题的丰富实践，完善于近代各国开展国际交往的现实路径，成熟于现代各国达成国际合作的战略目标。国际关系基本准则在维护国际关系稳定中发挥着极其重要的作用，是维护国际关系稳定的重要保障，是各国处理对外事务中所必须遵循的宗旨和原则，任何违反国际关系基本准则的行为都是非法和无效的，都应该受到国际社会的一致谴责或制裁。

一、独立自主的政治外交准则

从政治外交的维度来看，独立自主是各国开展政治外交行动的前提条件和根本保证，各国参与国际事务的首要条件就是主权独立，即能够以平等、自主的身份参与处理国际事务。我国所倡导的这一外交准则，从根本上说是对以往不合理的国际交往秩序的修正。在以往国际交往中，常常出现弱肉强食、恃强凌弱等侵害小国弱国主权利益的暴虐行径，这是我国在对外交往中所坚决反对的错误行为。

我国在外交准则中坚持将独立自主分为两个层面。第一层是中国共产党始终从中国的现实国情出发，独立自主地探索形成符合中国发展实际的正确道路，以自身的发展作为国家和民族发展的力量之源，将中国发展的前途命运牢牢掌握在自己手中，以此赢得应对国际社会风云变幻的主动权和自主权。第二层是在国际交往中尊重他国独立自主的主权权利，具体表现为我国主张国家不分大小、强弱、贫富一律平等，尊重各国的主权和领土完整，尊重各国人民自主选择发展道路和社会制度，不因其他国家在意识形态、政治制度、发展道路上的不同选择而区别对待，不向他国强行输出中国的发展道路和政治体制选择，促进各国之间遵循独立自主的政治外交准则，与世界各国进行更广泛、更深入、更密切的国际交往，打造更平等、更自由、更开放的国际关系新格局。

二、自由开放的经贸合作准则

随着科学技术的全球化，经贸合作是各国赢得共同发展局面的必由之路，构建自由开放的经贸合作关系是保障国际关系平稳健康发展的重要实现路径。特别是在世界经济受各种不确定因素影响的当今时代，各国应凝聚共识，进一步加深对经济全球化、贸易投资自由化、经贸合作便利化的认识，努力促进立足本国、辐射全球的自由贸易园区等合作新样态的孵化、培育和建设，努力实现经贸领域的交流互鉴、合作共赢、自由开放。

2021年是"十四五"规划开局之年，也是中国加入世界贸易组织20周年。20年来，中国关税总水平由15.3%降至7.4%，中国已深度融入世界经济。特别是近年来，中国先后在全国范围内建立21个自由贸易试验区和海南自由贸易港，更大范围、更宽领域、更深层次的对外开放进一步深化，以开放促改革、促发展的成效不断显现。构建面向全球的高标准自由贸易区网络，加快推进自由贸易试验区、海南自由贸易港建设，共建"一带一路"成为深受欢迎的国际公共产品和国际合作平台，中国用实际行动推进建成当今世界最高水平的开放新形态、发展新模式、贸易新业态，为各国在全球范围内聚集各类经济发展要素提供广阔平台，为各国加快融入世界市场建设有效载体。以自由贸易园区、自由贸易港等为基础，不断推进制度创新、服务企业发展、融合各方力量、建成世界市场。

商务部印发的《"十四五"商务发展规划》明确提出，要发挥自贸试验区先行先试作用，深化首创性、集成化、差别化改革探索，在促进国内外人才、资本、技术、数据等要素自由流动方面加大制度创新力度，强化自贸试验区生产要素聚集和市场配置能力。由此可见，中国不断加快体制机制改革和创新，推动国内国际双循环相互促进，与世界各国建立更加广泛深入的合作关系，拓展更加多元的交流渠道，竭尽所能做好相关服务配套，促进全球自由贸易区的开放、合作、共赢。中国设置的更长远目标，是为建设开放型世界经济、推动区域及国际经济合作向纵深发展、维护国际关系平稳健康、构建人类命运共同体作出更大的贡献。

三、和平发展的国防安全准则

以武力相威胁，用霸权主义、强权政治来解决国际争端的错误行径，一直是中国在发展国际关系、维护国防安全中所强烈反对、坚决抵制的；不仅仅是中国，这也是世界上大多数热爱和平、渴望发展的国家共同的立场和原则。实现和平发展，以和平的方式解决争端、以发展的力量化解矛盾，这是维护世界和平稳定的重要条件。

以和平发展的方式实现中华民族的伟大复兴是全体中国人民的共同心愿，也是由中华民族血脉基因所决定的必然选择。但放眼世界，总有一些国家鼓吹"中国威胁论"，给中国的发展加以许多莫须有的恶意揣测和断言。深究动机，是这些霸权主义国家妄图用这样的方式来诋毁中国发展的道路、挤压中国发展的空间、抢夺中国发展的资源、破坏中国发展的环境、增加中国发展的成本，让中国发展的道路布满荆棘。尽管如此，中国仍然以最大的诚意去化解误会，用实际行动证明中国始终坚持和平发展道路。正如党的二十大报告明确指出的，中国奉行防御性的国防政策，中国的发展是世界和平力量的增长，无论发展到什么程度，中国永远不称霸、永远不搞扩张。铮铮誓言，展现了大国对外发展中的自信自强，我们无须走西方"强国必霸"的老路，仍然能够赢得中华民族伟大复兴的美好明天。

新时代以来，坚持和平发展的国防安全准则对于中国来说是一个复杂而又深刻的时代命题，不仅需要着眼于传统国防安全问题的探索，还需要以更加深入、更加广阔的视野去思考和把握国家安全与政治、经济、社会、文化等各个发展领域之间的关系，具体包括：中国和西方大国的国际关系评估，意识形态领域的威胁和对立，台湾问题所带来的一系列衍生问题，中国国家安全所面临的主要威胁，我国与周边国家的主权纠纷，中国经济增长所面临的外部能源、原材料和国际市场的动态需求，世界范围内中国公民群体（包括海外劳工、旅游者和留学生等）所面对的非传统安全危险，中国在本地区及世界范围内维护安全稳定的大国使命等。尽管问题重重、阻碍颇多，但是中国始终以维护和平与发展作为解决上述问题的出发点和落脚点，成为维护世界和平发展的重要力量。

四、交流互鉴的共同价值准则

世界文明的多样性是保证人类文明发展事业生生不息、延绵不断的重要力量，人类历史是人类文明在和而不同、各放异彩中书写造就的。不同的文明之间的显著差异和宝贵共识不仅碰撞出了人类智慧的火花，还构架起了不同文明之间交流互鉴的桥梁，凝聚了不同文明的价值共识，共同为人类的发展和进步贡献力量。世界历史发展动力也源于生产力以及建立在此基础上的文明交往、发展与进步，"各民族的原始封闭状态由于日益完善的生产方式、交往以及因交往而自然形成的不同民族之间的分工消灭得越是彻底，历史也就越是成为世界历史"①。

中国共产党领导中国人民和中华民族在百年的历史征程中，始终立足本国本民族的发展根基，同时以促进世界发展、人类解放为己任，以马克思主义为指导，找到了一条不同于西方资本主义发展的道路。这条发展道路的探索不仅为中国的发展提供了广阔的空间，还丰富了人类走向现代化的道路选择，建构了全新的现代化价值选择和文明形态。中国的发展改革道路和世界价值导向，引导世界各国积极应对人与自然、人与社会、人与自身等方面的危机，主动化解不同民族、国家、宗教、文明间的矛盾，站在人类共同价值的制高点，坚持人类的自由和发展的价值旨归，正确理解和尊重世界历史的多元化，提出了超越民族、国家、阶级和意识形态界分的人类共同价值。早在2015年9月28日，习近平主席在第70届联合国大会一般性辩论时的

---

① 《马克思恩格斯文集》（第一卷），人民出版社2009年版，第540—541页。

讲话中就提出"共同价值",明确指出"和平、发展、公平、正义、民主、自由,是全人类的共同价值"①。人类共同价值以和平、发展为价值基础,以公平、正义为价值保障,以民主、自由为价值追求,这集中反映了人类的整体利益和价值诉求,是在文明的交流互鉴中形成的共同价值准则,对世界历史发展产生深远的影响。

人类共同价值源自中华优秀传统文化蕴含的智慧,形成于中华文明5000多年的文化传承中,为各民族和谐共存、人类文明进步提供了有益启示。这些宝贵文化基因和财富将在世界范围内发挥更大的作用。弘扬人类共同价值,需要我们讲好中国故事、传播好中国声音,不断加强文明交流互鉴,在尊重彼此文化传统和发展道路的基础上携手合作,以文明内核驱动国际关系健康发展,共同应对各类风险挑战,共同推动人类发展进步。

---

① 《习近平谈治国理政》(第二卷),外文出版社2017年版,第522页。

第三节

推动构建新型国际关系

推动构建新型国际关系是习近平外交思想的重要组成部分，是新时代新征程上中国特色大国外交的主要努力方向，是中国式现代化的战略安排中的关键、有效一环。构建新型国际关系，要积极面对大国关系新变局，归根结底是要解决世界各国之间应该以怎样的方式相处，在处理纷繁复杂的国际事务时应该遵循什么样的方式、准则等核心问题。

从中国式现代化的战略角度出发，有诸多因素影响新型国际关系的构建：各国国际力量的对比与变化，世界发展大势带来的机遇与挑战，中国特色社会主义进入全新发展阶段的定位与使命，中国外交传统的传承与创新，中华优秀传统文化的浸润与影响等。在推动构建新型国际关系中始终以互相尊重为基础、以公平正义为原则、以合作共赢为愿景，走出一条"对话而不对抗、结伴而不结盟"的国与国交往新路。中国外交展现大格局、大胸怀和大智慧，强化运筹塑造，推动国际关系沿着正确方向行进。

一、以互相尊重为基础

推动构建新型国际关系需要以互相尊重为基础，这是国家与国家之间进行交往的一个重要前提条件，构建新型国际关系需要以此为基础。互相尊重，从根本上说，是尊重各国的主权，以平等为前提进行国际交往。正如习近平总书记所指出的："主权平等，是数百年来国与国规范彼此关系最重要的准则，也是联合国及所有机构、组织共同遵循的首要原则。"①

推动构建新型国际关系，需要首先承认各国在国际政治上的平等地位，这也是中国在进行对外交往中坚持的首要准则。不论大国小国、强国弱国、穷国富国，在国际地位上是平等的，不应以其他附加条件作为国际交往中的"隐形规则""潜在规则"。各国的国家主权、合法权益和民族尊严都应该得到平等的尊重，我们和世界上热爱和平的大多数国家一起，要坚决抵制帝国主义、霸权主义、殖民主义带来的不平等的以等级制为基础的国际交往规则与国际发展秩序。

当然，各国在国际上的地位与国家实力息息相关，国与国的关系不可能规避利益关系，特别是共同的利益追求。但是，中国始终坚持大国与小国要平等相待，践行正确的义利观，义利相兼、义重于利，这不仅体现出我国大国外交的道义观，也体现出我国能够正视国家实力对比是在不断变化发展中的。

此外，各国的发展道路、社会制度、意识形态，也都是各国在发展过程中自主的选择，只要符合本国国情，能给国民带来幸福美好的生活，能得到本国人民的拥护和支持，就是在为人类进步事业作出重

① 《习近平谈治国理政》（第二卷），外文出版社2017年版，第539页。

要的贡献，也是在为世界文明的多样性作出不同的探索。各国在世界历史长河中创造了不同的文明样态，汇聚成推动世界发展和人类进步的共同价值。

二、以公平正义为原则

公平正义作为构建新型国际关系的重要原则，是各国在参与国际事务中需要共同遵守的，这条原则主要推动国际关系朝着民主、健康、稳定的方向不断发展。

随着世界多极化的趋势不断加强，国际格局向着更加均衡的方向加速发展，各项国际事务也逐步由各国共同商讨、集体决策，而不由任何国家或者国家集团单独主宰、单独裁决。以美国为代表的西方大国在国际事务中独断专行、强权决断、垄断发展、霸凌他国的错误行径将进一步受到制约和控制，在处理国际事务时袒护偏私、维护私利等有悖于国际公约等国际法的行为将受到国际社会的反对和谴责。

在构建新型国际关系中切实做到坚持公平正义，需要各方力量的共同努力。要维护和支持代表全球利益的国际组织——联合国，发挥联合国在国际事务中的组织协调、解决矛盾、推动合作等重要职能。联合国作为最具普遍性的国际组织，其宗旨与人类命运共同体理念高度契合，人类命运共同体理念是对联合国宗旨和原则的传承与发展。要遵守和履行处理国际关系的基本准则——联合国宪章。联合国宪章作为联合国的基本大法，为处理国际关系、维护世界和平与安全规定了基本原则和方法，为国际社会民主、平稳、有序、均衡发展提供了保障，为维护世界和平与人类进步贡献了力量。此外，发达国家要进一步发挥国家实力的世界效能，承担起更大的国际责任，而不是走上"强国必霸"的错误道路；发展中国家要寻求更多的发展机遇和更大的发展空间，发挥地缘、资源、能源等独特的国家优势，在国际社会尽可能发挥本国优势。

中国作为发展中的大国，用实际行动表明积极推动并引领构建新型国际关系的信心和决心，新时代以来，中国广结善缘、德行天下，积极打造全球伙伴关系网络，得到世界各国的认可与支持，中国的好朋友遍布全球。新时代以来，截至2023年3月底，我国建交国总数从172个增加到182个，中国的朋友圈不断扩大。中国不断以最大的诚意和贡献去结交世界范围内的好朋友，用实际行动和切实举措维护国际社会的公平正义，为国际社会发展贡献出更大的力量。

三、以合作共赢为愿景

倡导各国在推动构建新型国际关系中发挥更大作用，是为了各国在新型国际关系中谋求与更多国家结成合作关系，从而实现各国发展的共赢局面。这是中国推动构建新型国际关系的努力目标，更是各国共绘的和谐的新型国际关系美好愿景。

实现合作共赢，需要各国坚持真正的多边主义。国际事务应由各国共同协商解决，世界发展由各国共同掌握推动。因为国际事务的成因和影响都不仅仅关系个别国家，所以"国际上的事情由各国商量着办"①；国际社会的总体发展由各国的发展组成，因此各国共同达成的认识和共同商定的规则将作用于国际社会的整体进步。

21世纪以来，人类共同面对的诸多难题与日俱增，从恐怖主义蔓延、2008年国际金融危机，到粮食危机、全球气候变化、脱贫减贫，再到席卷全球的新冠肺炎疫情等，每一个危机都对世界各国产生

---

① 《习近平谈治国理政》，外文出版社2014年版，第324页。

深远的影响，没有一个国家可以在世界发展的浪潮中独善其身，更没有一个国家可以以一己之力去解决这些难题。合作成为全球各国携手并肩、共渡难关的必然选择，由此实现的共赢是各国共同发展的最好结果。要在追求本国利益时兼顾各国合理关切、在维护自身安全时尊重各国安全、在解决本国危机时积极投身于解决世界危机。事实证明，联合国及其附属多边机构发挥了重要的作用，二十国集团也在金融危机最严重时期孕育而生并发挥了重大的协调作用。

单丝不成线，独木不成林。在不断实现合作共赢愿景的过程中，我国展现出使命与担当，坚持团结、聚焦共赢，倡导并推动国际多边机构发挥更大的作用，积极探索并适应新形势之下的合作机制，率先制定并实施更加开放包容的对外政策，为世界发展与人类和平等各项事业贡献中国的力量。

第四节

参与全球治理体系改革

新时代以来，以习近平同志为核心的党中央带领中国积极参与各项国际事务，在错综复杂的国际形势之下，深刻分析把握国际形势的演变规律。特别是在百年未有之大变局叠加全球疫情的复杂时代背景下，中国积极参与全球治理体系改革和建设，将共商共建共享的治理理念融入全球治理的丰富实践中，将互联互通互融的发展理念融入世界事务的切实行动中，坚持真正的多边主义，在参与国际事务的过程中，善于与各国共同协商，从而推进国际关系向着民主化的方向不断推进，为破解全球治理难题贡献了中国智慧。

一、践行共商共建共享的全球治理观

纵观全球治理现状，各国需要面对的问题从以前的相对单一变为现在的更加多元，除了资源短缺、气候变化、恐怖主义、海上安全、粮食安全等传统议题领域，还包括网络安全、虚拟经济、超级资本、跨国犯罪、科技陷阱等新兴议题领域，这些复杂多元的世界难题不是哪个国家面对的个别难题，而是世界各国面临的共同问题。因此，将共商共建共享的理念融入全球治理观就显得尤为重要。

共商，即主张在国际事务中让各国集思广益，在解决国际难题的时候能兼顾各个国家特别是发展中国家的利益和关切。全球经济治理应该摒弃丛林法则、反对强权独霸、打破零和博弈，切实反映国际经济格局变化，更多地为发展中国家争取在国际事务中的话语权，克服发达国家和发展中国家的发展鸿沟，努力推动世界包容发展，让世界各国都能有权利、有机会、有平台参与到全球治理的商讨中来，真正让各国都能在国际事务中有发声的机会，最大限度做到开放包容、平等尊重，在交流互鉴中找到国际难题的最优解，在求同存异中争取世界发展的最大值，通过共同协商达成的政治共识能更好地服务于各国的发展，在此基础上寻求各国共同利益的结合点，积极构建人类命运共同体。

共建，即倡导各国共同参与世界发展的各项事业，在合作共建的基础上，创造更多的发展机会和机遇，扩大各国的共同利益，建设互利共赢的利益共同体，让各国的发展可以从中汲取力量。这样的发展模式是顺应经济全球化的时代大势，是共同做大做强世界市场的必然要求。从我国"一带一路"建设取得的成绩就可以看出，相关国家共同参与建设，是实现优势互补、互利共赢的高质量新范式，放眼全球经济发展，各国通过共同参与建设，能促进全球经济要素的有序自由流动，提高资源配置效率，造福世界各国人民。

共享，即通过促进各国平等发展，获得的发展成果由各国共同分享。各国在发展中应积极寻求最大利益"公约数"、经济合作契合点，积极为各国人民的友好交往、文化互鉴、科技互通等提供平台、创造机遇，努力构建不同文明相互理解、相互包容、相互交融的发展格局和共享机制，通过经济大融合、发展大联动，在共赢中实现共享。坚定不移走和平发展、开放发展、合作发展、共同发展道路，寻求利益共享，实现共赢目标，弘扬和平、发展、公平、正义、民主、自由的全人类共同价值，坚持共商共建共享的全球治理观。

二、坚持真正的多边主义

坚持真正的多边主义，核心在于在国际事务中如何看待伙伴关系、如何建设伙伴关系、如何加强伙伴关系，有没有真正以最大的诚意把世界上的各个国家看作自己的伙伴，从而建立深度合作关系，共同应对风险挑战。

在看待伙伴关系的视角中，要真正坚持各国平等、尊重各国，不论国家实力、地位、大小，都将其他国家看作处理国际事务当中的平等一员，商商量量好办事，商商量量办好事，切实维护以联合国为核心的国际体系，遵循以国际法为基础的国际秩序，与更多国家成为携手并肩的朋友，凝聚发展共识，形成奋进合力。

在建设伙伴关系的标准中，要与各国和平共处，和平是发展的前提，中国的发展只会为世界和平贡献更多的力量、为其他国家特别是发展中国家提供更多的资源，中国绝不会走上"强国必霸"、侵略他国、威胁他国安全发展的错误道路，中国反对军事集团、政治团体，会以更加包容、博大、宽广的胸襟和各国建立伙伴关系。

在加强伙伴关系的实践中，要更加开放包容，倡导互学互鉴，促进国家之间的良性竞争、包容合作，在深度合作的基础上与其他国家建立更牢固的伙伴关系，以中国的新发展为其他国家特别是发展中国家带来更大便利和更多支持，同时为世界的大发展提供更多机遇和更强动能。

三、推进国际关系民主化

民主不仅是国内治理的方式，也是全球治理中应该遵循的重要原则。国际关系民主化的核心是反对强权政治、单边主义，倡导以世界各国平等参与、共同协商、集体决策解决国际问题与争端，以集体的智慧和友好的协商为基础，共同治理世界事务。

世界各国具体国情、历史文化、发展道路、制度现状都有所不同，对民主的理解和定义也有所不同，但也正是这种多样性，为世界事务的解决提供了不同文化背景的智慧和可能性。各国若发挥作用、群策群力、协商探讨，许多世界范围内的共同问题都可以得到良好的解决。正如中国的全过程人民民主，评判的标准是广泛、真实、管用，得到了中国人民的衷心拥护和支持。国际关系民主也是如此，不是按照美国等西方大国划定的民主模式、民主标准的民主才是民主，真正的民主是站在世界大多数国家一边，以世界发展和人类切身利益为出发点，本着平等交流、互通互鉴的态度，弘扬真正的民主精神，而不是打着"民主"的大旗，为自身的发展建立某些小团体，践踏他国的合法权益，谋求本国的国家私利。2021年，美国打着"民主"的旗号举办所谓"民主峰会"，将世界上将近一半的国家排除在外，公然以意识形态划线，在世界上制造分裂，这本身就是对民主精神的践踏，再次举办这类峰会更是不得人心。这样的行为不是在促进国际关系民主化，而是在倒行逆施，阻碍国际关系健康发展。

推进国际关系民主化，要遵循国家平等原则。国家之间无论大小强弱，一律平等，以高低贵贱来区别对待不同国家，是在践踏一个国家所具有的荣誉、尊严和品格。世界上的任何一个主权国家都有参与解决国际事务的权利，世界是由大小近200个国家组成的，不能由一个或几个大国操纵、垄断，国家之间以大欺小、仗富压贫、恃强凌弱的行为是对国际关系民主化最大的破坏。

推进国际关系民主化，要尊重各国主权、不干涉他国内政。这是《联合国宪章》中明确规定的基本原则，也是国际关系民主化的核心要求。各国的独立主权神圣不可侵犯，各国社会制度、发展道路的自由选择权不容他国干涉，应得到尊重和保障。

推进国际关系民主化，要尊重文明的多样性。世界文明百花齐放、百家争鸣，这是人类的共同财富，倡导各种文明之间互学互鉴、交流对话、开放包容、美美与共，这是为人类文明发展打下坚实根基，也为国际关系良性发展提供精神滋养。

推进国际关系民主化，要促进各国互相合作、共同发展。国际关系民主化不仅是国际政治关系领域的，而且包括国际经济关系领域。政治上加强对话理解，经济上互相促进发展，让更多的国家拥有政治上的平等权利和经济上的发展空间，减少两极分化、贫富差距带来的不稳定因素，进而在国际社会营造出平等互利、合作发展的良好氛围。

心系世界发展，坚持胸怀天下，这是中国共产党领导中华民族和中国人民向世界展示的中国胸襟和中国气度！推动构建人类命运共同体，这是中国式现代化道路以宏大的战略布局回答时代之问、世界之问的响亮答案！坚持独立自主的和平外交政策，维护国际关系基本准则，推动建设新型国际关系，参与全球治理体系改革。推进合作共赢开放体系建设，全面提高对外开放水平，以推动共建"一带一路"高质量发展，切实支持开放、透明、包容、非歧视的多边贸易体制建设，带动沿线各国和世界上其他愿意加入的国家走上共同发展的道路，中国以最大的真诚和热忱积极发展全球伙伴关系，同世界各国增进政治互信、深化务实合作。一花独放不是春，百花齐放春满园。中国的发展离不开世界，世界的发展需要中国，中国愿意为世界的发展作出更大的贡献，中国人民愿同世界各国人民一起开创更加美好的明天！

■ **延伸阅读**

共饮一江清水　点亮万家灯火*

南欧江作为湄公河左岸在老挝境内的最大支流，发源于老挝和中国边境，一江清水，情系中老两国。南欧江由边界附近的山脉向南，横穿老挝丰沙里、乌多姆赛和琅勃拉邦等省，流入湄公河干流水域。

可是每到旱季，水力发电就会受到严重的限制，缺电、断电现象在当地居民生活中很普遍，部分农村和山区甚至常年无法供电，这导致南欧江流经的老挝北部山区贫困落后，大量村民住在夜晚看不到任何光亮的破旧村落。

在共建"一带一路"过程中，中国企业秉持合作共赢原则，积极履行社会责任，造福当地民众，为老挝南欧江流域量身定制了一个"一库七级"的梯级水电站，不仅最大限度保护和改善了当地生态，而且能助力老挝实现打造"东南亚蓄电池"的愿景，为老挝点亮万家灯火。

七颗明珠点亮漫漫长夜，壮丽的大桥犹如天降飞虹，悠长的隧道穿越重重关山，昔日沉寂的深山河谷，焕发出前所未有的生机，在这里，我们不仅仅能看到老挝南欧江流域梯级水电站的恢宏气势，更能深刻地认识到在共建"一带一路"的过程中，中国为沿线各国留下了一个个"国家地标""民生工程""合作丰碑"的实干

---

* 参见商务部研究院编：《共同梦想》（第三辑），中国商务出版社、人民出版社2020年版；《"一带一路"上的"七明珠"——老挝南欧江水电站的绿色发展故事》，新华网，2019年3月25日。编者对内容有所修改。

伟绩！

其实，在共建"一带一路"之前也有很多国家的公司想对南欧江进行开发，但他们都是本着经济利益优先的原则，给出的规划方案以牺牲居民环境和破坏自然环境为代价，因此始终没有得到老挝政府的批复。

中国电建集团根据南欧江的实际情况，制定了"一库七级"的方案。每一级电站都尽量降低了坝高，一、二、三、四级电站都是用天然水发电而不进行蓄水，减少了近一半的淹没面积，保住了南欧江更多的生态资源。该方案以水能资源利用最合理、尽量减少社会环境影响、尽量减少原住居民搬迁、尽量减少耕地林地淹没损失、最大限度实现社会综合效益，赢得了老挝政府以及当地社会各界的一致认可。

老挝南欧江梯级水电项目是践行"一带一路"倡议的重点项目，也是中国电建集团在海外首个全流域整体规划和BOT（建设—经营—移交）投资开发的项目，对老挝打造"东南亚蓄电池"和改善老挝北部民生具有重要意义。南欧江流域规划7个梯级水电站，分两期开发，总装机容量达127.2万千瓦，年均发电量约50.17亿千瓦时。项目于2021年全部建设完成，进入梯级联调联运发电期，为老挝提供稳定优质的电能，保障着老挝全国12%的电力供应，被誉为"一带一路"全流域水电绿色开发的闪耀明珠。

一江清水让中老两国的感情血浓于水，"一带一路"上的"中国工程"点亮老挝的万家灯火，也为他们打开了全新的世界！

第十二章

推进新时代党的建设新的
伟大工程

办好中国的事情，关键在党。推进新时代党的建设新的伟大工程，是中国共产党在新时代面临一系列挑战和任务时，深刻总结自身百年发展的历史经验所提出的党的建设新要求，为新时代党的建设指明了方向、提供了遵循。

在庆祝中国共产党成立100周年大会上的重要讲话中，习近平总书记指出，以史为鉴、开创未来，必须不断推进党的建设新的伟大工程。推进新时代党的建设新的伟大工程的战略部署不是凭空产生的，这是党在新时代面临一系列挑战和任务时，深刻总结自身百年发展建设的历史经验所提出的党的建设新要求，为新时代党的建设指明了方向、提供了遵循。党的二十大报告明确指出，"全面从严治党永远在路上，党的自我革命永远在路上，决不能有松劲歇脚、疲劳厌战的情绪，必须持之以恒推进全面从严治党，深入推进新时代党的建设新的伟大工程"。

回顾历史，中国共产党历经百年风霜雨雪吹打，不仅没有凋零，反而在千锤百炼中愈发强大，最关键的一点就是中国共产党在坚持党要管党、全面从严治党的根本原则下，始终沉着应对自身在各个历史时期面临的风险考验，从而确保了党在世界形势深刻变化的历史进程中始终走在时代前列，在应对国内外各种风险挑战的历史进程中始终作为全国人民的主心骨。深入推进新时代党的建设新的伟大工程是一个系统工程，最重要的就是要落实新时代党的建设总要求，健全全面从严治党体系。在这个体系下，中国共产党要全面推进自我净化、自我完善、自我革新、自我提高，使自身能够始终坚守初心使命。只有初心不改，中国共产党才能始终成为中国特色社会主义事业的坚强领导核心，第二个百年奋斗目标和中国式现代化才能成为现实，中华民族伟大复兴的中国梦才能早日实现。

第一节

坚持和加强党中央集中统一领导

无论是对一个国家还是对一个民族或政党而言，本身都需要有一个坚强的领导核心，否则谋求发展就无法统一方向、集中力量，将四处碰壁、一盘散沙。确立一个领导核心是其发展的前提和基础。中国共产党既是中国特色社会主义事业的领导核心，也是推动中国式现代化的核心力量，更是国家和民族一切发展的根基、一切利益的集合。习近平总书记在十四届全国人大一次会议闭幕会上指出，推进强国建设，必须坚持中国共产党领导和党中央集中统一领导，切实加强党的建设。中国共产党的领导是国家和民族一切发展的根本所在、命脉所在。历史已经反复证明，拥有坚强的领导核心是中国共产党创造百年辉煌、不断从胜利走向胜利的关键。因此，无论处在什么时代，我们都必须始终坚持和加强党中央集中统一领导。

一、坚持和加强党中央集中统一领导事关党和国家事业全局根本

坚持和加强党中央集中统一领导事关党和国家事业发展的全局和根本，意义重大。之所以这样说，有历史国情和制度方面的原因。从

历史国情来讲，中国共产党的领导是中国的最大国情。从我国近代历史看，中华民族自1840年鸦片战争以来180多年的历史，中国共产党自1921年成立以来100余年的历史，中华人民共和国自1949年成立以来70多年的历史都充分证明：没有中国共产党，就没有中华民族的独立；没有中国共产党，就没有新中国；没有中国共产党，就没有中国的富强；没有中国共产党，就没有中国式现代化的坚强领导核心；没有中国共产党，就没有中华民族伟大复兴。可以说，是历史和人民选择了中国共产党。中国共产党是执政党，是实现中国式现代化不可或缺的领导力量，是中国特色社会主义事业的领导核心，自然处在总揽全局、协调各方的地位。党政军民学，东西南北中，党是领导一切的，是最高的政治领导力量。因此说坚持中国共产党这一坚强领导核心的地位不动摇是中华民族的命运所系。

我国能保持长期稳定的发展，从宏观战略上看，最根本、最重要的一条就是抓住了谁是坚强的领导核心，即始终坚持中国共产党的领导。从特征上看，中国共产党领导是中国特色社会主义最本质的特征，也是党在领导中国式现代化的进程中不断探索得出的规律性认识，彰显了党成功推进和拓展中国式现代化的本质属性。我们的全部事业都建立在这个基础之上，都根植于这个最本质特征和最大优势。所以说，坚持和加强党的全面领导，关系党和国家的前途命运，是党和国家的根本所在、命脉所在，是全国各族人民的利益所系、命运所系。从制度上看，党的领导是做好党和国家各项工作的根本保证，而党的领导绝对离不开科学完备的制度体系，党的领导制度是我国的根本领导制度，是党领导的中国式现代化的根本制度保证，更是我国政治稳定、经济发展、民族团结、社会稳定的根本点，这是被历史反复证明的，绝对不能有丝毫动摇。

二、坚持和加强党中央集中统一领导需要更加深刻领悟"两个确立"

坚持和加强党中央集中统一领导，根本在于深刻领悟"两个确立"的决定性意义，坚决做到"两个维护"。"两个确立"是中国共产党在新时代取得的重大政治成果，是中国共产党在新征程上战胜各种艰难险阻的最大底气，是中国共产党自信自立自强的力量之源。万山磅礴，必有主峰；事在四方，要在中央。坚持党的全面领导，最根本的是坚持"两个确立"、做到"两个维护"，坚决维护习近平总书记党中央的核心、全党的核心地位，坚决维护党中央权威和集中统一领导。强调坚持"两个确立"、做到"两个维护"，对推进中国式现代化具有决定性意义，加强了党的团结统一，增强了党政治上的领导力、思想上的引领力，在社会和群众中的影响力、号召力，从根本上保证了党始终是引领和推动中国式现代化的坚强领导核心。

坚持和加强党中央集中统一领导是一项系统工程，需要广度、维度和深度协同推进。一是要健全总揽全局、协调各方的党的领导制度体系，完善党中央重大决策部署落实机制，确保全党在政治立场、政治方向、政治原则、政治道路上同党中央保持高度一致，确保党的团结统一。二是要加强党的政治建设，严明政治纪律和政治规矩，严格党内政治生活，提高各级党组织和党员干部政治判断力、政治领悟力、政治执行力，引导党员、干部做政治上的明白人，自觉做到党中央提倡的坚决响应、党中央决定的坚决执行、党中央禁止的坚决不做，执行党中央决策部署不讲条件、不打折扣、不搞变通。三是把坚持"两个确立"、做到"两个维护"转化为听党指挥、为党尽责的实际行动，转化为推进伟大事业、实现伟大梦想的磅礴力量。

三、坚持和加强党中央集中统一领导要全面、系统、整体落实

坚持和加强党中央集中统一领导的要求不是空洞的、抽象的，而是要实实在在地体现在具体行动上。党的领导是全面的、系统的、整体的，在具体落实上也必须全面、系统、整体地加以推进。只有把党中央集中统一领导体现在经济建设、政治建设、文化建设、社会建设、生态文明建设和国防军队、祖国统一、外交工作、党的建设等各个方面，而不是某一个方面，才是真正落实了坚持和加强党中央集中统一领导的要求。哪个领域、哪个方面、哪个环节缺失了弱化了，都会削弱党的力量，损害党和国家事业，都不是真正地坚持和加强党中央集中统一领导。因此，在对党中央集中统一领导的贯彻落实上也必须做到全面、系统、准确。

一是要健全总揽全局、协调各方的党的领导制度体系，完善党中央重大决策部署落实机制。从理论层次看，无论是制度体系还是落实机制，都是坚持和加强党中央集中统一领导的软件保证，是党领导中国式现代化的基础软实力保证，是确保全党在政治立场、政治方向、政治原则、政治道路上同党中央保持高度一致，确保党的团结统一的基础。二是要完善党中央决策议事协调机构，加强党中央对重大工作的集中统一领导。再好的制度体系和落实机制也需要有科学的机构来执行，如果把制度体系和落实机制比作软件，那科学的机构就是硬件，软件只有通过硬件才能发挥作用。因此，完善党中央决策议事协调机构是发挥制度体系作用和落实机制的前提。三是要加强党的政治建设，严明政治纪律和政治规矩，落实各级党委（党组）主体责任，提高各级党组织和党员干部的政治判断力、政治领悟力、政治执行

力。加强党的政治建设，既是坚持和加强党中央集中统一领导的保障，也是其目标，二者具有辩证统一关系。此外，作为党的建设的主体力量，广大党员干部也要主动学习、主动领悟，更加深刻领悟"两个确立"的决定性意义，更加自觉做到"两个维护"，努力提升政治本领，使自身的政治判断力、政治领悟力、政治执行力跟上新时代，跟上中国式现代化建设新的要求。

第二节

始终坚持不懈用新思想凝心铸魂

习近平新时代中国特色社会主义思想是当代中国马克思主义、21世纪马克思主义，是中华优秀传统文化和中国精神的时代精华，是马克思主义基本原理同中国具体实际相结合、同中华优秀传统文化相结合后，党和人民在新时代实践的经验和集体智慧的结晶，是全党全军全国各族人民为实现中华民族伟大复兴而团结奋斗的行动指南。党的二十大报告对坚持不懈用习近平新时代中国特色社会主义思想凝心铸魂作出重大部署，为我们加强新时代党的思想建设提供了方向指引和根本遵循。

一、思想建党、理论建党是党的鲜明特色和光荣传统

党的二十大报告指出，要用党的创新理论武装全党是党的思想建设的根本任务。注重思想建党、理论强党是我们党的鲜明特色和光荣传统，也是我们党从胜利走向胜利的制胜密码和特有优势。回顾党的百年奋斗历程，我们党之所以能够历经艰难困苦而不断发展壮大，很重要的一个原因就是我们党始终重视思想建党、理论强党，使全党始终保持统一的思想、坚定的意志、协调的行动、强大的战斗力。

习近平新时代中国特色社会主义思想是马克思主义中国化时代化的最新成果，在指导新时代伟大实践中展现出强大的真理力量和实践伟力，不仅为推进社会革命和党的自我革命提供了强大思想理论，更是我们认识世界和改造世界的强大思想武器。始终坚持不懈用习近平新时代中国特色社会主义思想凝心铸魂是新的历史条件下坚持和发展中国特色社会主义的迫切需要，是开辟马克思主义中国化时代化新境界的迫切需要，也是不断推进探索中国式现代化、全面建设社会主义现代化国家、全面推进中华民族伟大复兴的迫切需要，更是深入推进新时代党的建设新的伟大工程、建强高素质执政骨干队伍的迫切需要。迈步新征程，坚持不懈用这一光辉思想凝心铸魂，不断巩固团结奋斗的共同思想基础，具有十分重大的意义。

二、坚持不懈用习近平新时代中国特色社会主义思想凝心铸魂

始终坚持不懈用新思想凝心铸魂，就是要坚持不懈用习近平新时代中国特色社会主义思想统一思想、统一意志、统一行动。习近平新时代中国特色社会主义思想是中华优秀传统文化和中国精神相结合的时代精华，实现了马克思主义中国化时代化新的飞跃，是当代中国马克思主义、21世纪马克思主义。其思想理论深邃、博大精深，所蕴含的很多思想精髓都是在不断推进中国式现代化的实践过程中凝练出来的，是全党全军全国各族人民为实现中华民族伟大复兴而团结奋斗的行动指南。

用党的创新理论不断武装头脑是我们党的优良传统，也是我们党推进一系列重大战略的前提。学习党的创新理论是各级党组织的首要政治任务，是广大党员、干部加强个人思想政治建设的中心内容。全

面系统学、及时跟进学、深入思考学、联系实际学，完整把握、准确理解习近平新时代中国特色社会主义思想的世界观和方法论是凝心铸魂的核心，只有坚持好、运用好贯穿其中的立场观点方法，才能真正做到深学至信、笃行至强。习近平新时代中国特色社会主义思想与党的其他理论是一脉相承的，也是党在新时代的最新理论成果。因此，用新思想凝心铸魂就要同常态化长效化开展的党史学习教育相结合，大力弘扬理论联系实际的马克思主义学风，学史明理、学史增信、学史崇德、学史力行，不断传承红色基因、赓续红色血脉，最终达到学思用贯通、知信行统一，从而将习近平新时代中国特色社会主义思想的理论光辉真正转化为实践的伟力。

三、用新思想凝心铸魂要体现到具体实践中

广大党员干部始终坚持不懈用习近平新时代中国特色社会主义思想凝心铸魂，关键是要将所凝之心、所铸之魂体现到工作、生活的具体实践当中，将新思想转化为行动力。理论创新每前进一步，实践就要跟进一步。广大党员干部只有运用新思想推进理念创新、手段创新和工作创新，将其作用落实到具体实践中，才是自觉做习近平新时代中国特色社会主义思想的坚定信仰者、积极传播者、忠实实践者。

党的二十大报告已经明确指出，要组织实施党的创新理论学习教育计划，建设马克思主义学习型政党。这构成了具体实践的指南。因此，用新思想凝心铸魂体现到具体行动上，一是要持续抓好党的创新理论学习教育。比如，可以开展理论研讨班、读书班等，也可以下基层参与社会实践。但无论采取何种具体方法，广大党员干部关键还是要读原著、学原文、悟原理，深刻领会其核心要义、精神实质、丰富内涵、实践要求，深入把握贯穿其中的立场观点方法。二是持之以恒

加强理想信念教育。理想信念是中国共产党人的精神支柱和政治灵魂，也是保持党的团结统一的思想基础，要把理想信念教育作为思想建设的战略任务。习近平新时代中国特色社会主义思想就是砥砺理想信念和初心使命的最好教材。要在学习新思想的具体实践中深刻感悟习近平总书记的坚定信仰信念、深厚人民情怀、强烈历史担当、求真务实作风，在感悟党的创新理论的真理力量、实践力量的同时，不断夯实理想信念的思想根基。在具体行动上，可经常性参与诸如专题学习、主题党日、仪式教育、党员过政治生日等活动，通过学习经典、体会情怀、红色体验、氛围浸润的结合，牢记党的宗旨，解决好世界观、人生观、价值观这个总开关问题，不断凝心铸魂。三是常态化长效化开展党史学习教育。"欲知大道，必先为史。灭人之国，必先去其史；欲灭其族，必先灭其文化。"对于党员来说，党史学习是终身的必修课和常修课。具体来讲，要注重利用活的"历史教材"，比如革命博物馆、纪念馆、党史馆、烈士陵园等都是我们学习的载体。我们通过这些历史遗迹学习传承中国共产党人的精神谱系，大力弘扬伟大建党精神。四是按照党的二十大报告作出的重大部署，提早谋划，做好以县处级以上领导干部为重点的，在全党深入开展的主题教育。先学一步、学深一层，以思想自觉引领行动自觉，以行动自觉深化思想自觉，真正做到用新思想凝心铸魂。

四、把新思想所凝之心、所铸之魂转化为指导实践和推动工作的强大力量

理论的价值在于指导实践，学习的目的在于运用。坚持不懈用习近平新时代中国特色社会主义思想凝心铸魂，不仅仅是把理论烙印在头脑、把思想融进血液，根本的还是要坚持学思用贯通、知信行统

一，最终还是要把党的创新理论转化为坚定理想、锤炼党性和指导实践、推动工作的强大力量。因此，深入学习贯彻习近平新时代中国特色社会主义思想，必须坚持理论联系实际，坚持学以致用、学用相长，关键一点就是要提高运用党的创新理论观察新形势、研究新情况、解决新问题的能力水平。宏观上要把科学理论转化为认识世界和改造世界的强大力量。具体上要将学习成果体现到提高政治能力上，通过学习在实践中不断提高政治判断力、政治领悟力、政治执行力，确保在政治立场、政治方向、政治原则、政治道路上同以习近平同志为核心的党中央保持高度一致。

凝心铸魂指导实践、推动工作，首先要体现于在强国建设、民族复兴的新征程中坚定不移推动高质量发展上。具体地讲，要立足新发展阶段的客观实际，完整、准确、全面贯彻习近平新时代中国特色社会主义思想中所蕴含的新发展理念，紧紧围绕新发展理念，加快构建新发展格局，矛盾点是紧紧抓住解决不平衡不充分的发展问题，着力在补短板、强弱项、固底板、扬优势上下功夫。凝心铸魂的具体实践也要体现在增进民生福祉上。要认真践行以人民为中心的发展思想，以让老百姓过上更好日子作为根本价值取向，这也是与中国共产党的人民性的根本属性相符合的。广大党员干部在具体工作中要着力解决好人民群众急难愁盼问题，特别是多到基层走走，多听百姓真实声音，采取更多惠民生、暖民心举措，不断提高公共服务水平，使中国式现代化建设成果更多更公平惠及全体人民，最终达到共同富裕。凝心铸魂还要具体体现在增强斗争本领上。广大党员干部用习近平新时代中国特色社会主义思想凝心铸魂，就要把握好发展和安全的逻辑关系，以问题为导向，坚决树牢底线思维，在底线思维基础上发挥主观能动性，面对风险挑战，思想上要主动识变应变求变，主动防范化解风险，将其扑灭在苗头中。全力战胜前进道路上的各种困难和挑战，依靠顽强斗争开辟实现第二个百年奋斗目标的新天地。凝心铸魂更要具体体现在弘扬清风正气上。各级党员干部，特别是领导干部，要筑牢务实勤奋的思想观念，带头扑下身子，到基层，干实事，谋实招，求实效，以实干担当推动事业发展，以严的基调强化正风肃纪，驰而不息转作风、树新风，为加速推进中国式现代化，全面建设社会主义现代化国家，全面推进中华民族伟大复兴作出贡献。

第三节

完善党的自我革命制度规范体系

完善党的自我革命制度规范体系是着眼坚定不移全面从严治党、深入推进新时代党的建设新的伟大工程作出的战略部署，为党探索跳出治乱兴衰历史周期率的成功道路提供制度保障。奋进新征程，要时刻保持解决大党独有难题的清醒和坚定，勇于自我革命，坚定不移完善党的自我革命制度规范体系建设，一刻不停全面从严治党。

一、为新时代党的建设提供政治和制度保障

党的二十大报告强调，要完善党的自我革命制度规范体系，完善党内法规制度体系，形成坚持真理、修正错误，发现问题、纠正偏差的机制，健全党统一领导、全面覆盖、权威高效的监督体系。这是着眼坚定不移全面从严治党、深入推进新时代党的建设新的伟大工程作出的战略部署，为党在长期执政条件下践行初心使命、始终赢得人民拥护，带领人民为实现第二个百年奋斗目标而团结奋斗提供了重要遵循。

党的十八大以来，以习近平同志为核心的党中央以前所未有的政治勇气和十年磨一剑的战略定力推进全面从严治党，找到了自我革命

这一跳出治乱兴衰历史周期率的第二个答案，形成了一整套党自我净化、自我完善、自我革新、自我提高的制度规范体系，从政治上为党和国家事业取得历史性成就、发生历史性变革提供了重要制度保障。全面从严治党既是政治保障，也是政治引领。只有完善党的自我革命制度规范体系，才能真正实现党的自我净化、自我提升，才能始终保持中国共产党的纯洁和强大，只有强大健康的中国共产党，才能在新时代推进党的建设新的伟大工程。完善党的自我革命制度规范体系是新时代不断推进党的建设新的伟大工程的前提和基础，也为其提供了坚强的政治和制度保障。

二、不断完善党的自我革命制度规范体系

第一，强化党的自我革命制度保障。要不断健全总揽全局、协调各方的党的领导制度体系，完善党中央重大决策部署落实机制，强化党中央决策议事协调机构职能作用，加强党中央对重大工作的集中统一领导。在此基础上，广大党员要坚持不懈用习近平新时代中国特色社会主义思想武装头脑，常态化长效化开展党史学习教育，健全不忘初心、牢记使命的制度，为推进自我革命筑牢思想根基。党章是党员的根本遵循，每名党员都要始终坚持以党章为根本，以民主集中制为核心，以准则、条例等中央党内法规为主干，以部委党内法规、地方党内法规为重要组成部分，从自身做起，为不断完善内容科学、程序严密、配套完备、运行有效的党内法规制度体系作出自身贡献，为增强党内法规权威性和执行力，更好发挥制度的引领保障作用提供政治行动力。

第二，健全党统一领导、全面覆盖、权威高效的监督体系。各级党委和党组要在党中央集中统一领导下，做实做强全面监督，加强对

各类监督主体的领导和统筹，使监督工作在决策部署指挥、资源力量整合、措施手段运用上更加协同，推动党的领导和监督一贯到底。要完善党的自我监督和人民群众监督有机结合的制度，各级党委、政府要畅通人民群众建言献策和批评的监督渠道，让人民监督权力，让行政权力在阳光下运行。

第三，推进政治监督具体化、精准化、常态化。拥护"两个确立"、做到"两个维护"不是一句口号，而是实实在在的行动。各地区各部门和各级党员领导干部都应该把自己摆进去，推动党的理论和路线方针政策、党中央决策部署不折不扣落地见效。各级党组织要以党中央决策初衷为出发点，以"国之大者"为着眼点，要把党中央战略决策与本地区本部门实际和具体实践衔接起来、一致起来。特别是纪检监察部门要坚持党中央决策部署到哪里，结合实际的监督检查就跟进到哪里，具体可采取建立健全台账管理、动态跟踪、限期办结、督查问责、"回头看"等措施制度，真抓实干、锲而不舍，确保党中央决策部署和工作要求落实见效。

第四，增强对"一把手"和领导班子的监督实效。加强对"一把手"和领导班子的监督，是落实党中央决策部署和全面从严治党战略方针的关键环节。各级党组织及其"一把手"要以坚强党性和决心扛起监督主责，逐条对照落实意见提出的任务要求，自觉接受监督，认真抓好监督，用好监督措施，把工作成效最终体现到严促执行上。上级党组织及其"一把手"和纪检监察机关要加强对下级党组织及其"一把手"的监督，下级纪检监察机关和党员干部也要勇于敢于开展同级监督，形成层层既抓本级又抓下级的工作格局。

第五，充分发挥政治巡视作用。巡视是推进党的自我革命、深化全面从严治党的战略性制度安排。巡视工作者要坚持政治巡视定位，聚焦党中央大政方针，重点发现影响党的领导、党的建设、全面从严治党的根本性全局性问题，督促精准处置巡视移交线索，加大监督检查力度，着力纠正政治偏差，发挥政治监督和政治导向作用。各级党组织要主抓，坚持从本级改起，各级领导要从本人改起，要完善整改情况报告制度，健全整改公开机制，推动整改融入日常工作、融入深化改革、融入全面从严治党、融入班子队伍建设。

第六，落实全面从严治党政治责任。党的二十大对全面建设社会主义现代化国家的目标任务已经明确，关键要靠各级党组织和党员领导干部切实扛起责任去落实，从而把党的路线方针政策和党中央决策部署贯彻落实到位。各级党组织要把履行全面从严治党政治责任作为抓党建、管权力、促业务、保落实的核心，健全党领导反腐败斗争的责任体系，特别是要着重加强对新提拔干部、年轻干部的教育管理监督。各级党员领导干部在思想、工作、作风、纪律方面也要按照制度规定严格要求自己，不断推动党组织落实全面从严治党政治责任落地见效。

第四节

加强高素质干部队伍建设

"为政之要，莫先于用人。"党的干部是实现中华民族伟大复兴和中国特色社会主义建设的推动者、践行者，是党和国家事业的中坚力量。实现中华民族伟大复兴，建好建强干部队伍是关键。建设高素质专业化干部队伍应是新时代干部队伍建设遵循的正确方向，只有牢牢把握"高素质"与"专业化"的要求，才能拥有一支不怕风浪、敢于斗争、能够适应新时代发展、带领中华民族实现伟大复兴的干部队伍。

一、高素质干部队伍是推进新时代党的建设新的伟大工程的人才基础

当前，中国共产党正带领国家朝着第二个百年奋斗目标大踏步迈进。实现第二个百年奋斗目标，以中国式现代化全面推进中华民族伟大复兴，关键在于党；全面建设社会主义现代化国家，关键也在于党，而党的关键取决于党的干部，关键在于有一支政治过硬、适应新时代要求、具备领导现代化建设能力的干部队伍。推进新时代党的建设新的伟大工程是加强党的建设的重要举措，而高素质干部队伍是推进新时代党的建设新的伟大工程的人才基础，也是具体实践的主体，

没有一支素质过硬的党的干部队伍，新时代党的建设新的伟大工程就不可能实现。中国共产党成立100多年来，始终把选贤任能作为关系党的建设和人民事业发展的关键性、根本性问题来抓，总是根据不同历史时期党的中心任务和党的建设要求，与时俱进加强干部队伍建设。站在新的历史方位，我们越来越清晰地看到，当前和今后一个时期，必须加强党的高素质干部队伍建设，建设一支能够认真贯彻落实党中央决策部署，能真正为人民服务，能坚守初心和担当使命，能始终保持忠诚干净担当的高素质专业化干部队伍。

二、要坚持党的领导和新时代好干部标准

加强高素质干部队伍建设必须毫不动摇坚持党的领导，要始终坚持党管干部原则。进入新时代，国际形势复杂多变，挑战和考验逐步加大，时代不同，面临的问题不同，对干部的要求也不同。早在2013年，习近平总书记在全国组织工作会议上就明确指出："好干部的标准，大的方面说，就是德才兼备。同时，好干部的标准又是具体的、历史的。不同历史时期，对干部德才的具体要求有所不同。"习近平总书记在指出革命战争年代、社会主义革命和建设时期以及改革开放初期好干部标准后，又强调："现在，我们提出政治上靠得住、工作上有本事、作风上过得硬、人民群众信得过等具体要求，突出了好干部标准的时代内涵。概括起来说，好干部要做到信念坚定、为民服务、勤政务实、敢于担当、清正廉洁。"①因此，加强高素质干部队伍建设除了坚持党的领导，还要坚持新时代好干部标准，注重德才兼备、以德为先、五湖四海、任人唯贤。推进新时代党的建设新的伟

---

① 《习近平谈治国理政》，外文出版社2014年版，第412页。

大工程，建设忠诚干净担当的高素质干部队伍是关键，重点是要做好干部培育、选拔、管理、使用等方面的工作。

三、要将政治要求与人才制度和战略作为高素质干部队伍建设的根本

加强高素质干部队伍建设，一是要进行政治建设。政治标准是判断高素质干部队伍的首要标准，始终要坚持把政治标准放在首位，在选拔使用和提拔重用干部时，必须做深做实干部政治素质考察，严把政治关、廉洁关，绝不能把政治上有问题、廉洁上有硬伤的人选上来。二是要加强干部在实践中的历练和专业训练。特别是在重大斗争中，广大党员领导干部要敢于冲锋，敢于较真，敢于碰硬。沧海风浪方显英雄本色，广大党员干部只有在重大斗争实践中才能得到磨炼，斗争精神和斗争本领才能真正得以养成，防风险、迎挑战、抗打压能力才能得到巩固。三是要围绕完整、准确、全面贯彻新发展理念完善干部考核评价体系。各级党员领导干部要牢固树立和践行正确政绩观，关键是健全干部担当作为激励保护机制。要推动干部能上能下、能进能出，形成能者上、优者奖、庸者下、劣者汰的良好局面。小树杂枝不修不壮，温室花朵越暖越娇，只有历经风雨才能抵御严寒酷暑，必须鼓励年轻干部到基层和艰苦地区锻炼成长。信任不能代替监督，坚持严管和厚爱相结合是对干部最好的培养，加强对干部全方位管理和经常性监督才是对干部最好的爱护。四是要深入实施人才强国战略。中国共产党植根人民，中国共产党党员来源于人民，只有加快建设世界重要人才中心和创新高地，加快建设国家战略人才力量，不断强化现代化建设人才支撑，加强高素质干部队伍建设，才有牢固和广泛的人才基础。

第五节

增强党组织的政治功能和组织功能

党加强全面领导、落实全部工作不仅仅需要一支高素质的党的干部队伍，更需要有一个坚强的党组织体系。只有党的各级组织，才能将所在的干部队伍凝聚起来，从而使各级干部充分发挥各自的优势和力量，真正形成合力。党的工作是政治工作，因此增强党组织的政治功能和组织功能是党组织建设的必然要求，也是新时代的迫切需求。

一、党的严密组织体系是加强党全面领导的基础

加强党的全面领导，除了加强高素质干部队伍建设，深入推进党组织体系建设也是极其重要的。如果各级党组织松散软弱，不仅党的干部队伍不能团结统一、形成合力，党的政策的执行落实也会出现梗阻、出现断头。这不仅会严重影响党在人民群众中的形象，也会使党的各方面领导出现问题，进而影响党的建设，甚至会危害党的执政地位和党的生存发展。只有党的各级组织体系科学严密、职能健全，各方面坚强过硬，实践中才能上下贯通、执行坚决，党的领导才能顺畅，党的指挥才能有力。

由此可见，党的严密组织体系是加强党全面领导的基础。回顾党

的百年历史，正是因为拥有严密的组织体系，党才能在各个历史时期始终保持坚强的战斗力和执行力，这正是中国共产党相较于其他政党的优势所在、力量所在。因此，在推进新时代党的建设新的伟大工程中，我们必须以加强党的组织体系建设为重点，着力推进新时代各级党组织建设工作，为适应实现党的第二个百年奋斗目标对党组织建设提出的新要求，不断加强党的各级组织建设，使其不断完善，形成严密坚强的组织体系，为坚持和加强党的全面领导、坚持和发展中国特色社会主义提供坚强组织保证。

二、加强党的组织建设要增强党组织政治功能和组织功能

时代不同，对各级党组织建设的要求也不同。各级党组织是党的建设的基础和模块，加强党的组织建设必须增强党组织的各项功能，尤其要增强政治功能和组织功能。增强两大功能就是要在适应新形势新任务新变化的基础上，始终把党章作为根本遵循，将党章赋予的各项职责认真履行好，深入领悟党的路线方针政策，深刻领会党中央决策部署，并真正将其贯彻落实好，从而通过组织把各级党员干部和各领域广大人民群众凝聚在一起。要将党的组织建设作为一项系统工程，从宏观上要将各级党组织编织成一张上下贯通、横向联系紧密的大网，注重疏通"经络"，打破梗阻，保证从中央和国家机关的"头"，到地方党委的"腰"，再到基层党组织的"脚"，一路顺畅。

三、坚持大抓基层，落实党内民主制度，全面提高党建工作质量

发挥党组织政治功能和组织功能的关键是要坚持大抓基层的鲜明

导向。基层是党建的基础，基础不牢地动山摇。各级党组织要通过抓党建促乡村振兴，加强城市社区党建工作，推进以党建引领基层治理，补齐基层组织的政治和组织等各项功能短板，对软弱涣散的基层党组织要持续发力，深入整顿，使基层党组织真正成为有效实现党的领导的坚强战斗堡垒。此外，要通过全面提高机关、企业、事业单位的党建工作质量，推动基层党组织的不断完善和进步。重点是要优先理顺行业协会、学会、商会党建工作管理体制，并在此基础上着重加强新经济组织、新社会组织、新就业群体党的建设。通过抓基层全面提高党建，就要注重从基层优秀群体中发展党员，比如青年、产业工人、农民、知识分子等群体，将优秀人才补充进基层党组织，及时跟进并不断改进对党员特别是流动党员的教育管理。各级党组织要坚决落实党内民主制度，保障党员权利，激励党员发挥先锋模范作用。通过提高政治领导力、思想引领力、群众组织力、社会号召力，不断完善自身政治功能和组织功能，从而把广大党员、干部和各方面人才有效组织起来，把广大人民群众广泛凝聚起来，使各级党组织成为推进新时代党的建设新的伟大工程的坚强战斗堡垒。

第六节

坚持以严的基调强化正风肃纪

推进新时代党的建设新的伟大工程需要一个强大的政党，强党就必须全面从严治党。新时代新征程，实现中华民族伟大复兴的中国梦的宏伟目标就在眼前，我们更应坚持全面从严治党严的主基调，强化正风肃纪，使党拥有一个强健的体魄、钢铁般的意志。

一、推进新时代党的建设新的伟大工程必须以严的基调强化正风肃纪

党风问题不是小问题，是政治上的大问题，关系党的生死存亡。中国共产党百年来的发展壮大启示我们，拥有良好的党风才能使党的肌体免受侵害，才能使党的纪律和规定执行有力，才能带动社会风气的不断向好。每当党的风气出现问题，党的发展就会遭受挫折。中国共产党百年发展积累了诸多精神财富，弘扬党的光荣传统和优良作风是各个时期共产党人都应遵循的基本原则。推进新时代党的建设新的伟大工程必须使党在新时代新形势下不断强大，那么就必须提高党的肌体免疫力，使其筋骨强健、百病不生。这就要求我们必须时刻保持清醒的头脑，不断强化正风肃纪，不断清除党自身的脓包毒瘤，使其

健康运转。因此，推进新时代党的建设新的伟大工程必须以严的基调强化正风肃纪。

二、强化正风肃纪要弘扬优良党风

过去的历史已经启示我们，党要带领中华民族实现伟大复兴，永远赢得人民群众拥护，始终站在历史的潮头，根本还是要充分发挥党的作用。中国共产党的光荣传统和优良作风是其区别于其他政党的特质，也是其带领国家和民族从站起来、富起来到强起来，再到走向全面复兴的宝贵财富，必须大力弘扬。这就需要我们在正风肃纪中弘扬优良党风，以优良党风带动社风民风向上向善。弘扬优良党风就必须走好新时代党的群众路线，党员干部特别是领导干部要带头深入基层，带头做好深入调查研究，用好调查研究这个法宝，真正把心思用在实处，干实事、谋实招、求实效。弘扬优良党风还要善于抓主要矛盾，强化重点，抓住"关键少数"以上率下，锲而不舍落实中央八项规定精神。党员干部要摆正自身位置，懂得权力是人民赋予的，坚决破除特权思想和特权行为，坚决铲除腐败滋生的作风温床。在重点深化纠治以形式主义、官僚主义为代表的"四风"问题基础上，坚持纠治"四风"与弘扬新风并举，以更大力度弘扬谦虚谨慎、艰苦奋斗等党的光荣传统，涵养求真务实、清正廉洁的新风正气。

三、强化正风肃纪为防范腐败打下坚实基础

风气不正、纪律不严，腐败便会滋生。防范腐败首先就要在深刻准确地把握好作风建设的地区性、行业性、阶段性特点基础上，推进作风建设常态化长效化，抓住普遍发生、反复出现的问题深化整治，

涵养良好政治生态。纪律严明始终是我们党坚强有力的重要保障。要全面加强党的纪律建设，特别是位高权重的高级领导干部，要严于律己、严负其责、严管所辖，慎用权力。总体上看，防范腐败的根本还是要坚持以严的基调强化正风肃纪，党性、党风和党纪必须一起抓、一体推进，从思想上固本培元，筑牢坚实基础，不断提高党性觉悟，增强拒腐防变能力，涵养富贵不能淫、贫贱不能移、威武不能屈的正气。最后要主动作为、主动出击，严肃党的纪律，对违反党纪的问题，发现一起坚决查处一起，使不正之风没有飘散的空间，使腐败没有生长的土壤。

第七节

坚决打赢反腐败斗争攻坚战持久战

腐败不仅会导致社会风气腐化、贫富悬殊、社会问题，还会严重侵蚀国家和人民的根本利益、危害国家政治和国防安全、破坏党的声誉、影响社会稳定，并最终导致社会退化。习近平总书记在十四届全国人大一次会议闭幕会上指出，坚定不移反对腐败，始终保持党的团结统一，确保党永远不变质、不变色、不变味，为强国建设、民族复兴提供坚强保证。习近平总书记的讲话为反腐败斗争指明了前进方向。只要存在腐败问题产生的土壤和条件，反腐败斗争就一刻不能停。反腐败斗争是一场攻坚战持久战，必须永远吹冲锋号，坚持不敢腐、不能腐、不想腐一体推进，以零容忍态度反腐惩恶，决不姑息，坚决打赢反腐败斗争攻坚战持久战。

一、腐败是危害党的生命力和战斗力的最大毒瘤

推进新时代党的建设新的伟大工程需要坚强的政党作保证，腐败问题关系执政党的兴衰成败。当前来说，腐败是我们党面临的最大危险，关乎党的生死存亡，反腐败是最彻底的自我革命。新时代十年，党中央把全面从严治党纳入"四个全面"战略布局，刀刃向内、刮骨

疗毒、猛药祛疴、重典治乱，使党在革命性锻造中变得更加坚强有力。但在当前，腐败的苟存之量、新增之量、畸变之量并存，并呈现出贪腐行为隐蔽化、方法手段多样化、权力变现期权化、风腐交织一体化等新特征。反腐败的斗争形势依然严峻复杂，遏制增量、清除存量的任务依然艰巨，一旦松懈，必将功亏一篑。因此，反腐败斗争中绝对不能有缓气、松劲、歇脚的想法，必须始终保持永远在路上的清醒执着。正如习近平总书记在二十届中央纪委二次全会上强调指出的，要站在事关党长期执政、国家长治久安、人民幸福安康的高度，把全面从严治党作为党的长期战略、永恒课题，始终坚持问题导向，保持战略定力，发扬彻底的自我革命精神，永远吹冲锋号，把严的基调、严的措施、严的氛围长期坚持下去，把党的伟大自我革命进行到底。

二、以党自我革命的高度自觉将反腐败斗争攻坚战持久战落实到具体行动中

反腐败斗争艰巨、严峻、复杂，有时甚至具有迷惑性，是一场长期艰苦的斗争，考验的就是党的意志力和觉悟力。因此，打赢反腐败斗争攻坚战持久战必须要有高度的政治意识，要时刻保持推进党的自我革命的高度自觉，坚持严的基调不动摇，用最坚决的态度同腐败现象作最彻底的斗争，牢牢把握新时代反腐败斗争的基本原则、方针方略、关键领域、重点任务，坚决打赢反腐败斗争攻坚战持久战。具体来说，一是要坚持不敢腐、不能腐、不想腐一体推进，且要从惩治震慑、制度约束、提高觉悟三个方面一体发力，将从严查处政治问题和经济问题交织的腐败案件作为突破口，坚决斩断权力与资本勾连的纽带，坚决斩断"前腐后继"的代际传递，坚决防止领导干部成为利益

集团和权势团体的代言人、代理人，确保党不变质、不变色、不变味。各级党员干部也要头脑清醒、擦亮双眼，明白老板、商人不正常的"热情"和"关心"必有利益需求，净化朋友圈，时刻守牢底线，防止自己成为政商勾连破坏政治生态和经济发展环境的工具。二是要深化整治权力集中、资金密集、资源富集领域的腐败，严厉惩治群众身边的"蝇贪"，严肃查处领导干部配偶、子女及其配偶等亲属和身边工作人员利用影响力谋私贪腐问题。空谈误党，广大党员干部行动上也要从身边人、身边事做起，爱亲人不能惯亲人。蚁穴溃坝、水滴石穿，特别是在基层具有实际权力的干部，不应觉得贪占一点不算什么，积少成多，危害也是巨大的。三是要坚持受贿行贿一起查，惩治新型腐败和隐性腐败。不仅对受贿的腐败分子严厉打击，对那些行贿的不法分子也要严惩，从打赢反腐败斗争攻坚战持久战的源头进行治理，没有行贿的源头，便没有受贿的基础。四是要一体构建追逃防逃追赃机制，绝不让腐败分子逍遥法外。国外不是腐败的避风港，更不是逍遥自在的极乐国，不管走多远，不管腐败发生在何时，只要违纪违法，虽远必追，虽久必查。五是要注重标本兼治，筑牢廉洁文化环境基础。近朱者赤，近墨者黑。身边环境对一个地区、一家单位、一个群体影响巨大，好的环境能培育好的作风，不好的环境能带坏政治风气。因此，加强人文和社会环境建设十分必要，也十分迫切。在推进反腐败国家立法的同时，要加强新时代廉洁文化建设，使廉洁文化入脑入心，自觉教育引导广大党员、干部明大德、守公德、严私德，清清白白做人、干干净净做事，永葆清正廉洁的政治本色。

河北馆陶县建立县、乡、村（社区）、组四级网格 "一张网"汇聚基层治理力量*

"农行家属院东边有两家小餐馆，餐馆后厨的油烟机上有大量油污往下流，气味特别难闻。"河北省邯郸市馆陶县新华社区网格员王湘军接到社区居民投诉后，通过手机App联系馆陶县综合行政执法局执法专员王爱国。执法人员下发整改通知书后，油污很快得到清理，餐馆还安装了改进设备。

这是馆陶县深化网格化治理的一个缩影。2022年以来，为破解基层治理难题，馆陶县坚持党建引领，以共建共治共享为目标，探索推行"党组织＋网格化"基层治理模式，建立县、乡、村（社区）、组四级网格，确保实现对辖区全覆盖、无死角管理。同时，加强与政法、生态环境、市场监管、农业农村等部门的沟通配合，全面梳理并有效整合基层党建、综治维稳、人居环境等基层管理职能，制定网格事项基础清单，将服务管理触角延伸到最末端，真正实现基层治理"一张网"。

为凝聚基层治理力量，该县在四级网格推行"网格长＋N名网格专员＋N名专职网格员＋网格指导员"的"1＋N＋N＋1"模式，合理配置网格队伍5813人。"1"即每个四级网格内配备1名由"两委"班子成员担任的网格长；"N"即根据服务半径和群众基数，按照每个网格内网格员不超过3人的标准，从村民小组长、胡同长、

---

* 参见《河北馆陶县建立县、乡、村（社区）、组四级网格 "一张网"汇聚基层治理力量》，载《人民日报》2023年4月27日。编者对内容有所修改。

党员、入党积极分子、农村优秀青年等人员中选配N名专职网格员；第二个"N"即结合网格功能和实际需要，从政法、综合执法、生态环境、市场监督、农业农村等部门选派工作人员分别担任网格的基层治理专员、综合执法专员、生态环境专员、市场监督专员、农业农村专员；第二个"1"即由联系该村的乡镇干部担任网格指导员，与网格专员一道开展党的二十大精神宣讲、基层党建、矛盾纠纷化解、环境整治、农业生产等工作。

为确保网格事项快速、高效运转处置，该县搭建"智慧馆陶"综合指挥平台。同时，当地还建立网格员定期例会机制、工作台账机制、考评奖惩机制等制度，构建"发现—上报—交办—处置—反馈—评价—考核"的网格员信息上报"七步闭环"工作机制和"微循环""小循环""中循环""大循环"四种协调处置方式，及时解决网格上报问题，推动信息共享、资源共享和工作协同，确保"事事有落实、件件有回音"。

"我们通过细化基层治理基本单元，实现了'网格化管理、数字化赋能、精细化服务'，目前已为群众解决安全生产、环境治理、矛盾纠纷等网格事项1万余件。"馆陶县委组织部常务副部长苏志勇说。

结　语
全面贯彻中国式现代化战略布局

中国式现代化战略布局蓝图已经绘就，全面推进中国式现代化战略布局号角已经吹响，这既是新时代成功推进和拓展中国式现代化的方向引领，也是指引中国在 21 世纪中叶如期实现社会主义现代化强国目标的重要战略布局。过去的一切创造、一切成就，是中国共产党领导中国人民在发扬伟大团结精神、伟大奋斗精神、伟大创造精神、伟大梦想精神中获得的。当前，中华民族伟大复兴已进入不可逆转的历史进程，全面贯彻中国式现代化战略布局，进而创造新的伟业、铸就新的辉煌，仍然需要坚持和弘扬伟大团结精神、伟大奋斗精神、伟大创造精神、伟大梦想精神，以此在以中国式现代化全面推进中华民族伟大复兴的新征程上充分汲取风雨无阻、高歌行进的根本力量。

一、伟大团结

伟大团结是开创新时代勇往直前、无坚不摧的强大力量。在探索和创造中国式现代化的奋斗历程中所锤炼出的伟大团结精神，成为中国共产党的鲜明政治品格，也是中华民族在艰难求索之中能够战胜各种风高浪急甚至惊涛骇浪的精神支撑。当前，在中华民族伟大复兴战略全局和世界百年未有之大变局相互激荡的崭新历史阶段，伟大团结精神的时代价值更为凸显。伟大团结精神植根于中华优秀传统文化，锻造于中国共产党光辉奋斗历程，展现出和衷共济、风雨同舟、共克时艰的崇高品质，又在转化与创新中被赋予新的时代内涵，是中国式现代化价值取向的集中表达，也是在新时代背景下全面贯彻中国式现代化战略布局的核心要义。

（一）中国式现代化彰显伟大团结精神

团结奋斗始终是中国共产党领导中国人民探索和创造中国式现代化的主旋律。从"团结一切可能团结的力量"，到"解放思想，实事求是，团结一致向前看"，再到"中国人民从亲身经历中深刻认识到，团结就是力量，团结才能前进，一个四分五裂的国家不可能发展进步"，沿着中华民族站起来、富起来、强起来的光辉奋斗历程，能够深刻领悟到中国式现代化是依靠团结奋斗创造的现代化，也必将继续依靠团结奋斗迈向新的、更高的阶段。

事成于和睦，力生于团结。中国人民伟大团结精神的形成有着深厚的历史底蕴和实践基础，既包括对中国传统文化的继承，也包括对马克思主义和中国共产党在实践中形成的红色文化的传承。回溯中国共产党领导中国人民创造中国式现代化的历程，可以清晰地回答，中华民族、中国人民形成的伟大团结精神从何而来、又将如何作用于中华民族伟大复兴的重要历史问题和时代问题。新时代以来，习近平总书记将团结奋斗摆在了党和国家各项事业发展中的重要地位，将弘扬伟大团结精神作为砥砺初心使命、奋力担当作为、开创时代新篇的重要精神来源，不断强调党的团结、人民团结、民族团结的重要意义。在这一重要思想指引下，中国共产党团结带领全国各族人民开创了中国式现代化的新局面，使得全国各族人民同心同德、同心同向，形成了最大"公约数"，画出了最大"同心圆"，在理想信念、价值理念、道德观念上紧紧地团结在了一起。这一过程深刻表明，推进和拓展中国式现代化需要弘扬伟大团结精神，同时，伟大团结精神也需要通过中国式现代化来落实，以此彰显弘扬伟大团结精神的时代内涵，即新时代的伟大团结是中国共产党的伟大团结、人民的伟大团结、民族的伟大团结。由此，中国式现代化彰显了伟大团结精神，伟大团结精神也在中国共产党的坚持和弘扬下，发挥出团结一切可以团结的积极力量、调动一切可以调动的积极因素的重要作用，形成建设社会主义现代化国家的强大合力。

（二）依靠伟大团结创造中国式现代化新的伟业

伟大团结精神是中国共产党和中国人民最显著的精神标识，中国共产党一经成立，中国人民就有了自己的主心骨，团结奋斗也就有了引领者。漫漫征途，我们正面临着前所未有的复杂环境和风险挑战，唯有保持团结奋斗、攻坚克难的决心，唯有锻造坚如磐石、上下同心的力量，才能战胜前进道路上的艰难险阻。团结就是力量，团结才能胜利。新征程上，我们要依靠伟大团结继续推进和拓展中国式现代化，在凝聚磅礴力量中擘画以中国式现代化推进中华民族伟大复兴更为宏伟的画卷。

依靠伟大团结创造中国式现代化新的伟业，需要坚持和加强党的全面领导。党的十八大以来，以习近平同志为核心的党中央领导全国各族人民战胜世所罕见的风险挑战。实践充分表明，在重大历史关头、重大考验面前，领导力是最关键的因素，党中央的判断力、决策力、行动力具有决定性作用。坚持党的全面领导，我们解决了许多过去想解决而没有解决的难题，办成了许多过去想办而没有办成的大事，攻克了过去想攻克却未能攻克的难关。习近平总书记指出："没有中国共产党，就没有新中国，就没有中华民族伟大复兴。"①这是对中国共产党百年奋斗历史经验的深刻总结，只有坚定维护党的领导地位、确保党的领导优势得到最大限度彰显，才能保证我国经济、政治、文化、社会、生态等各项工作能够平稳地行驶在正确的轨道上，才能真正使"集中力量办大事"的显著政治优势得到淋漓尽致的发挥，从而以实践经验说明，只有坚持和加强党的领导，才能汇聚起以中国式现代化推动中华民族伟大复兴的磅礴伟力。

依靠伟大团结创造中国式现代化新的伟业，需要坚持人民至上。党的二十大报告提出，"必须坚持人民至上"，要"站稳人民立场、把握人民愿望、尊重人民创造、集中人民智慧"。"人民"作为核心关键词，始终贯穿和闪耀于党的二十大报告中，这是对人民群众及其主体地位的深刻认知和科学定位，阐明了对于推动中华民族伟大复兴历史进程而言，人民群众是主体、是目的，也是尺度。由此，弘扬伟大团结精神需要且必须坚持人民至上，以此为以中国式现代化推进中华民族伟大复兴凝聚磅礴伟力。这种对"人民至上"时代蕴意的揭示，既是对中华优秀传统文化中"民本"思想的弘扬，也是对百年来中国共产党人民群众观的继承。一直以来，广大人民群众紧密团结在党中央周围，在革命、建设和改革发展过程中取得了重大胜利、作出了巨大贡献、创造了辉煌成就。在强国建设、民族复兴的新征程上，中国共产党要善于从实际出发，聚焦"国之大者"，回应人民关切，用新理念新思想新办法来解决人民群众普遍关注的问题，有效增强人民的获得感、幸福感、安全感。江山就是人民，人民就是江山，中国共产党打江山、守江山，守的是人民的心。无论是顺境还是逆境，中

---

① 《中共中央关于党的百年奋斗重大成就和历史经验的决议》，载《人民日报》2021年11月17日。

国共产党都能团结带领中国人民历尽千辛万苦、历经千难万险、应对各种风险挑战，攻克一个又一个难关，创造一个又一个奇迹。

弘扬伟大团结精神还需要铸牢中华民族共同体意识，坚持走富有中国特色的民族团结之路，使各民族在相互包容中共同发展，像石榴籽那样紧紧抱在一起。同时，需要各民主党派、无党派人士、人民团体和各族各界人士都紧密团结起来；需要引导宗教界人士为民族团结、祖国统一服务；需要坚持和完善"一国两制"制度体系等，以此形成海内外全体中华儿女心往一处想、劲往一处使的大团结大联合的生动局面，寻求最大"公约数"、画出最大"同心圆"，齐心协力开新局。

二、伟大奋斗

理想成为现实，需要经历长期的艰苦奋斗过程。社会主义是奋斗出来的，中国特色社会主义是持续奋斗出来的，新时代推进和拓展中国式现代化仍然需要发扬伟大奋斗精神。"党用伟大奋斗创造了百年伟业，也一定能用新的伟大奋斗创造新的伟业。"历史与实践证实，团结才能胜利，奋斗才会成功。中国式现代化的辉煌成就，是党和人民一道拼出来、干出来、奋斗出来的，在全面贯彻中国式现代化战略布局的时代要求下，需要始终发挥伟大奋斗精神，在几千年来勤劳勇敢、自强不息的中国人民建设大好河山、开拓辽阔疆域、推动民族复兴的深厚积淀中，坚持发扬伟大奋斗精神，用新的伟大奋斗创造新的伟大事业。

（一）中国式现代化彰显伟大奋斗精神

理想的实现，需要脚踏实地、持之以恒的奋斗过程。崇尚奋斗是中华民族的文明基因，是中国共产党和中国人民的精神标识。正是依靠奋斗精神，中国共产党从小到大、由弱变强，在危机中逐渐成长、在磨难中日益壮大、在挫折中走向成熟，成为中华民族的主心骨，带领中国人民取得一个又一个胜利，创造一项又一项奇迹，使得中华民族历经沧桑而不衰、屡经磨难亦更强、饱受挫折仍辉煌，实现了在"一穷二白"基础上探索和创造中国式现代化的奇迹。

中国共产党团结带领中国人民探索中国式现代化的历史进程，可谓书写出了中华民族几千年历史上最恢宏的史诗。中国式现代化的创造前后经历了探索、完善、丰富、发展的历史进程，亦是拼搏努力、不懈奋斗的"破茧成蝶"历程。在马克思主义理论指导下，中国共产党在淬炼中完成了思想觉醒和理念蜕变，拯救民族和人民于水深火热之中，实现了国家独立和民族解放，为探索中国式现代化新道路提供了稳定的前期基础。新中国成立后，党和国家对现代化道路的探索进入了新的阶段，也正是在这个阶段，中华民族实现了"站起来"的伟大梦想；以改革开放为开端，"中国式"正式成为党带领人民对符合我国现实国情的现代化模式的探索"命名"。在这个过程中，中国式现代化逐渐实现了与西方现代化模式的分离，经过持续地实践与创新，逐渐走出一条具有鲜明中国特色的现代化道路，带领中国人民创造了"富起来"的伟大奇迹。新时代以来，以习近平同志为核心的党中央砥砺初心、接续奋斗，立足当今时代背景，依据社会主要矛盾的变化，在推进和拓展中国式现代化的过程中形成了诸多具有创新性的理论和政策，团结带领全党全军全国各族人民撸起袖子加油干、风雨无阻向前行，义无反顾地进行了具有许多新的历史特点的伟大斗争，经受住了来自政治、经济、意识形态、自然界等方面的巨大风险、挑战、考验，稳经济、促发展，战贫困、建小康，控疫情、抗大灾，应变局、化危机，攻克了一个个看似不可攻克的难关险阻，有力解决了影响党长期执政、国家长治久安、人民幸福安康的突出矛盾和问题，消除了党、国家、军队内部存在的严重隐患。

由此，伟大奋斗精神不仅仅是中国共产党对中华民族不懈奋斗精神基因的传承，也是中国共产党带领中国人民探索和创造中国式现代化的真实写照，更是在当下和未来面对风险与挑战，能够树立大气魄、大视野、大格局，不断增强志气、骨气、底气，奋力开启全面建设社会主义现代化国家新征程的精神支撑。同时，坚持在推进和拓展中国式现代化中弘扬伟大奋斗精神昭示着，中国式现代化不会停留在"阶段性"上，而是必将在不断的理论创新和实践创造中进行自我丰富、自我创新、自我发展，由这个"阶段"向新的"阶段"不断进发，必然、必定伴随着时代所需、国家所需、世界所需的变化发展而不断充实内涵。

（二）依靠新的伟大奋斗创造中国式现代化新的伟业

征途漫漫，唯有奋斗。用新的伟大奋斗创造新的历史伟业是党团结带领全国各族人民不断夺取中国特色社会主义新胜利的政治宣言，也是在新的历史阶段不断推进和拓展中国式现代化的时代命题。党的二十大报告强调："今天，我们比历史上任何时期都更接近、更有信心和能力实现中华民族伟大复兴的目标，同时必须准备付出更为艰巨、更为艰苦的努力。全党必须坚定信心、锐意进取，主动识变应变求变，主动防范化解风险，不断夺取全面建设社会主义现代化国家新胜利！"越是接近目标，越是形势复杂，越是任务艰巨，就越需要拼搏奋斗。面对党的二十大提出的"团结带领全国各族人民全面建成社会主义现代化强国、实现第二个百年奋斗目标，以中国式现代化全面推进中华民族伟大复兴"这一中心任务，我们需要葆有围绕时代课题、解决时代问题的决心，坚守谦虚谨慎、艰苦奋斗的政治本色，以及敢于斗争、敢于胜利的意志品质，以此增强历史主动，谱写新时代中国特色社会主义更加绚丽的华章。

习近平总书记指出，"一百年来，我们取得的一切成就，是中国共产党人、中国人民、中华民族团结奋斗的结果"①，以此号召全党全军全国各族人民充分发扬伟大奋斗精神，在实现第二个百年奋斗目标的"赶考之路"上再次向人民、向历史交出一份优异的答卷。奋斗一直在路上，唯有不断奋斗、持续奋斗，才能继续团结带领中国人民在强国建设、民族复兴新征程上勇毅前行。全面建设社会主义现代化国家，以中国式现代化全面推进中华民族伟大复兴，是伟大而艰巨的事业，全党全军全国各族人民更加需要清醒认识到，中华民族伟大复兴不是轻轻松松就能实现的，需要发扬斗争精神、坚定斗争意志、增强斗争本领，以自强不息、百折不挠的精神状态把伟大奋斗精神贯彻始终。

一切伟大事业都需要在继往开来中推进。新征程充满光荣和梦想，也充满风险与挑战。从中国共产党百年来成功探索和创造中国式现代化的重大成就与历史经验中，可以清楚看到过去我们为什么能够取得成功、弄明白未来我们怎样才能继续取得成功。在新的历史阶段，我们需要以新的伟大奋斗汇聚力量，将人民的磅礴伟力转换成应对风险挑战的最坚实根基；以接力奋斗持续前进，按照第二个百年奋斗目标战略安排，以奋斗者的姿态和勇气开拓创新；以艰苦奋斗应对变局，在不确定中把握确定性、在应对挑战时化险为夷。由此，在中国共产党的坚强领导下，擘画以中国式现代化推进中华民族伟大复兴的宏伟蓝图，仍需全党全军全国各族人民以"咬定青山不放松"的韧劲奋力实现既定目标，增强忧患意识、防范风险挑战、保持艰苦奋

---

① 《习近平谈治国理政》（第四卷），外文出版社2022年版，第7页。

斗，答好新时代的答卷。

三、伟大创造

中国人民是具有伟大创造精神的人民，中国共产党是具有伟大创造精神的政党。中国式现代化不是简单延续我国历史文化传统的母板，不是简单套用马克思主义经典作家设想的模板，不是其他国家社会主义现代化实践的再版，也不是国外现代化发展的翻版，而是中国共产党领导中国人民勠力同心的伟大创造。深入推进中国式现代化的战略布局，就要始终弘扬伟大创造精神，不断创造更多、更大"当惊世界殊"的人间奇迹。

（一）中国式现代化彰显伟大创造精神

中国式现代化创造性超越了西方资本主义现代化的"资本逻辑"。从历史上看，现代化发源于西方资本主义国家，直接起势于英国工业革命，而后表现为逐步从西欧向世界蔓延推进的过程，先后产生出英美现代化、德日现代化、北欧现代化等现代化模式。从现实看，当今世界的现代化国家无一例外都是采取资本主义现代化发展模式而成为发达国家的。因此，现代化在一定程度上被默认为是资本主义现代化，东欧剧变、苏联解体也被曲解为其反向例证，"历史终结论""西方中心论"是其完整的理论形态。现代化的历史发展轨道确实同西方资本主义现代化进程具有一定的历史重合期。然而，现代化是文明转轨的过程，是农业文明让渡于工业文明的过程，本质上是传统社会向现代社会变化的过程。而社会的变化，归根结底只能从生产方式的矛盾运动中得到解释。西方资本主义国家的现代化之路是其生产方式的历史性实践成果，从根本上讲是资本逻辑宰制的现代化。

如果说，苏联社会主义现代化发展尝试第一次突破了资本主义现代化道路的"唯一性"，那么，中国式现代化则以更为成熟、更为成功的形态超越了传统社会主义现代化模式，拨开了资本主义现代化的迷雾，避免了世界现代化图景清一色地呈现出西方化特性。中国式现代化坚持社会主义基本经济制度，大力发展社会主义市场经济以适应生产社会化要求。在应用资本发展经济的同时，以社会公平的制度化建构，消解资本逻辑统治与人的价值维护之间的矛盾冲突，使中国式现代化得以超越资本中心论，形成人民中心论、政党领导论的发展逻辑。在中国共产党成立百年之时，我国脱贫攻坚战取得全面性成就，历史性解决了绝对贫困问题，现行标准下9899万农村贫困人口全部脱贫，832个贫困县全部摘帽，12.8万个贫困村全部出列，创造了人类减贫史上的重大成就。这充分说明，中国的新路是追求共同富裕之路，极大地凸显了中国共产党领导现代化的社会主义特质。

中国式现代化创造性实现了马克思主义基本原理同中国具体实际、中华优秀传统文化相结合。百余年来，中国共产党在推动实现现代化的进程中，始终坚持马克思主义的指导思想，掌握推动现代化建设的历史主动，正确揭示了中国现代化发展的客观规律，妥善处理中国经济社会发展中的复杂矛盾，同时以马克思主义的视野对我们的历史遗产、历史传统"给以批判的总结"，解决好中国实际问题，真正实现了用马克思主义谛听、把握、引领时代，真正在中国深厚的文化沃土上传播、发展了马克思主义。中国共产党在推动马克思主义同中国相结合的过程中，创造了人间奇迹：赢得了社会主义发展条件，开出了一条中国特色社会主义的康庄大道，产生了毛泽东思想、邓小平理论、"三个代表"重要思想、科学发展观，形成了习近平新时代中国特色社会主义思想，中华民族迎来了实现民族复兴的光明前景。在人口规模巨大的社会主义国家内创造了现代化新道路，让世界赞叹社会主义没有辜负中国，中国也没有辜负社会主义。

中国式现代化创造性表征着人类文明发展的新路标。现代化是一个世界历史进程，没有哪一个国家、哪一个民族可以偏安一隅、孤芳自赏，在独立的状态下实现现代化。从人类现代化的发展史来看，西方资本主义国家是以野蛮成就文明的，其现代化道路是以殖民化为实现手段的资本积累、扩张的现代化道路，截断了他国的文明传统，造成了"文明之殇"。伴随着现代化的深入拓展，在亚洲东方，脱胎于半殖民半封建社会、站立在"一穷二白"起点之上的新中国，以和平的姿态成就发展伟业。我们没有走侵略扩张的老路，而是坚持对外开放和对内改革相结合，不断调适国内生产关系以适应生产力发展要求，同时坚持在各国平等互惠的基础上开展国际协作，积极倡导推动构建人类命运共同体。中国的开放型经济体制逐步健全，成功跃升成为世界第二大经济体，连续多年对全球经济贡献率超过30%。中国式现代化是走和平发展道路的现代化，打破了"国强必霸"的大国崛起模式，彰显了人类对现代化道路的孜孜探索，对人类现代化文明作出了巨大贡献，是一种全新的人类文明形态。中国式现代化道路拓展了发展中国家走向现代化的途径，为发展中国家提供了现代化建设的有益经验，证明了现代化道路的多样性。

（二）依靠伟大创造开创中国式现代化新的伟业

强国建设、民族复兴新征程，国际国内形势复杂多变，仍然是机遇与挑战并存，国际上思想文化相互激荡，国内社会思想观念深刻变化。实现中华民族伟大复兴，既要在经济发展方面再创奇迹，又要在精神文化方面铸就辉煌，充分激发全民族文化创新创造活力，这是中华民族伟大复兴的强大精神力量。文化强则国运强，建设社会主义文化强国，有效抵御西方文化无缝侵蚀，让中华文化"走出去"。在中国特色社会主义伟大实践和人类命运共同体的构建中激发全民族的创造创新活力，就要让中华优秀传统文化"老树发新枝"、让革命文化更好地传承和弘扬、让社会主义先进文化"唱响主旋律"。坚持自信自立，坚持守正创新。在新征程上，在世界文化激荡中站稳中华优秀传统文化的根基，沿着中国特色社会主义文化发展道路勇毅前行。创新是第一动力，人才是第一资源，科技是第一生产力，发挥人民群众积极性、主动性、创造性，健全人民当家作主制度体系，巩固和发展生动活泼、安定团结的政治局面。尊重人民、依靠人民，完善人才激励扶持机制，最大限度支持和鼓励人才创新创造，实现科技自立自强，由制造大国变成制造强国、智造强国。优化人才环境和政治生态，既要遵循社会主义市场经济规律，又不能离开人才成长规律，极力引才聚才，支撑引领党和国家事业发展的人才大军就会日益壮大，全面推进中国式现代化战略布局就有坚强的人才保证和智力支持。总之，推进中国式现代化，是一项前无古人的开创性事业，要以伟大创造精神迎接新征程，从而战胜前进道路上各种可以预料和难以预料的风险挑战、艰难险阻，甚至惊涛骇浪。

四、伟大梦想

实现中华民族伟大复兴是近代以来中国人民的共同梦想。中国式现代化是中国共产党领导中国人民在民族复兴之路上历经艰难险阻、克服重重障碍后的伟大创造，是实现民族复兴的正确道路。奋进新征程，要自觉把中国式现代化战略布局落脚到实现中华民族伟大复兴上，以中国式现代化全面推进中华民族伟大复兴。

（一）党的百年奋斗开辟出实现中华民族伟大复兴的正确道路

只有创造过辉煌的民族，才懂得复兴的意义；只有经历过苦难的民族，才对复兴有深切的渴望。拥有5000多年文明史的中国，曾长期走在世界前列，创造了一个又一个属于过去时代的磅礴盛世。近代以来，古老的封建旧中国被西方列强用坚船利炮侵蚀碾压、蚕食鲸吞，国内外各种矛盾积重难返，中华民族面临着大厦将倾、亡国灭种的危险，中华民族呈现在世界面前的是一派衰败凋零的景象。中国社会各阶级、各种政治力量都曾先后登上历史舞台，力图"挽狂澜于既倒"，不过都以失败告终。

探索中国现代化道路的重任，历史地落在了中国共产党身上。新民主主义革命时期，经由革命锻炼，以毛泽东同志为代表的中国共产党人以马克思主义之"矢"正确射向了中国革命之"的"，领导人民推翻了压在头上的"三座大山"，建立了人民当家作主的中华人民共和国，实现了民族独立、人民解放，为实现现代化创造了根本社会条件。社会主义革命和建设时期，我们党团结带领人民进行社会主义革命，消灭在中国延续几千年的封建制度，确立社会主义基本制度，实现了中华民族有史以来最为广泛而深刻的社会变革，建立起独立的比较完整的工业体系和国民经济体系。社会主义革命和建设取得了独创性理论成果和巨大成就，为现代化建设奠定了根本政治前提和宝贵经验、理论准备、物质基础。改革开放和社会主义现代化建设新时期，我们党作出把党和国家工作中心转移到经济建设上来、实行改革开放的历史性决策，通过党的领导，中国经济发展活力得以激发，政治体制改革效果显著，教育、科技、文化等诸多领域都取得了重大进展，中国全面铺开了不同于西方且带有中国特色的现代化建设道路，为中国式现代化提供了充满新的活力的体制保证和快速发展的物质条件。

党的十八大以来，在以习近平同志为核心的党中央战略擘画下，我们党领导人民守正创新、自信自强，不断实现理论和实践上的创新突破，成功推进和拓展了中国式现代化。创立了习近平新时代中国特色社会主义思想，实现了马克思主义中国化时代化新的飞跃，为中国式现代化提供了根本遵循。阐明了中国式现代化的理论框架，提出了中国式现代化的领导力量、中国特色、本质要求、重大原则、战略布局等理论，对中国式现代化作出全景式理论概括，使中国式现代化更加清晰、更加科学、更加可感可行。在党的全面领导、全面从严治党、经济建设、全面深化改革、政治建设、全面依法治国、文化建设、社会建设、生态文明建设、国防和军队建设、维护国家安全、推动国家统一、外交工作等各个方面取得诸多历史性成就，为中国式现代化提供了更为完善的制度保证、更为坚实的物质基础、更为主动的精神力量。①

（二）以中国式现代化全面推进中华民族伟大复兴

新时代新征程，我们必须抓住新时代社会主要矛盾和中心任务带动全局工作，锚定全面建成社会主义现代化强国目标，团结带领全国各族人民凝心聚力同奋斗，以中国式现代化全面推进中华民族伟大复兴。

要抓住社会主要矛盾和中心任务带动全局工作。正确认识社会主要矛盾、牢牢把握党的中心任务，是党领导中国革命、建设、改革事业取得胜利的关键所在。社会主要矛盾的转化，是时代转换的重要标

---

① 参见《习近平在学习贯彻党的二十大精神研讨班开班式上发表重要讲话强调　正确理解和大力推进中国式现代化》，载《人民日报》2023年2月8日。

志。中国特色社会主义进入新时代，我国社会主要矛盾已经转化为人民日益增长的美好生活需要和不平衡不充分的发展之间的矛盾。该矛盾已经成为我国发展的突出短板，必须增强解决矛盾的紧迫感和责任感，不断推进中国式现代化建设。发展的不平衡主要是指各区域、各领域发展的失衡；发展的不充分指的是我国全面建设社会主义现代化还有很长的路要走，发展任务仍然很重。以中国式现代化推进中华民族伟大复兴，必须立足新发展阶段，始终坚持以新发展理念为指引，着力解决发展不平衡不充分问题，大力提升发展质量和效益，增强创新能力，保护生态环境，大力改善民生，努力解决城乡发展不平衡、收入分配差距过大问题，解决人民群众在就业、教育、医疗、居住、养老等方面的难题，更好满足人民在经济、政治、文化、社会、生态等方面日益增长的需要，更好推动人的全面发展、社会全面进步。

要锚定全面建成社会主义现代化强国目标，坚定历史自觉。实现中华民族伟大复兴和全面建成社会主义现代化强国，二者在战略目标上是一致的。站在"两个一百年"奋斗目标的历史交会点上，国家现代化和民族复兴征程到了一个关键的历史当口，我们比历史上任何时期都更接近、更有信心和能力实现中华民族伟大复兴的目标。越是接近复兴，越要保持清醒。我们必须认识到，全面建成社会主义现代化强国的目标不是轻轻松松就能实现的，我们必须准备付出更为艰巨、更为艰苦的努力。

在新的伟大征程上，要坚持以党的创新理论指导实践，要自觉将当代中国马克思主义、21世纪马克思主义的世界观和方法论应用于当代实践，坚持用马克思主义之"矢"去射新时代中国之"的"，继续推进"两个结合"，续写马克思主义中国化、时代化新篇章，让当代中国马克思主义、21世纪马克思主义放射出更加璀璨的真理光芒。在新的伟大征程上，要坚持系统观念，统筹国内外"两个大局"，深刻认识到国内外形势变化所带来的新机遇和新挑战，统筹"五位一体"总体布局和"四个全面"战略布局，着力谋划和解决现实问题，加强整体性推进。中国式现代化建设是一个系统工程，必须综合平衡、整体推进，推动区域协调发展、城乡协调发展、物质文明与精神文明协调发展，不断凝聚系统的整体合力，从而实现社会系统功能的最优化。在新的伟大征程上，要坚持自我革命，要有正视问题的自觉和"刀刃向内"的勇气，以永远在路上的韧劲和执着纵深推进全面从严治党，通过自我净化、自我完善、自我革新不断纯洁党的队伍，保证党的肌体健康，使党在革命性锻造中始终成为中华民族伟大复兴历史进程中的坚强领导核心，以确保第二个百年奋斗目标如期实现。

在实现中华民族伟大复兴的历史征途上，党的二十大已绘就了新时代新征程全面建设社会主义现代化国家的新蓝图。我们必须坚定历史自信、增强历史主动，坚定不移地发展中国特色社会主义，以中国式现代化全面推进中华民族伟大复兴。

主要参考文献

［1］《马克思恩格斯文集》（第一卷），人民出版社2009年版。

［2］《马克思恩格斯文集》（第二卷），人民出版社2009年版。

［3］《毛泽东文集》（第三卷），人民出版社1996年版。

［4］《邓小平文选》（第三卷），人民出版社1993年版。

［5］《习近平谈治国理政》，外文出版社2014年版。

［6］《习近平谈治国理政》（第二卷），外文出版社2017年版。

［7］《习近平谈治国理政》（第三卷），外文出版社2020年版。

［8］《习近平谈治国理政》（第四卷），外文出版社2022年版。

［9］习近平：《干在实处　走在前列——推进浙江新发展的思考与实践》，中共中央党校出版社2006年版。

［10］习近平：《论党的宣传思想工作》，中央文献出版社2020年版。

［11］习近平：《论坚持人民当家作主》，中央文献出版社2021年版。

［12］习近平：《高举中国特色社会主义伟大旗帜　为全面建设社会主义现代化国家而团结奋斗——在中国共产党第二十次全国代表大会上的报告》，人民出版社2022年版。

［13］中共中央文献研究室编：《十八大以来重要文献选编》（中），中央文献出版社2016年版。

［14］中共中央文献研究室编：《习近平关于社会主义经济建设论述摘编》，中央文献出版社2017年版。

［15］中共中央党史和文献研究院编：《十九大以来重要文献选编》（上），中央文献出版社2019年版。

［16］《党的二十大报告辅导读本》，人民出版社2022年版。

［17］《党的二十大报告学习辅导百问》，党建读物出版社、学习出版社2022年版。

［18］习近平：《当前经济工作的几个重大问题》，载《求是》2023年第4期。

［19］习近平：《在省部级主要领导干部学习贯彻党的十八届五中全会精神专题研讨班上的讲话》，载《人民日报》2016年5月10日。

［20］习近平：《在第十三届全国人民代表大会第一次会议上的讲话》，载《人民日报》2018年3月21日。

［21］习近平：《在民营企业座谈会上的讲话》，载《人民日报》2018年11月2日。

［22］习近平：《在庆祝香港回归祖国二十五周年大会暨香港特别行政区第六届政府就职典礼上的讲话》，载《人民日报》2022年7月2日。

［23］《习近平在参加上海代表团审议时强调　推进中国上海自由贸易试验区建设　加强和创新特大城市社会治理》，载《人民日报》2014年3月6日。

［24］《习近平在推进南水北调后续工程高质量发展座谈会上强调　深入分析南水北调工程面临的新形势新任务　科学推进工程规划建设提高水资源集约节约利用水平》，载《人民日报》2021年5月15日。

［25］《习近平在中央民族工作会议上强调　以铸牢中华民族共同体意识为主线　推动新时代党的民族工作高质量发展》，载《人民

日报》2021年8月29日。

［26］《习近平在中国人民大学考察时强调　坚持党的领导传承红色基因扎根中国大地　走出一条建设中国特色世界一流大学新路》，载《人民日报》2022年4月26日。

［27］《习近平在中央统战工作会议上强调　促进海内外中华儿女团结奋斗　为中华民族伟大复兴汇聚伟力》，载《人民日报》2022年7月31日。

［28］《习近平在中央农村工作会议上强调　锚定建设农业强国目标切实抓好农业农村工作》，载《人民日报》2022年12月25日。

［29］《习近平在中共中央政治局第二次集体学习时强调　加快构建新发展格局　增强发展的安全性主动权》，载《人民日报》2023年2月2日。

［30］《习近平在学习贯彻党的二十大精神研讨班开班式上发表重要讲话强调　正确理解和大力推进中国式现代化》，载《人民日报》2023年2月8日。

［31］《习近平在中共中央政治局第三次集体学习时强调　切实加强基础研究　夯实科技自立自强根基》，载《人民日报》2023年2月23日。

［32］《习近平在看望参加政协会议的民建工商联界委员时强调　正确引导民营经济健康发展高质量发展》，载《人民日报》2023年3月7日。

后　记

"山，刺破青天锷未残。天欲堕，赖以拄其间。"毛泽东诗词意象中的"山"，或许亦可指代我们业已创造并将进一步推动的中国式现代化。中国式现代化打破（刺破）了"现代化＝西方化"的迷思，以其如山般的恢宏壮阔，撑拄并引领着世界现代化的发展潮流。中国式现代化的恢宏壮阔是内容丰盈的。党的二十大标注了中国式现代化的战略布局，擘画了中国式现代化的宏伟蓝图。这正是本书的研究立意之所在。

应当讲，本书的研究及其内容呈现是全面但不显冗杂、深刻且不失生动的。除导论与结语部分外，全书共设置12章，各章根据党的二十大报告的内容循次而进展开论述，包括着力推动高质量发展、强化现代化建设人才支撑、发展全过程人民民主、全力推进法治中国建设、推进文化自信自强等各方面，可谓内容全面、逻辑清晰、结构合理。同时，本书力求彰显理论之深度，各章论述力求做到学理性、深刻性突出。另外，本书在每章结束部分均设置了一个体现本章主题的典型案例，使内容呈现更具丰富性、生动性、可读性。

在本书的撰著、修改、出版过程中，浙江人民出版社的编辑同志倾注了大量心血，沈阳工业大学的英明、湖南司法警官职业学院的刘东南以及东北大学的宁靖姝、姜媛、张琳、谭言、陈铁迪、陈飞羽、沈慧然、张小鹏、白宁宁、孙明阳、李新宇、王晓慧、冯万强等为本书的材料收集、内容增色、整体校对付出许多。在此一并致谢。

"黄金尚且无足色，白璧仍旧有微瑕。"书中的不足或者有待商榷之处，恳请读者真诚坦率地予以指出。希望本书对于深化党的创新理论的研究阐释能起到一定的作用。

2023 年近冬之时

于沈阳